LE LITTORAL DE LA FRANCE

PREMIÈRE PARTIE

CÔTES NORMANDES

LE
LITTORAL DE LA FRANCE

CÔTES NORMANDES

DE DUNKERQUE AU MONT SAINT-MICHEL

PAR

V. VATTIER D'AMBROYSE

OFFICIER DE L'INSTRUCTION PUBLIQUE

Ouvrage DEUX FOIS couronné par l'Académie française

DESSINS de Henri SCOTT

GRAVURES de SMEETON, BELLANGER, PUYPLAT, ROGNON et GILLOT

PARIS

LIBRAIRIE DU *LITTORAL DE LA FRANCE*

VICTOR PALMÉ, Éditeur, 76, rue des Saints-Pères

1890

Tous droits réservés

A
NOS JEUNES MARINS
ET
AUX AMIS DE LA FRANCE

A LA FRANCE

A MON PÈRE

INTRODUCTION

Nul pays, en Europe, n'est, au même degré que la France, favorisé par sa situation maritime.

De la frontière belge à la frontière espagnole; des Pyrénées-Orientales à la frontière italienne, deux merveilleuses lignes côtières se développent, offrant à nos navires de faciles communications avec le monde entier.

Cinq grands ports militaires, des ports marchands de premier ordre, enfin, nombre de petites stations donnant lieu à un sérieux mouvement commercial, prouvent bien qu'il suffirait à la France de *vouloir*, pour tenir *promptement*, *sûrement* le premier rang dans la marine européenne.

Nous n'avons pas à rechercher les causes qui ont empêché notre pays de conquérir ce rang, l'étude en serait profondément douloureuse. Laissons à l'étranger le puéril plaisir de dénigrer nos richesses convoitées : nous avons mieux à faire. Nous devons les mettre au jour, ces richesses, nous n'avons pas le droit d'en négliger une seule.

Voilà pourquoi l'idée d'un travail exclusivement borné à la description pittoresque, historique, utilitaire de nos rivages et de nos villes maritimes ne nous a pas fait reculer. Car, si modeste qu'il puisse être, nous espérons qu'on y retrouvera le souvenir de plus d'une noble action oubliée, qu'on y reconnaîtra, tout au moins, le désir de contribuer à faire davantage aimer notre Patrie.

Il nous avait paru nécessaire d'ordonner rigoureusement notre étude : la route géographique naturelle nous en fournissant le moyen. Nous sommes donc parti de la limite nord (frontière belge) pour nous arrêter, successivement, aux lieux remarquables, soit par leur importance commerciale, soit par la beauté de leur position.

Nous n'avons terminé notre travail qu'après avoir eu visité en entier LE LITTORAL DE LA FRANCE.

Ainsi s'explique le titre choisi.

Mais lorsque, une fois achevée la tâche colossale, nous avons oublié tous les obstacles rencontrés, toutes les fatigues endurées pour ne nous souvenir que des joies intimes qu'elle nous a aussi données, une crainte est venue frapper notre cœur : celle de n'avoir peut-être pas entièrement réussi à prouver notre profond amour pour la France.

Pays de générosité souvent exaltée, où l'esprit s'allie

au cœur, où le dévouement prend sans peine une forme héroïque, où l'art se fait aimable et la science accessible, où le travail n'est jamais abandonné, notre Patrie ne peut déchoir du rang que les siècles lui ont assigné, même aux jours terribles de son existence.

Grande et noble entre toutes, elle nous apparaît d'autant plus sacrée que son âme a été plus violemment frappée.

Cependant les tourmentes s'apaisent, les chutes peuvent être l'occasion d'un relèvement éclatant, et les victoires perdues devenir la leçon salutaire qui prépare l'avenir heureux.

C'était le vœu de celui dont le nom placé en tête de ces pages ravive nos meilleurs souvenirs. Il nous apprit à aimer la France, il eut encouragé notre travail... Puissent ses leçons nous avoir bien guidé !

Mais il est temps de laisser la parole aux faits eux-mêmes. Leur éloquence sera puissante, si nous avons su conserver la simplicité qui les distingue.

La vérité ne réclame aucun ornement, encore faut-il, néanmoins, la présenter vive, claire, frappante...

Notre désir d'y parvenir a été grand. Et voilà pourquoi nous offrons, aujourd'hui, *Le Littoral de la France*, sous la forme propre à assurer sa très prompte diffusion. Car nous avons travaillé pour *tous* et non pas seulement pour quelques-uns. Notre ambition, répétons-le, étant de mieux faire connaître notre Pays et, par suite, de le faire aimer davantage.

Si nous en croyons les hauts encouragements que l'Académie Française et que la Presse toute entière nous ont prodigués, le but visé a été pleinement atteint.

Nos lecteurs nouveaux deviendront, nous l'espérons bien, eux aussi, nos amis et diront, à leur tour :

Le Littoral de la France, œuvre de foi dans l'avenir glorieux de la Patrie, est également, et avant tout, une œuvre *sincère*, réflétant avec amour la vision du pays parcouru au prix d'un si constant labeur.

V. VATTIER D'AMBROYSE.

Officier de l'Instruction publique.

Le Salut au Drapeau

LE PREMIER VAISSEAU ENTRÉ DANS LE PORT DE DUNKERQUE POUR ÊTRE PRÉSENTÉ A LOUIS XIV
D'après une photographie unique appartenant à M. l'amiral Pâris.

LE LITTORAL DE LA FRANCE

PREMIÈRE PARTIE
DE DUNKERQUE AU MONT SAINT-MICHEL

CHAPITRE PREMIER

LA MER DU NORD. — SES RIVAGES. — DUNKERQUE

C'est, seulement, sur une étendue d'environ quatre-vingt-dix kilomètres que la mer du Nord baigne les rivages français; mais bien grande est l'importance d'une semblable route vers les contrées septentrionales de l'Europe.

Aussi, pendant plusieurs siècles, nous a-t-elle été disputée avec acharnement, et, même après qu'un contrat nous eut livré son principal port, les entraves de tout genre furent multipliées pour anéantir les avantages que nous en devions recueillir.

Aujourd'hui, ces vicissitudes sont oubliées : nous pouvons travailler à améliorer nos stations navales.

Ici, néanmoins, nous avons affaire à un ennemi redoutable, car l'extrémité nord de l'ancienne Flandre et de l'Ardrésis participe, pour la nature de son sol, de la constitution géologique de la Hollande et de la Belgique. Sa côte, de même que les côtes de ces deux royaumes, a été, en partie, conquise sur les eaux marines. Depuis plus de douze cents ans, l'industrie et la ténacité des Flamands luttent contre cette force irrésistible appelée la mer, et, d'un golfe aux émanations malfaisantes, de vases, de sables mouvants ont réussi à créer des campagnes renommées pour leur fertilité.

L'aspect du rivage ne le laisserait pas soupçonner. Soumis à l'action incessante des flots, il se recouvre de tertres, de monticules sablonneux, appelés *Dunes*, variant de deux mètres jusqu'à cinquante mètres de hauteur! La chaîne se continue ainsi, à peu près sans interruption, depuis Dunkerque jusqu'à l'ouest de Calais.

La lutte est continuelle entre le travail de l'homme et l'action destructive du fléau, qui a comblé plusieurs ports jadis florissants.

En effet, les *Dunes* sont voyageuses. Formées de sable très fin, très léger, elles subissent sans peine la double influence du vent et de la mer. Si l'on ne s'opposait par tous les moyens à leurs envahissements, le pays riverain ne tarderait guère à reprendre sa constitution d'estuaire saumâtre.

Ce phénomène explique l'anéantissement successif des ports secondaires. Il y avait nécessité absolue à concentrer sur les points les plus avantageux les efforts et les énormes dépenses réclamés par la configuration de la côte.

Les *Dunes* (entre Dunkerque et Calais)

Dunkerque fut, avec raison, choisie. C'est la sentinelle établie vers l'extrême nord non seulement de notre pays, mais de l'Europe, puisque la mer sur laquelle ouvre son port conduit aux côtes occidentales de la Norwège, aux côtes orientales de l'Angleterre, de l'Écosse, à l'Océan Glacial....

Enfin, qu'elle est le chemin permettant aux navires de pénétrer dans la Baltique.

Une telle position était trop précieuse pour qu'on la négligeât, et Dunkerque figure au premier rang sur les projets de travaux destinés à rendre nos ports véritablement dignes d'un grand pays.

Ainsi que beaucoup d'autres villes, la vieille cité flamande prit naissance autour d'une église.

Baudouin *le Jeune*, comte de Flandre, trouva avantageuse, pour la défense de sa principauté, la situation d'une modeste petite chapelle, bâtie par saint Éloi, au milieu des tertres sablonneux du rivage, d'où, selon l'opinion commune, le nom de la ville : *Duin-Kerken*, église des Dunes.

Attirés par le comte, des travailleurs affluèrent et, bientôt, un centre d'agglomération fut fondé. On était alors vers la fin du dixième siècle (960).

Mais il ne suffisait pas de désirer prendre possession du sol, on devait, avant tout, le rendre habitable. Or, jusqu'au dixième siècle, les empiétements des flots donnaient, disent les plus sûrs géographes, facilité aux navires marchands de pénétrer dans la ville de Saint-Omer, par la voie du petit fleuve l'*Aa*.

De distance en distance se dressaient, sur l'immense étendue marécageuse, des îlots et des promontoires reliés, çà et là, par des cordons sablonneux.

Ce que les forces naturelles avaient commencé, l'énergie des Flamands le continua. Peu à peu, les endiguements augmentèrent et des campagnes, situées en contre-bas des marées, furent conquises à l'agriculture. On perfectionna l'œuvre gigantesque en ménageant des canaux destinés à drainer ces terrains spongieux. Tout un admirable système hydrographique se trouva ainsi créé. Selon l'état des lieux, des rigoles d'assèchement portent le trop-plein des eaux à des fossés plus profonds qui, eux-mêmes, le déversent dans des canaux aboutissant à la mer. Ces canaux sont préservés de l'irruption des flots par des écluses s'ouvrant à l'heure du reflux, et se fermant aussitôt que la marée commence à monter.

L'arrondissement de Dunkerque, en entier, a cette origine. Il occupe le lit de l'ancien golfe maritime et de deux lacs : la *Grande* et la *Petite Moëre*. Ces derniers terrains sont les plus bas de la contrée.

On nomme *Watteringhes* l'ensemble des canaux du golfe.

Désormais, les Dunkerquois pouvaient tirer parti de leur position : ils n'y manquèrent pas.

Rapidement la ville, tout en gardant une réelle importance militaire, devint un entrepôt commercial, un centre naturel de ralliement pour l'industrie de la pêche.

Mais sa prospérité lui créait un danger permanent. Toutes les guerres dont la Flandre fut le théâtre eurent une action forcée sur Dunkerque.

Espagnols, Hollandais, Anglais, Français se la disputèrent avec acharnement. Maintes fois prise, perdue, puis reprise, elle vit passer dans ses murs les plus grands capitaines et subit trop souvent la loi implacable des vainqueurs.

Philippe *le Bel* s'en empara en 1299; il la garda jusqu'en 1305. Moins d'un siècle plus tard, les Anglais la brûlaient. En 1558, elle était, de nouveau, ville française. Un an après, elle était espagnole et ne redevint nôtre qu'en 1646, époque où Condé la reprit. Victoire éphémère, puisque nous voyons Turenne obligé, en 1658, de s'unir aux Anglais pour l'enlever à l'archiduc Léopold.

Peu s'en fallut qu'elle restât à jamais possession anglaise. Heureusement, Louis XIV eut une inspiration de génie. Comprenant l'importance de la place, il offrit cinq millions de livres au roi d'Angleterre pour la racheter. L'insouciant Charles II saisit cette occasion de remplir son trésor obéré, il accepta.

Nous avions, désormais, une porte ouverte sur la mer du Nord et Dunkerque prenait rang parmi les villes fortes de France.

Cependant, elle devait encore éprouver un cruel malheur. Le traité d'Utrecht (1713) obligeait Louis XIV, au déclin de sa gloire, à combler le port flamand et à en raser les fortifications. Mais ces clauses si dures ne furent point entièrement exécutées;

DUNKERQUE. — Le Port.

Louis XV put réparer, au moins en partie, le dommage causé. Le duc d'York s'en aperçut bien, quand, en 1793, il voulut reprendre Dunkerque.

Depuis longtemps, au reste, nos ennemis savaient qu'il leur fallait compter non seulement avec la situation de la place, mais encore avec le patriotisme de ses habitants. Les corsaires dunkerquois étaient, à juste titre, redoutés et se montraient dignes des souvenirs laissés par Jean Bart. Dans la seule année 1756, ils capturèrent *six cent vingt et un* navires.

De nos jours, Dunkerque est, surtout, un port de commerce, quoique l'État ne néglige pas d'y entretenir les établissements nécessaires à sa marine.

La ville se présente agréablement, car le périmètre des fortifications ayant été agrandi, on a pu transformer les vieux quartiers, où, jusque vers 1850, les rues étroites, mal bâties, encombrées de caves, semblaient interdire le passage même aux piétons; la santé publique y a gagné et l'on ne se hâte plus de courir aux quais pour chercher un peu d'air respirable.

En dehors du port et de ce qui s'y rattache, trois monuments attirent le voyageur : ils résument, pour ainsi dire, l'histoire de Dunkerque.

Le nom seul de l'église Saint-Éloi rappelle l'origine de la ville créée autour du petit oratoire bâti par le saint populaire, qui fut un grand ministre du royaume de France.

Mais, pour livrer passage à une rue, sans doute très utile, on a séparé l'église de sa tour. Devenu le *Beffroi*, le vieux clocher, haut de 90 mètres, porte, à son sommet, des signaux pour les navires en danger; aujourd'hui, on s'en sert peu, le sémaphore, c'est-à-dire le télégraphe maritime, est installé ailleurs. Le Beffroi contient le carillon.

A ce simple mot, la physionomie des Dunkerquois s'épanouit. Elle leur est si douce, la voix de ces cloches habituées à s'harmoniser avec les souhaits, mêlés de larmes, faits au départ..., avec les cris joyeux saluant le retour...

Combien de fois, loin du pays, le matelot croit-il entendre le gai carillon! Combien de fois, impatiemment, alors que le rivage est signalé, cherche-t-il à percevoir le doux écho de la ville natale!

Ne lui dites pas que c'est folie, que le *musicien* inconscient ne saurait s'associer à ses travaux.

« Folie! soit, répondrait-il; mais elle aide à supporter bien des misères, à consoler bien des regrets. D'ailleurs, peut-il y avoir folie à conserver vivace la pensée de la Patrie! »

Dunkerque. — Phare et Signaux de marée.

L'église Saint-Éloi possède les tombeaux de Jean Bart, de sa femme et de son fils, le vice-amiral François-Cornil Bart; après nous être inclinés devant eux, allons saluer la statue du plus illustre des enfants de Dunkerque.

Quelle noble, vaillante et glorieuse figure!

Il n'en est pas de plus populaire, de plus universellement connue.

JEAN BART était, non le fils d'un simple pêcheur, mais le descendant d'une famille d'armateurs à la course, très aimée en Flandre.

« Dès l'âge de douze ans, dit M. Léon Guérin, le savant historien des *Marins Illustres*, il commence la vie de bord sous

Jean Bart.

Jérôme Valbué, homme assez instruit pour qu'on l'ait élevé au grade de pilote hauturier des vaisseaux du roi, mais d'un caractère violent et féroce. La France étant alors en alliance avec la Hollande, Jean Bart en profite pour quitter un homme qui le rendait chaque jour témoin des plus tragiques actions. »

Il prend du service sur les vaisseaux de la flotte hollandaise, alors si puissante ; mais, en 1672, la guerre éclatant entre les deux pays, le futur chef d'escadre n'hésite point. Il s'enfuit avec son ami Charles Keyser et revient à Dunkerque. Tout aussitôt, on le voit commander un bâtiment corsaire et se rendre tellement redoutable à nos ennemis, que l'attention de Colbert se fixe sur lui. En 1676, Louis XIV lui envoie une chaîne d'or comme témoignage de son estime, et bientôt, sur les instances de Vauban, le nomme lieutenant de vaisseau dans sa marine militaire.

C'est peu après cette nomination que se place l'un des épisodes tragiques de la vie de l'intrépide marin. Chargé, avec le chevalier de Forbin, d'escorter un convoi marchand, il fut attaqué par des forces très supérieures. Son audace, son courage sauvèrent le convoi, mais il fut, ainsi que Forbin, cruellement blessé et emmené prisonnier.

La captivité ne dura pas longtemps. Rien de plus émouvant que le récit de l'évasion des deux indomptables marins. Ils osèrent traverser la Manche sur une pauvre chaloupe et vinrent aborder à Saint-Malo, où ils furent reçus avec des démonstrations d'autant plus enthousiastes que le bruit de leur mort s'était répandu.

Quelques jours après, Jean Bart recevait le brevet de capitaine de vaisseau du roi (20 juin 1689). Sa carrière devait être, désormais, une suite de brillants faits d'armes et de succès.

En 1691, étant parvenu à sortir, avec *sept* frégates seulement, du port de Dunkerque, sa ville bien aimée, bloquée par les Anglais, il brûle *quatre-vingts* des navires employés au blocus, et pousse l'audace jusqu'à faire une descente en Angleterre !

Trois ans plus tard, il préservait encore Dunkerque de la famine en y conduisant une flotte chargée de grains. Vainement l'ennemi voulut-il s'opposer à sa marche puissante, Jean Bart, presque toujours, presque partout, était vainqueur. Infatigable, il se jouait des entreprises les plus périlleuses. De lui, on peut vraiment dire que son courage ne connaissait aucun obstacle.

La légende s'est emparée de plusieurs traits de sa vie.

Authentiques ou légèrement amplifiés, ils n'en peignent pas moins, avec la verve qui convient, le caractère plein de franchise, l'esprit d'à-propos de l'héroïque capitaine.

On le voit, à bord d'un navire anglais, menacé, malgré la foi jurée, d'être retenu prisonnier. Jean Bart ne se trouble pas, il ne cherche pas, peine perdue, il le sait, à faire rougir son hôte d'une telle trahison, mais, bondissant vers un baril plein de poudre :

— J'y mettrai le feu et sauterai avec vous ! s'écrie-t-il.

L'ennemi tressaille, Jean Bart est laissé libre.

On le voit encore donnant, en présence de Louis XIV, une rude leçon aux courtisans du grand roi, qui semblaient douter de sa véracité.

Nous le répétons, la légende s'est mêlée à l'histoire, qu'importe ! elle reste toujours vraisemblable.

Jean Bart était trempé pour l'action. Sa vie, trop courte (né en 1650, il mourut en 1702), est marquée par tant de faits éclatants qu'il restera dans la mémoire des Français comme le type le plus populaire, le plus sympathique du marin au dix-septième siècle.

Rendons-nous, maintenant, au *Mynck*, une des curiosités de la ville. Dans quelques ports, Dunkerque est du nombre, on ne permet pas les ventes de gré à gré entre pêcheurs, apportant le produit de leur travail, et marchands, qui distribuent le poisson au loin.

Ici, chaque charge de bateau doit être *mynckée*, autrement dit passer à la criée du *Mynck*.

Usage étrange ! les lots de poisson ne sont *jamais* l'objet d'une enchère. Tous, au contraire, sont rigoureusement mis à prix pour une somme de beaucoup *au-dessus* de la valeur réelle. Cela fait, le *myncheur*, ou crieur, abaisse successivement le taux de la demande, jusqu'à ce qu'une voix vienne, enfin, arrêter cette surprenante dégringolade...

Le tableau offert par ces transactions est plein d'imprévu. Vieille construction du quinzième siècle, le *Mynck* encadre pittoresquement la foule bigarrée qui vient y supputer le produit de son labeur.

Pêcheuses en jupons rouges, pêcheurs encore revêtus du

lourd costume de mer; crieur affairé et menant sa besogne avec une force de poumons, une vélocité de langue prodigieuses; marchands aux aguets, calculant le bénéfice probable, curieux essayant de comprendre ce qui se dit, ce qui se passe...

Une heure s'écoule, on croyait être arrivé depuis cinq minutes à peine ! Si l'oreille se fatigue un peu, l'œil, ébloui, suit les variations du spectacle, et le reflet chatoyant de ces montagnes de poissons, aux vives couleurs, n'est pas un des moindres attraits qui le charment.

Le 1er avril de chaque année est un jour de vive émotion pour Dunkerque. Les *Islandais*, c'est-à-dire les pêcheurs partant vers les côtes d'Islande à la recherche de la Morue, qui y foisonne, sont prêts à lever l'ancre.

Ils quittent leur famille, leur pays, ils vont, pendant un laps de temps de quatre à cinq mois, se livrer au plus dur, au plus périlleux, au plus ingrat travail. Suivons un moment, par la pensée, ces infatigables marins.

Voyons-les bravant un climat glacial, les brouillards et les tempêtes si fréquents sous les latitudes nord, manœuvrant intrépidement leurs navires, ne se donnant point de repos avant que les tonnes embarquées soient bondées de poisson.

Les rivages d'Islande, abrupts et déchirés, sont redoutables quand les flots se soulèvent impétueux. Parfois, pourtant, il faut aller pêcher dans des parages plus inhospitaliers encore. Les récifs des îles Féroë donnent asile à une morue renommée. Sa taille peut atteindre 1m40, et les couches accumulées de sa chair n'ont pas moins de 10 à 12 centimètres d'épaisseur. Sa valeur commerciale est donc plus considérable ; mais la navigation au milieu de ces archipels resserrés, hérissés d'écueils, exige une habileté, une prudence toujours en éveil.

Beaucoup de ceux qui, avec dédain, repoussent un plat de morue salée, se doutent-ils de la somme de courage, d'abnégation, de souffrances, et, aussi, du prodigieux mouvement commercial représentés par l'humble poisson ?

Les Dunkerquois le savent, eux. Voilà pourquoi le départ des *Islandais* devient l'occasion des manifestations les plus sympathiques envers ces indomptables travailleurs. Pour la solennité, le carillon lance dans l'air ses notes pénétrantes...

Hélas! Tous ceux qui l'écoutent aujourd'hui reviendront-ils, de nouveau, prêter avec ravissement l'oreille à son harmonie?...

Et les femmes, les mères, les enfants se groupent, anxieux, autour de celui qui, au prix de sa vie peut-être, essaiera d'assurer leur propre existence.

La situation de Dunkerque en a fait une ville très industrieuse. Le mouvement commercial et maritime va prendre encore une extension nouvelle, par suite des travaux récents destinés à protéger et à améliorer le port.

Tel qu'il se présente actuellement, on y trouve des digues, des jetées, un avant-port, un port d'échouage, trois bassins à flot, quatre canaux, plus un bassin de chasse.

Les travaux ne s'arrêteront pas avant que le chenal soit encore élargi et approfondi, avant que les bassins soient encore étendus, avant qu'une longueur nouvelle ait été ajoutée aux quais.

Voilà ce que l'on veut faire pour rendre à Dunkerque toute l'importance dont elle est capable d'assumer le poids, et pour la mettre en état de disputer à Anvers la prépondérance que cette dernière ville a su conquérir.

Nous croyons possible la réalisation de ce plan, car il a été facile d'apprécier les avantages obtenus depuis les dernières améliorations faites au port.

De semblables dépenses sont éminemment productives. On doit souhaiter qu'elles se continuent avec la même intelligence, la même perspicacité des besoins du pays.

Une promenade sur les quais de Dunkerque peut, en quelques instants, donner une parfaite idée des relations de la ville avec le monde entier.

Ainsi qu'il est naturel de le penser, la Belgique, la Hollande, le Danemark, l'Angleterre, la Prusse, la Russie, la Norvège et la Suède y ont des consulats. Les pays du midi de l'Europe ne sont pas, non plus, restés en arrière, et tous les centres commerciaux d'Amérique ont suivi l'exemple.

Les établissements de la marine de guerre, ceux de la marine marchande sont vastes, très bien aménagés. Le chantier de

DUNKERQUE. — Le Musée.

construction est toujours fort animé pour le service de la pêche côtière, de la pêche de la morue et du cabotage, qui est très considérable.

DUNKERQUE. — Chantier de construction.

De plus, des canaux de communication avec l'intérieur du pays contribuent à la prospérité des transactions.

Vue de ses murailles, par une belle journée, Dunkerque

apparaît imposante, quoique gracieuse. Du côté de la terre, les tours du Beffroi et de Leughenaer, cette dernière surmontée d'un phare, se dessinent fièrement sur l'azur du ciel.

Du côté de la mer, les quais, avec leur population affairée ; le port, pavoisé de tous les drapeaux connus ; la rade splendide, sillonnée de bâtiments entrant ou sortant ; les longues jetées, puis les flots qui se confondent avec l'horizon...

Peut-être, cependant, le paysage gagne-t-il encore en beauté quand vient le crépuscule, alors que les phares tournants ou fixes, et les feux flottants, projettent au loin leur lumière sur la vague mobile...

Les bains de mer des environs de Dunkerque sont très fréquentés.

Rosendael, située à 5 kilomètres, prend, chaque année, plus d'importance. Un très joli casino y a été bâti. Son aspect délasse un peu de la vue des cheminées d'usines diverses, rencontrées si fréquemment, car tout un monde industriel occupe la banlieue dunkerquoise. Sécheries de morue, filatures, raffineries de sucre, distilleries, corroiries, fonderies, forges, poteries, brasseries, fabriques de tulle... On voit bien que l'on se trouve dans le département du Nord, le plus peuplé et le plus riche de la France, après le département de la Seine.

Il est impossible de quitter Dunkerque sans visiter Bergues, sa voisine, qui, comme elle, doit sa fondation aux comtes de Flandre.

Baudoin *le Chauve* la fortifia ; mais, en 1083, elle fut entièrement détruite par un incendie. Relevée de ses ruines, elle était de nouveau, en 1123, la proie des flammes et, moins d'un siècle plus tard, en 1215, la même cause la rejetait dans une profonde misère.

Il semble, en vérité, que la pauvre ville dût, périodiquement, subir cette affreuse épreuve : on note, encore, un incendie en 1494, et un autre en 1558. Ce dernier avait été allumé par le maréchal de Thermes, qui luttait pour la France contre les Espagnols.

Le roi d'Espagne Philippe II s'intéressa beaucoup à Bergues. Turenne la prit en 1658, mais pour peu de temps, et la France dut attendre que la paix d'Aix-la-Chapelle (1668) confirmât la capitulation définitive obtenue de la cité, par Louis XIV, l'année précédente.

Bergues possède un des plus beaux beffrois de la Flandre, justement classé parmi les édifices historiques.

Jadis, la ville était très malsaine à cause des marécages dont elle se trouvait entourée. On a remédié à cet état de choses par de grands travaux de desséchement. Plusieurs canaux viennent y aboutir. L'un d'eux, long de huit mille mètres, la réunit à Dunkerque.

Tout est prévu pour permettre, en cas d'invasion, de submerger et de rendre, par conséquent, impraticables les campagnes situées entre le port de Dunkerque et la place forte de Bergues, c'est-à-dire sur une étendue de plus de *dix* kilomètres.

La nappe d'eau n'atteindrait pas moins de *un mètre cinquante centimètres de profondeur*...

Le moyen de défense serait extrême et coûterait, le danger passé, de longues années de travail pour rétablir les canaux actuels.

Mais, quand il s'agit de défendre sa Patrie, aucun sacrifice peut-il être refusé !

BERGUES. — Le Beffroi.

CHAPITRE II

LA PÊCHE DE LA MORUE EN ISLANDE

Nous n'avons dit que quelques mots de la pêche de la morue sur les côtes islandaises, mais cette industrie mérite bien un chapitre spécial. A tous les points de vue, elle est intéressante.

Les pêcheurs qui s'y adonnent sont d'admirables marins, des travailleurs infatigables.

Chaque année, au mois de mars, les engagements sont contractés, car il faut être prêt pour quitter le port à l'époque ordinaire : 1er avril.

Autrefois, les navires employés étaient d'une forme particulière, assez disgracieuse, se conduisant bien à la mer, mais très lourds et d'une marche lente.

Depuis une cinquantaine d'années, on emploie des goëlettes, bâtiments à deux mâts, légers et fins voiliers, que l'on aménage spécialement en vue du travail accompli à bord. L'achat de chacun de ces navires, leur armement, c'est-à-dire tous les frais nécessités par l'assurance, par l'embarquement des vivres, par le bon entretien de chaque objet utile à la pêche future, ainsi que par les avances de solde à faire à l'équipage ; enfin, le désarmement, consistant dans le payement de ce qui reste dû aux pêcheurs, le déchargement des tonnes de poisson, les réparations à la goëlette,... toutes ces dépenses, réunies, varient de 80 à 90.000 francs. Or, il y a de cent à cent cinquante navires dunkerquois occupés, par année, dans les mers d'Islande, et chacun d'eux embarque de douze à quinze hommes.

Voilà donc toute une petite armée et une somme d'au moins

dix millions engagées dans la plus rude des campagnes. Quand la pêche a été abondante, c'est un peu d'aisance qui entre chez le matelot, car, en général, les *Islandais* sont payés à la *prime;* autrement dit, ils reçoivent un prix déterminé par chaque tonne de morue rapportée.

Mais si le poisson n'a pas donné, si les mauvais temps ont causé des avaries graves au bâtiment ou contrarié constamment le travail, une misère véritable devient le partage de la famille du pêcheur.

Pêcheur de Morue.

Aucun métier ne réclame plus d'abnégation, n'expose à de plus grands efforts, à des privations plus pénibles.

La morue est rangée par les naturalistes dans le genre *Gade*, dont font partie la *merluche*, le *merlan*, le *lieu*, la *lotte*. On reconnaît l'espèce à ses nageoires ventrales jugulaires, qui sont étroites et pointues. Les nageoires sont appelées *jugulaires*, lorsque, comme dans les poissons que nous venons de citer, elles sont placées sous la gorge, en avant des pectorales. Ces dernières, situées aux deux côtés de l'animal, jouent fort bien le rôle de bras,

La morue se multiplie beaucoup. Un savant hollandais, Leuwenhoeck, a été assez patient pour en compter les œufs. Il a trouvé un total étourdissant : plus de *neuf millions !*

On comprend, dès lors, l'existence de ces *bancs* exploités depuis si longtemps et non encore épuisés.

Tout est utile dans la morue : Aucun de ses débris n'est perdu.

Les œufs, mis à part, sont entassés avec un peu de sel. Ils fournissent le meilleur des appâts pour la pêche de la sardine. Cette préparation est connue sous le nom de *rogue*. Nous verrons les *sardiniers* de Douarnenez et autres ports de pêche bretons en faire un incessant usage.

Le poisson étant capturé, on tranche sa tête et on la divise en plusieurs morceaux ; l'un d'eux, plus délicat, est appelé *langue*, mais n'est autre chose que le *palais*. Les intestins serviront à amorcer les lignes mêmes auxquelles se laisseront prendre des centaines d'autres morues. La vessie natatoire donne une bonne colle ; le *foie*, convenablement préparé, abandonne une huile dont les propriétés médicinales sont bien connues. La chair, enfin, fournira un aliment sain et qui, grâce au salage, peut se conserver très longtemps.

Le matelot chargé de disséquer le poisson s'appelle, à bord des navires dunkerquois, *paqueur* ; après lui, vient le *saleur*, qui dispose les morues dans des tonnes et les recouvre, au fur et à mesure, du sel nécessaire pour les protéger de la corruption. Ensuite, le tonnelier ferme, aussi hermétiquement que possible, chaque baril, et le marque du chiffre spécial à l'armateur.

Au retour des bâtiments, le contenu des tonnes est, de nouveau, visité, les morceaux sont triés et séchés.

Ce n'est donc pas une affaire de mince importance que la pêche dite *islandaise*, et elle ne réussit qu'à une condition, nous le répétons : celle d'y employer les plus grands efforts, de se résoudre aux plus pénibles privations, à des dangers de tous les instants. Et non point pendant une ou deux semaines, mais durant cinq longs mois, sous un climat glacial !... Aussi la vieillesse et les infirmités arrivent-elles vite pour le pêcheur de morue.

Saluons le courageux marin, admirons son énergie, sa vaillance, et ne méprisons plus le produit d'une pêche conquis au prix d'un tel labeur.

Il peut se faire que, sous forme de conserve salée, la morue plaise moins à notre goût blasé que le *cabillaud*, c'est-à-dire la morue fraîche ; toutefois, ne songeons point seulement à nos préférences.

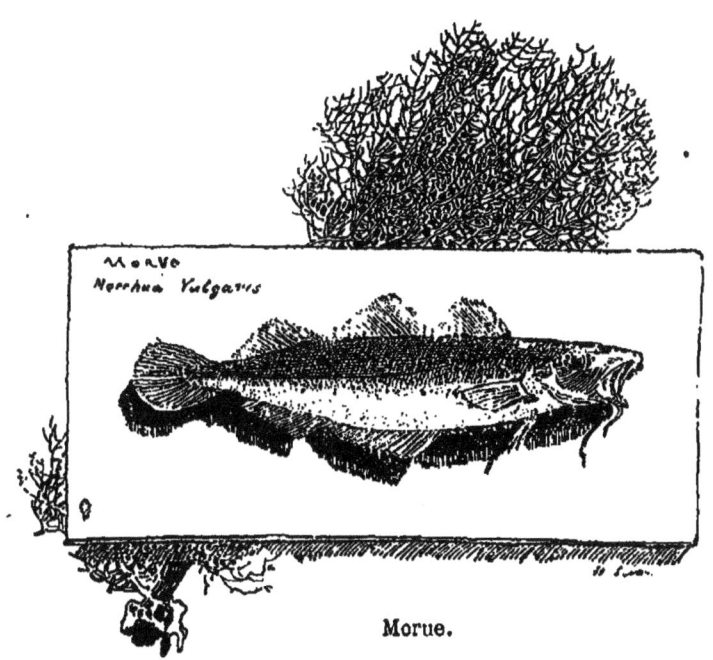

Morue.

Rappelons-nous que ce poisson donne lieu à un très important mouvement commercial, que sa pêche fait vivre une population considérable d'hommes, de femmes, d'enfants.

Rappelons-nous, surtout, que si notre privilège d'habitants d'un pays à climat tempéré nous dispense d'avoir recours, dans une large mesure, aux aliments salés et fumés, il existe d'autres peuples pour qui ces mêmes aliments deviennent la plus précieuse des ressources. L'égoïsme est toujours mauvais conseiller ; il montre la face d'un tableau, mais souvent le revers a une portée bien autrement grande.

Il faut désirer qu'un noble pays comme la France ne néglige aucun moyen de contribuer à la prospérité des industries qui font sa richesse. Toutes les améliorations, tous les encouragements donnés soit à nos grandes pêches, soit à nos pêches côtières, se traduiront par une augmentation des revenus nationaux.

D'ailleurs, n'est-ce pas à cette rude et périlleuse école que se forment nos excellents matelots?

N'oublions jamais une semblable considération, elle compte au nombre des plus importantes qui doivent nous intéresser.

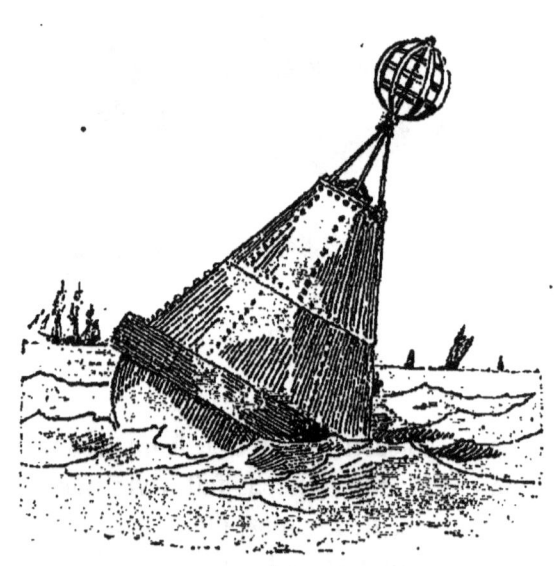

Bouée flottante.

CHAPITRE III

MARDYCK — GRAVELINES

A douze kilomètres de Dunkerque, on trouve, gisant sous les dunes, un bourg comptant moins de cinq cents habitants. La ceinture sablonneuse l'étreint à l'étouffer ; chaque jour, la marée nouvelle joint son œuvre à l'œuvre de la précédente marée. Peut-être finira-t-il par périr et son nom, autrefois célèbre, tombera-t-il dans l'oubli...

Nous sommes à MARDYCK, la vieille cité où Jean-Jacques Chifflet, le savant antiquaire, médecin du roi d'Espagne Philippe IV, place *l'Itius Portus* des Romains.

Nous n'avons point à décider si cette opinion est certaine ou mal fondée, mais, incontestablement, Mardyck fut, pendant longtemps, un port fréquenté, large, profond, attirant un grand commerce ; de plus, on le regardait comme très important au point de vue de la situation.

Pas plus que ses sœurs, les autres villes de Flandre, Mardyck n'échappa aux conséquences des guerres incessantes dont la province fut le théâtre. Depuis l'année 943, où les Normands la brûlèrent après l'avoir pillée, elle subit plusieurs sièges, passa et repassa, alternativement, des mains d'un prince à celles d'un autre souverain ; fut conquise, en 1558, par les Français ; livrée par un traître aux Espagnols, et reprise après avoir subi les horreurs d'un long siège. Perdue de nouveau pour nous, Turenne l'enlevait en 1657, et le traité des Pyrénées nous confirmait sa possession.

Vinrent les malheurs de la fin du règne de Louis XIV, puis

Dunkerque. — Une pêcheuse.

la paix d'Utrecht, qui terminait la guerre causée par l'avènement du petit-fils du roi au trône d'Espagne.

Quoique cette paix, fruit des victoires de l'illustre Villars, fût, en elle-même, le salut pour la France, plusieurs de ses clauses étaient bien lourdes. Ainsi, nous le savons, les Anglais avaient obtenu la destruction du port et des fortifications de Dunkerque !

L'acte de vandalisme resta à mi-chemin d'exécution, mais c'était trop, encore, pour Dunkerque, dont ce coup terrible provoquait l'anéantissement.

Désespéré, Louis XIV essaya de créer un autre port sur cette côte si importante à la défense et au commerce du pays.

Il choisit Mardyck.

Parmi les immenses travaux entrepris, figurait un canal intérieur devant relier la ville à Dunkerque. Mais nos ennemis ne se méprirent pas sur les conséquences d'un tel projet, et s'y opposèrent avec tant d'acharnement que le duc d'Orléans, Régent de France, se vit, en 1717, obligé de détruire l'œuvre de son oncle.

Mardyck ne se releva pas de l'épreuve.

Les dunes aidant, la cité décrut rapidement. L'histoire affirme qu'en l'année 1766 sa population ne dépassait pas *cent vingt* habitants !...

La ruine était complète et la prospérité ancienne devenait un incertain souvenir.

De nos jours, on visite Mardyck pour sa vieille église, dont la flèche, surmontant une tour carrée, s'aperçoit de fort loin, et les voyageurs, soucieux des grands faits d'autrefois, ne manquent pas d'aller reconnaître les ruines du canal creusé par Louis XIV.

Son abandon l'a rendu impraticable, sinon dans la partie enclose à Dunkerque, où elle sert aux besoins du port.

Suivant notre route à travers les dunes, nous arrivons à Gravelines, jolie petite ville dont le nom est formé de deux mots flamands : *Graven linghe*, signifiant *canal du comte*, parce qu'elle fut fondée, en 1160, à l'extrémité d'un canal creusé par Thierry, comte souverain de la Flandre, pour y amener les eaux de l'Aa.

Remarquons, en passant, que le mot Aa appartient à la langue celtique et veut dire : *eau courante*. Plusieurs rivières et fleuves européens portent ce nom.

Malheureusement pour Gravelines, le courant de son petit fleuve n'a pu lutter contre les dunes, il reste, comme le port, très encombré, et une distance de deux kilomètres s'est établie entre la ville et la mer.

Le nom de Gravelines apparaît souvent, dans l'histoire, accolé à toutes les vicissitudes subies par le pays flamand, qui resta si longtemps le théâtre de guerres meurtrières.

Elle passa de la maison des comtes de Flandre aux Anglais, aux Bourguignons, enfin aux Espagnols. Charles-Quint la fortifia. Elle devait, en 1558, voir le désastre infligé par le fameux comte d'Egmont, général du roi d'Espagne Philippe II, au maréchal de Thermes, commandant l'armée française. Ce dernier expiait ainsi les horribles excès qu'il venait de commettre dans la Flandre entière, à Bergues principalement.

La France devait, longtemps encore, attendre une complète revanche, car ce fut seulement un siècle plus tard que le traité des Pyrénées lui assura la possession de Gravelines.

Aujourd'hui, la petite ville est place de guerre de seconde classe, mais elle se préoccupe moins de cet honneur que des moyens d'étendre son commerce.

Malgré la petitesse et le manque de profondeur de son port, elle est devenue une sorte de centre pour le trafic des œufs et des pommes expédiés, à Londres, en quantités prodigieuses. Elle possède, aussi, un entrepôt de sel et un chantier de construction maritime. Toutefois, quoique plusieurs de ses navires prennent part à la pêche de la morue, du hareng, et même de la baleine, les difficultés, à peu près insurmontables, qu'oppose l'ensablement aux manœuvres de bâtiments d'un fort tonnage (1), empêchent les armements d'augmenter.

(1) On appelle *tonnage*, la capacité ou la charge qu'un navire peut supporter. En terme de marine, un *tonneau* est l'équivalent du poids de *mille kilogrammes*. Ainsi lorsqu'on dit : bâtiment de 500 tonneaux, par exemple, l'expression équivaut à : charge de 500,000 kilogrammes.

CHAPITRE IV

LES CÔTES DU PAS-DE-CALAIS — LA VILLE DE CALAIS

SANGATTE — WISSANT

Depuis sa ligne frontière au nord, le rivage français continue en pente douce jusqu'au cap Gris-Nez où, subitement, il devient perpendiculaire, prolongeant, ainsi, ses grèves un peu au delà de l'embouchure de la Somme.

Sur plusieurs points du département, les sables l'envahissent encore, en particulier sur les quarante-cinq kilomètres de côtes appartenant à la mer du Nord. Mais, dès le cap Blanc-Nez, le sol se relève, et les soixante-cinq kilomètres dépendant du bassin de la Manche offrent quelques monticules, ramifications de la chaîne ondulée traversant l'ancien Artois.

Du Pas-de-Calais tout entier, les deux caps que nous venons de citer sont, peut-être, les collines les plus remarquables. Leurs noms, francisés, rappellent la prononciation anglaise de leurs noms véritables :

Black-Ness ou *Cap Noir* (par allusion aux rocs dont il est formé), et *Craigh-Ness*, ou *Cap des Rochers*.

D'ailleurs, les mots de Blanc-Nez et de Gris-Nez ont prévalu chez nous.

Le premier de ces promontoires élance, à la hauteur de 134 mètres, le sommet des belles roches dont il est composé, et qui deviennent d'autant plus imposantes sur l'ensemble d'une plage basse, sans autre relief.

Le second atteint seulement cinquante mètres. Il marque la ligne idéale séparant la mer de la Manche de la mer du Nord, et s'avance fort près des côtes anglaises : c'est de là que l'on s'en trouve à la plus courte distance. De là, encore, pour aboutir à Calais, s'étend le célèbre détroit auquel on a donné le nom de la ville.

Après le cap Gris-Nez, les falaises commencent à disparaître, et les sables reprendraient leur œuvre fatale, si on n'avait grand soin de les arrêter dans leur marche vagabonde par des plantations de joncs marins appelés *oyats.*

Viennent ensuite les collines des environs de Boulogne, les grèves très basses et les profondes échancrures formées par les estuaires de la *Canche* et de l'*Authie*. La rive droite de ce dernier fleuve sépare le Pas-de-Calais du département de la Somme.

On l'a dit avec raison, cette partie du littoral français est très dangereuse. Les vents d'ouest la balayent avec une irrésistible violence, car elle y est directement opposée. En même temps, les bancs de sable, rendus mobiles sous la double action des tempêtes de l'air et de la mer, avancent ou reculent, bouleversant tout sur leur passage.

Les moyens suggérés pour remédier à un tel état de choses sont nombreux; mais aucun ne semble absolument infaillible. En attendant, les ports doivent être entretenus avec soin; c'est ce que l'on ne manque pas de faire et, en dépit des obstacles, ils s'améliorent progressivement.

Presque toute la campagne située à l'est de Calais repose sur des terrains marécageux, que l'on a assainis par les moyens employés dans l'arrondissement de Dunkerque.

Si l'œil n'y découvre point de panoramas pittoresques, l'agriculture y gagne un champ dont elle sait tirer parti.

Un souvenir historique se lie à ces plaines : le *Camp du Drap d'Or*, ruineuse et inutile entrevue devant réunir, pour quelques heures, François Ier et Henri VIII, roi d'Angleterre, y fut tenu le 7 juin 1520.

Là, de grands seigneurs, pour faire assaut de luxe, de richesse, portèrent gaiement, « leurs châteaux et leurs terres sur leurs épaules »; autrement dit, ils dissipèrent leur fortune sans que le résultat, grâce à tant de légèreté et d'étourderie, eût la moindre influence pour le bien de la patrie.

CALAIS, qui a donné son nom à un département, est de

fondation très ancienne, quoique son origine reste un peu obscure.

Des actes authentiques du neuvième et du dixième siècles le mentionnent. En 1128, Louis VI, roi de France, accorde diverses faveurs à ses bourgeois et, avant la fin du même siècle, les Calaisiens obtenaient de leurs suzerains, les comtes de Boulogne, une charte communale.

Ils avaient, alors, acquis une réelle importance commerciale, puisque l'on voit de grands seigneurs ne pas dédaigner de faire partie de leur association ou *ghilde*.

C'était, sous un autre nom, le principe de la *hanse* destinée, dans plusieurs villes européennes, à protéger les intérêts des commerçants.

Paris eut, au temps de la domination romaine, une *hanse* célèbre de ses bateliers; l'association se perpétua jusqu'en 1672, où Louis XIV la supprima.

Sur l'initiative des bourgeois de Hambourg et de Lubeck, l'Allemagne, en 1241, vit se former la fameuse ligue dite des : *Villes Hanséatiques,* à laquelle plus de quatre-vingts cités allemandes ou étrangères voulurent s'associer. Elle prit fin en 1630; mais, de nos jours, un vestige de cette puissance commerciale subsistait encore, puisqu'il a fallu une des dernières guerres de la Prusse pour faire disparaître les privilèges des *Villes libres,* membres de la *Confédération germanique.*

Calais, dit-on, fit partie de la hanse européenne ; cela prouve l'importance acquise par son commerce.

Mais bientôt la pauvre ville allait être victime de sa situation territoriale. Bâtie au point où le canal maritime séparant l'Angleterre de la France est le plus étroit, Calais ne pouvait manquer de se voir envier par les conquérants de la Grande-Bretagne.

Deux circonstances devaient produire un premier levain de discorde.

Au milieu de ses nombreux démêlés avec les rois anglais, Philippe-Auguste prit la résolution d'opérer une descente dans leurs états insulaires.

L'entreprise réussit, et Henri II se vit sur le point d'être détrôné par le monarque français. Malheureusement, un traité intervint, qui nous enleva le fruit de nos victoires.

Quelques années plus tard, l'occasion parut, de nouveau, se présenter favorable.

Jean Sans-Terre, fils de Henri II, avait réussi à succéder à son frère Richard Cœur-de-Lion. Méprisé, détesté à cause de ses vices et des crimes dont il se souillait, les barons anglais l'abandonnèrent et demandèrent à Philippe-Auguste de leur accorder pour roi son fils Louis.

La prière fut accueillie, d'immenses préparatifs commencèrent, neuf cents navires étaient destinés à renouveler l'exploit d'une descente en Angleterre. Le jeune prince Louis arriva à Calais et s'y embarqua pour son futur royaume... L'habileté diplomatique de Jean Sans-Terre conjura le péril imminent. Philippe dut renoncer à voir son fils lui rendre hommage pour la couronne anglaise.

Jusqu'à cette époque, Calais était assez mal défendue. Sa situation engagea Philippe *Hurepel* (*rude peau*, fils d'Agnès de Méranie et de Philippe-Auguste), comte de Boulogne, son suzerain, à la fortifier soigneusement.

Saint Louis sut faire tourner au profit de la France la force de cette nouvelle place de guerre. On a, de lui, une convention où il est spécifié que Calais, dans la probabilité d'une guerre avec l'Angleterre, devra donner asile aux troupes françaises.

Après Louis IX, on voit successivement Philippe IV le Bel, puis son fils Charles IV, s'occuper de défendre la possession de Calais.

Hélas! les malheurs du règne de Philippe VI de Valois commencèrent.

Édouard III, petit-fils, par sa mère Isabelle, de Philippe IV, prétendait à la couronne de France. La guerre ne tarda pas à être déclarée : elle devait durer plus d'un siècle!

Le 26 août 1346, Philippe et le monarque anglais se rencontraient à Crécy-sur-Maie (Somme). Un engin guerrier, d'invention récente, le canon, décide du sort de l'armée française... Cruellement vaincue, il lui devient impossible de secourir Calais, et Édouard songe à assurer ses conquêtes par une station de facile débarquement pour ses troupes.

Sans perdre un moment, il remonte vers le nord, s'empare de Wissant, ville encore importante alors, et, le 30 août, vient mettre le siège devant Calais.

Le courage, l'intrépidité de la ville ne se démentirent point pendant *une année entière;* mais, réduite à la dernière extrémité et Philippe ne pouvant la sauver, il lui fallut se résoudre à implorer le vainqueur.

Calais. — Place de l'Hôtel-de-Ville.

Nul cœur français ne saurait oublier l'héroïque dévouement d'Eustache de Saint-Pierre, de Jean d'Aire, des frères Jacques et Pierre de Wissant, non plus que de deux autres bourgeois. Ils vinrent, pieds nus, la corde au cou, implorer pour leurs concitoyens la clémence d'Édouard.

D'un caractère farouche, enivré d'orgueil, et exaspéré, d'ailleurs, par la patriotique défense de Calais, le monarque allait se déshonorer en donnant l'ordre d'exécuter Eustache et ses amis. La reine, Philippine de Hainaut, préserva sa mémoire d'une pareille tache.

Se jetant aux pieds d'Édouard, elle rappela tous les périls que, déjà, elle avait bravés pour lui, et le conjura, surtout par l'enfant dont tous deux attendaient la naissance, de pardonner noblement.

Une pensée d'amour paternel, radieux rayon apparaissant au milieu des tristesses de la guerre, sauva la ville et ses courageux otages. Mais, pendant *deux cent douze ans*, elle dut se courber sous la loi anglaise !

L'année 1558 marqua sa libération.

Un grand homme de guerre, François de GUISE, qui avait victorieusement repoussé, à Metz, les attaques de Charles-Quint, résolut de reprendre Calais. Par d'habiles marches et contre-marches, il trompa la vigilance du gouverneur anglais, lord Gray, et quand, à l'improviste, le siège fut mis devant la ville, la garnison ne put résister plus de huit jours. Un habile ingénieur picard, SÉNARPONT, se distingua dans cette attaque, et ce fut le 6 janvier, jour de l'Épiphanie, que Guise enleva la victoire.

Vainement la reine d'Angleterre, Marie Tudor, fille de Henri VIII, voulut-elle réparer cette défaite. Le dernier boulevard de la puissance anglaise sur la terre de France était tombé.

On prétend que Marie ne put se consoler de cet échec et que, peu de mois plus tard, elle répétait sur son lit de mort:

« Ouvrez mon cœur, vous y verrez inscrit le nom de Calais ! »

En souvenir de l'heureuse campagne de François de Guise, on appliqua à Calais et à son territoire l'appellation de « Pays reconquis ».

Un instant, notre possession se trouva compromise. Les Espagnols s'en emparèrent en 1595, mais le traité de Vervins nous la rendait bientôt.

Nous recouvrions et nous ne perdîmes plus notre *Gibraltar*.....

Une si longue occupation étrangère devait laisser et a, en effet, laissé des traces dans la ville. L'église, construite par les Anglais, possède un clocher très élevé, dont le sommet s'aperçoit de fort loin en mer et servait autrefois de phare.

L'hôtel dit *de Guise* avait été bâti par Édouard III. Mais Henri II, roi de France, l'ayant donné à son illustre capitaine, il prit le nom du libérateur de la cité.

C'est à Richelieu que Calais, en 1636, dut la fondation de son arsenal et de la citadelle.

Les remparts, maintenant plantés d'arbres, sont transformés en promenades. Les jetées sont fort belles et s'étendent assez loin en mer pour protéger le port qui est maintenant doté d'un nouveau bassin à flot, avec 1800 mètres de quais verticaux et 7^m50 de profondeur en morte-eau. De plus, le chenal se trouve élargi et un superbe outillage industriel installé : tels que treuils, grues... On ne verra plus, désormais, une partie du trafic s'éloigner, faute de moyens de parer à toutes les éventualités. De l'extrémité des jetées, on peut, lorsque le ciel est clair, distinguer le château de Douvres et les côtes anglaises.

Que ceux de nos lecteurs qui n'ont jamais vu la mer, regardent attentivement le dessin représentant *les jetées par un gros temps*.

Ils pourraient croire à de l'exagération, mais ce serait une erreur. Le dessin est d'une scrupuleuse fidélité..... malheureusement, encore, la mer se charge trop souvent de prouver qu'il a été plutôt atténué !

Pensons aux pêcheurs forcés de lutter contre de tels dangers ! Répétons-nous qu'à la rude école de la pêche se forme notre intrépide marine de guerre, et donnons un souvenir sympathique à ces vaillants petits bâtiments dont l'équipage travaille avec un courage si indomptable, pour apporter dans notre alimentation une variété salutaire.

Calais est encore assez fréquenté comme port de pêche ; mais, en dehors du service régulier des paquebots à vapeur qui ont, chaque jour, plusieurs départs, et du mouvement du port d'échouage faisant communiquer la ville, par un canal, avec l'intérieur du pays, la principale, ou, plutôt, la première industrie de Calais, est la fabrication des tulles de soie et de coton. Le produit annuel de ces fabriques dépasse trente-cinq millions de francs. Toute une population (plus de dix mille ouvriers) y est employée et se partage entre la ville proprement dite et son faubourg : Saint-Pierre-lès-Calais (1).

Les tulles de ces localités sont connus du monde entier et, jusqu'à présent, conservent leur supériorité commerciale.

Les bains de mer sont extrêmement fréquentés à Calais : la plage est si belle ! Un casino vaste et commode y a été construit.

Un voyage dans cette ville devient donc très intéressant. L'esprit se reporte aux souvenirs historiques qui ont rendu son nom célèbre, et les yeux sont agréablement satisfaits par les manifestations du génie moderne.

Il ne faut pas oublier que Calais eut la gloire de voir, en 1851, établir, sur sa côte, le point de départ du *premier* câble sous-marin.

Elle est, également, voisine de l'endroit choisi pour le percement du tunnel projeté sous la Manche.

A dix kilomètres de Calais et touchant le cap Blanc-Nez, se trouve SANGATTE. Là doit être l'entrée du fameux tunnel sous-marin destiné à supprimer les désagréments de la traversée du Pas-de-Calais. Seulement le tunnel se fera-t-il jamais ? On sait l'étrange émotion que l'annonce d'un pareil travail a excitée en Angleterre. Après tout, cela peut être heureux, et sans nous ranger, loin de là, parmi ceux qui déclarent l'entreprise impossible, nous croyons, cependant, à des difficultés extrêmes d'entretien.

Rappelons que ce fut un Français, le savant ingénieur THOMÉ DE GAMOND, qui soutint, sans se lasser jamais, l'idée première du projet de tunnel.

Rappelons, enfin, qu'un autre ingénieur, Charles BOUTET, a, dès 1867, croyons-nous, préconisé la construction d'un PONT sur la Manche.

(1) On devrait écrire Saint-Pierre-lez-Calais. *Lez* est un vieux mot, une préposition signifiant : *voisin* de tel endroit. Ainsi, par exemple, le château de Plessis-lez-Tours, résidence favorite de Louis XI.

Il expliquait son plan avec une verve et des démonstrations entraînantes. Grâce à lui, le mot « impossible » semblait vraiment ne point faire partie de la langue française, mais...

Mais, selon toutes probabilités, les passagers qui redoutent le mal de mer seront, longtemps encore, obligés de se contenter des *bateaux sans roulis*. Par malheur, ces bateaux ne répondent guère, dit-on, aux promesses de leur inventeur.

Voilà donc Sangatte forcé de renoncer, provisoirement au moins, à l'importance que lui vaudrait l'achèvement du tunnel, importance autrefois obtenue si, comme le veulent plusieurs archéologues, ce bourg fut le *Portus Itius* des *Commentaires* de César (1).

Nous avons déjà vu réclamer ce nom pour Mardyck. Nous allons le voir, encore, donner à Wissant.

Ce dernier bourg est voisin du cap Gris-Nez.

Jadis, la plus grande partie du commerce avec l'Angleterre prenait cette route, et bon nombre de documents permettent de supposer que César s'y embarqua, lorsqu'il crut le moment venu de tenter la conquête de la Grande-Bretagne.

Mais Wissant perdit promptement son importance. Les dunes s'accumulèrent autour de son enceinte et, dès le quatorzième siècle, son port était abandonné.

Les ruines avoisinant le bourg attestent, tout au moins, un assez long séjour des troupes romaines. On y trouve un camp, et des constructions, en partie dégagées du sable qui les recouvre, permettant de se rendre compte de la situation de l'ancien port.

On visite encore avec intérêt le tumulus de la Motte-Carlin, assis sur une base de soixante mètres, et les amateurs, quand même, d'antiquités, décorent le mont d'*Averlot* du nom de *camp de César*. Soit! La position, au reste, eût été bien choisie, puisqu'elle est à une altitude de plus de quatre-vingts mètres.

Il est impossible, dans notre route vers Boulogne, d'oublier Ambleteuse, à l'embouchure de la *Slack* ou *Sélaque*.

On croit y retrouver une des nombreuses stations établies sur cette côte par les Romains.

---

(1) On parle de nouveau (1890) des travaux du passage sous-marin et du pont.

Ce petit port eut l'honneur d'être fortifié par Vauban. Son écluse, ainsi que sa tour, furent construites sur les plans de l'illustre maréchal.

Aujourd'hui ensablée, la rade était jadis excellente. Lorsque le malheureux Jacques II Stuart, roi d'Angleterre, détrôné par son gendre, Guillaume d'Orange, dut se résigner à chercher un asile près de Louis XIV, ce fut à Ambleteuse qu'il aborda.

Pilâtre de Rozier.

Treize ans plus tard, il succombait à Saint-Germain-en-Laye (1688).

Sept kilomètres plus loin, nous trouvons WIMEREUX, à l'embouchure du petit fleuve du même nom. Le port formé par ce cours d'eau est assez profond pour recevoir des navires importants. Peut-être songera-t-on à l'utiliser; il pourrait rendre de grands services sur cette côte sablonneuse.

Plus avancé dans les terres, est situé WIMILLE. Nous y entrons pour saluer le tombeau des intrépides et infortunés aéronautes PILATRE DE ROZIER et ROMAIN.

On sait que, tous deux, avaient projeté de traverser en ballon le Pas-de-Calais.

Ils imaginèrent d'ajouter le gaz hydrogène au système nouvellement inventé par les frères Montgolfier, et qui consistait dans la dilatation de l'air atmosphérique par la chaleur.

C'était commettre une irréparable imprudence. Les deux amis montèrent en ballon, à Boulogne, le 15 juin 1785. Tout d'abord, ils s'élevèrent très haut et firent assez rapidement une petite partie de la route, mais le gaz prit feu au contact de la chaleur dégagée par la « montgolfière... »

Les flammes atteignirent la nacelle et les aéronautes vinrent se briser sur le sol de Wimille... On les enterra dans le cimetière du bourg.

Ils furent les premières victimes de l'admirable découverte. Combien d'autres devaient et doivent les suivre, avant que le génie de l'homme puisse espérer soumettre les forces de l'air!...

CHAPITRE V

BOULOGNE-SUR-MER

Située à l'embouchure du petit fleuve la *Liane*, sur la mer de la Manche, BOULOGNE est une très jolie ville, au commerce actif, aux armements de pêche importants.

Elle se divise en deux parties : haute et basse ville. La première, bâtie sur une colline dominant la rive droite de la Liane, n'a point de rues bien régulières, et ses constructions n'ont rien de remarquable. Pourtant elle possède un grand attrait, car les remparts, plantés d'arbres, offrent des promenades délicieuses, et la vue s'y étend sur le port, les plages, la mer !...

Quand le temps est propice, les blanches falaises qui ont donné leur nom à l'Angleterre (1) deviennent visibles, et l'on découvre aussi une grande partie du Pas-de-Calais et du département du Nord. Les campagnes voisines de la colline sont fraîches et fertiles. La Liane, très large, anime le paysage et, à lui seul, le port, toujours rempli d'une multitude de navires à voiles et à vapeur, devient un tableau mouvant de l'aspect le plus pittoresque.

La basse ville prend chaque jour une importance nouvelle. Bien construite, elle annonce la richesse, et son apparence n'est point trompeuse.

Boulogne est redevenue, en quelque sorte, une cité anglaise. La beauté de ses campagnes, sa magnifique situation, sa proxi-

---

(1) Les poètes appellent encore l'Angleterre de son nom ancien : *Albion*, qu vient de la langue celtique : *alb* ou *alp*. Ce nom s'explique par l'escarpement des falaises sud-ouest du pays, ou, encore, par leur blancheur, car la craie les compose pour la plus grande partie.

mité avec Folkestone, qui rend le passage en Grande-Bretagne très fréquenté, la facilité des transports pour la France et l'Europe entière, tout se réunit en faveur de cette jolie ville.

Entrée du bateau à vapeur venant de Folkestone.

Aussi, les Anglais, personnages sachant admirablement raisonner et concilier leurs plaisirs avec leurs affaires, ont-ils adopté Boulogne. Plus d'un *quart* de la population est d'origine anglaise, sans compter, bien entendu, la population flottante qui, pendant la saison des bains de mer, devient très nombreuse, encombrant le magnifique établissement, où toutes les élégances de la vie moderne ont été réunies.

Boulogne, pour le mouvement général du commerce de la France, occupe une des premières places et procure au Trésor des droits considérables. En dehors de la florissante industrie des paquebots à voyageurs, entre l'Angleterre et notre pays, la ville s'intéresse, dans une large proportion, à la pêche de la morue et du hareng, ainsi qu'à la pêche côtière. Du reste, pour ces dernières industries, elle tient le premier rang.

Le port a été très amélioré ; de grands travaux ont diminué la difficulté d'accès et rendu ainsi la vie au commerce ; car, il y a un siècle, les sables menacèrent d'anéantir le chenal et, seuls, les tout petits bâtiments pouvaient trouver fond sur la rade à demi comblée.

Un bassin de retenue fut décidé : il n'embrasse pas moins de soixante hectares de superficie. Les eaux de la Liane y sont captées et, suivant les besoins du port, sont chassées, à marée basse, d'une hauteur de plus de huit mètres au-dessus de la ligne du reflux.

La chute de ces eaux est superbe et, facilement, on comprend que leur passage, créant un fort courant, empêche les sables de prendre la consistance de bancs dangereux.

A diverses époques, les jetées ont dû être prolongées; elles le seront encore. De plus, on travaille à établir un nouveau port sur la place occupée par les dunes dites de *Châtillon*, à l'ouest de Boulogne. Le plan en est admirablement combiné. Dix phares puissants éclaireront l'ensemble de la future rade, et leurs feux, à système tournant, compléteront les feux des côtes anglaises.

Des forts, des batteries importantes protègent la ville et le port; mais, dès qu'il s'agit de s'opposer aux envahissements de la mer, on doit lutter sans trêve.

Ce n'est pas de nos jours, seulement, que les avantages de la position de Boulogne ont été appréciés. Les historiens s'accordent pour attribuer à Jules César l'origine de la ville, dont le nom viendrait de la cité italienne : *Bologne*. Tout de suite, le port reçut un grand nombre de passagers pour l'Angleterre, car les légions romaines avaient fort à faire avec les populations bretonnes.

Caligula, qui recouvrait fréquemment la raison et n'était pas toujours absorbé par les honneurs à accorder à ses chevaux favoris, Caligula fit construire une *tour à feu* pour éclairer l'entrée du port.

Les empereurs Claude, Adrien et Constantin visitèrent Boulogne et l'embellirent.

« La ville, dit Malte-Brun, fit son apprentissage de résistance glorieuse aux invasions de 449 ; on ignore généralement qu'Attila échoua devant Boulogne, lui qui venait de semer les ruines par toute la Belgique. Mais Clovis la prit, et elle fit, dès lors, partie de la monarchie franque. »

Les côtes du Pas-de-Calais ne pouvaient échapper aux expéditions des *Northmen*. Charlemagne, prévoyant le danger, éleva des fortifications, imprenables pour le temps, mais la faiblesse et l'incurie de ses successeurs laissèrent périr son œuvre.

Boulogne en fut victime. L'année 882 la vit assiéger, prendre et ruiner de fond en comble.

Sa situation maritime la sauva d'une destruction absolue. Intrépides navigateurs, commerçants habiles et industrieux, ses habitants savaient promptement trouver moyen de réparer leurs désastres. Cette prospérité valut une réelle influence aux seigneurs de la ville, car Boulogne, et le territoire qui en dépendait, formèrent un comté ayant des seigneurs particuliers, vassaux de la couronne de France. L'un des plus célèbres fut Philippe *Hurepel*, qui s'occupa tant de Calais.

La puissance des comtes de Boulogne s'étendait jusqu'aux confins de la Champagne et du Luxembourg.

La famille comtale dut bientôt fractionner ses possessions. Une des dépendances devint le duché de Bouillon qui, par héritage, échut à un fils d'Eustache de Boulogne, GODEFROY, né vers 1058, à Nézy, près de Nivelle, dans le Brabant (royaume de Belgique). Du moins, quelques probabilités autorisent-elles à penser ainsi. Il est vrai que Boulogne revendique l'honneur d'avoir vu naître le héros de la première croisade, qui refusa la couronne de roi de Jérusalem pour garder le simple titre de baron.

D'ailleurs, il serait encore glorieux pour la cité, que Godefroy fût simplement issu de la famille de ses comtes.

A plusieurs reprises, Boulogne fut l'objet de luttes terribles. Les Normands s'étaient à peine éloignés que, tour à tour, les Français, les Bourguignons (1), les Anglais y dominèrent.

En 1477, Louis XI réussit à s'assurer du comté, mais il se voyait en face d'une difficulté fâcheuse : l'obligation de rendre hommage au duc de Bourgogne, suzerain immédiat du territoire boulonnais. Une telle servitude pouvait amoindrir son prestige ; il la brisa par un coup de la plus fine politique.

On honorait, à Boulogne, une statue de la Vierge, que les légendes représentaient comme miraculeusement apportée dans la ville par un vaisseau mystérieux. Le concours des pèlerins se succédait sans relâche devant la statue vénérée ; des titres apprennent qu'il fallut même construire des hospices pour recueillir les voyageurs qu'une cause fortuite empêchait de retourner chez eux. Une confrérie fut établie sous le vocable de Notre-Dame-de-Boulogne ; elle se répandit rapidement. Reçue dans

---

(1) Il ne faut pas oublier que, jusque vers la fin du règne de Louis XI, la Bourgogne forma un duché puissant, contre-balançant souvent le pouvoir des rois de France.

un petit village de la banlieue parisienne, elle lui donna son nom.

Louis XI, très dévot envers la Vierge, n'avait pas manqué de venir se prosterner devant la statue miraculeuse et, pendant ce pèlerinage, entrevit tout le parti qu'il pouvait tirer de la dévotion chère aux Boulonnais.

Solennellement, il fit don à Notre-Dame-de-Boulogne du comté entier, se reconnaissant son *vassal* et engageant, avec lui, les rois ses successeurs. Pour gage de foi filiale, il offrit à l'autel un cœur d'or pesant treize marcs (1).

L'engagement de Louis XI fut toujours observé par les rois de France.

En 1544, une grande calamité fondit sur Boulogne. Henri VIII, roi d'Angleterre, s'en empara à la suite d'un siège des plus meurtriers. Six ans après, le roi de France, Henri II, la rachetait pour une somme de quatre cent mille écus.

Chaque fois que notre pays a été obligé de déclarer la guerre, on a vu les habitants de Boulogne se dévouer avec ardeur au triomphe de nos armes. Ses marins ont conquis un renom d'intrépidité bien justifié par tous les exploits qu'ils accomplirent.

Un fait historique moderne attira, pour quelque temps, sur Boulogne, les regards de l'Europe entière. La lutte séculaire de l'Angleterre et de la France sembla sur le point d'être terminée, en notre faveur, par un effort gigantesque,

A la veille de se faire couronner empereur, Napoléon Ier conçut le plan d'une descente en Angleterre. Rien n'était mieux étudié : les troupes de terre et de mer donneraient en même temps...

Afin de commencer l'exécution de ce projet, un corps d'armée prit la route de Boulogne, désignée pour être le lieu de départ des troupes. D'immenses travaux sont entrepris dans le port, qui voit se rassembler près de mille vaisseaux sous les ordres de l'amiral BRUIX.

Le maréchal SOULT dirige les opérations territoriales. Chacun se prépare aux événements futurs; le camp devient une sorte de ville à côté de la cité elle-même. Napoléon, pour entretenir

---

(1) Trois kilos et demi.

une ardeur utile, veut y distribuer en grand appareil, le 15 août 1804, des croix de l'ordre nouveau de la Légion d'honneur.

La cérémonie fut tout à fait théâtrale. Le souvenir en a été conservé par un obélisque dont Soult posa la première pierre, le 9 novembre 1804.

Le succès allait-il répondre aux espérances conçues ? La funeste défaite de Trafalgar répondit à l'interrogation...

Sauvage.

La grande armée fut (envoyée combattre en Allemagne, en Autriche, et le camp de Boulogne ne troubla plus l'esprit des Anglais.

Les monuments de la ville sont en bien petit nombre. L'hôtel municipal a remplacé le vieux palais des comtes où, affirment les Boulonnais, naquit Godefroy de Bouillon. Le vieux château et le beffroi remontent au treizième siècle.

La nouvelle église consacrée à Notre-Dame-de-Boulogne s'élève sur une crypte curieuse, jadis dépendance de la cathédrale.

Près de la colonne du Camp, se voient les ruines du phare de Caligula. Il était construit en briques, n'avait pas moins de douze étages et s'élevait à quarante-deux mètres du sol. La tente de Napoléon Ier fut appuyée sur ces ruines.

Boulogne compte plusieurs hommes célèbres.

Claude-François DAUNOU, né en 1761, mort en 1840, fut un savant historien, un professeur et un critique distingué. Ses ouvrages sont estimés, sa vie a mérité de grands éloges. Paris l'a honoré en donnant son nom à une rue.

Pierre SAUVAGE (1785-1857), fut un inventeur de génie. Il construisait des navires quand l'idée lui vint de reprendre les expériences de Charles DALLERY, d'Amiens. Ce que ce dernier n'avait pu terminer, Sauvage le réalisa. Il appliqua l'*hélice* à la navigation, principe fécond en résultats heureux.

Mais, comme bien d'autres, le grand inventeur ne put, faute d'argent, exécuter sa machine dans les proportions nécessaires. Il eut même la douleur de se voir contester le mérite de ses travaux, et, pourtant, on s'en emparait sans scrupule !

A Sauvage revient encore la gloire de plusieurs inventions, entre autres de la *machine à réduction*, qui rend d'immenses services aux sculpteurs, car elle leur permet de réduire à volonté les dimensions d'une statue ou d'un groupe.

L'homme de génie mourut à la peine... Sa mémoire est maintenant à l'honneur, puisqu'on lui a élevé un monument. Mais s'il avait reçu une aide sérieuse pendant sa vie, peut-être nous aurait-il donné de nouveaux chefs-d'œuvre.

Charles-Augustin SAINTE-BEUVE, le poète original, l'écrivain de talent, le critique incomparable, était né à Boulogne en 1804. On sait la place toute spéciale qu'il avait conquise dans notre littérature contemporaine où, jusqu'à présent, personne ne l'a remplacé.

CHAPITRE VI

LA PÊCHE DU HARENG — LA PÊCHE CÔTIÈRE

Boulogne est un des centres de l'armement pour la pêche du hareng et des industries qui s'y rattachent.

Le hareng appartient au genre *Clupe*, comme les *sardines*, les *anchois*, l'*alose*...

Il paraît être bien peu de chose, ce petit poisson que nous, habitants d'un pays favorisé pour toutes les productions du sol, n'employons guère autrement qu'à l'état de condiment. Mais, dans le nord entier de l'Europe, la consommation du hareng prend des proportions plus grandes, assez grandes pour que (le calcul en a été fait) un *million* de personnes, environ, soient employées à cette pêche et aux diverses industries qui en sont la conséquence.

Les naturalistes ne sont pas d'accord sur les causes de l'apparition, en troupes pressées (bancs), des harengs visitant nos côtes. Ce que l'on connaît bien, c'est leur marche régulière et le moment de leur arrivée.

Dans le commerce de ce poisson, la Hollande trouva une source de richesses immenses. Elle le répandait, salé, par le monde entier, et affirmait avec orgueil qu'un de ses enfants, Guillaume Bukels ou Deukels, de Biervliet (né vers 1340, mort en 1397), avait inventé l'*encaquage* du hareng, c'est-à-dire sa conservation en barils, où on le dispose, par couches, avec du sel.

Il peut se faire que le pêcheur de Biervliet ait donné un grand essor, dans son pays, à cette industrie, mais les Hollandais vont trop loin en lui en attribuant *l'invention*.

Les archives françaises renferment des pièces émanant de

nos rois, et portant sur des questions de règlement ayant trait au commerce du *hareng salé*. Plusieurs de ces documents remontent au treizième siècle ; ils sont donc de beaucoup antérieurs à l'époque où vivait le pêcheur devenu célèbre.

Circonstance remarquable, ils parlent du salage du hareng non comme si la découverte de ce moyen de conservation était *récente*, mais comme d'une chose habituelle.

On peut donc, en vérité, supposer que le nom de l'*inventeur* est encore à trouver.

Quoi qu'il en soit, la Hollande, pendant bien longtemps, employa de véritables flottes pour la pêche de l'humble petit poisson, et c'est un proverbe vrai celui qui affirme que la ville d'Amsterdam est bâtie sur des *arêtes de harengs*, l'origine de la plupart des fortunes amsterdamoises datant de l'ère, florissante entre toutes, où les Hollandais avaient le monopole de cette pêche.

Aujourd'hui, les nations riveraines de la mer du Nord, de la Manche, de la Baltique, ne manquent point de tenir compte du passage des *bancs* de harengs. Les Écossais se distinguent principalement par leur ardeur à chercher à monopoliser le commerce du poisson, très abondant sur leurs côtes.

En France, plusieurs de nos ports arment pour la pêche du hareng. Dix mille marins, environ, y sont employés. C'est au mois de juillet que la campagne commence et, généralement, dans les parages des archipels des îles Shetland et des Orcades. Vers la fin de septembre, les *bancs* suivent la mer du Nord et viennent dans la Manche, où on les poursuit jusqu'à la fin de décembre.

Voir un hareng mort, même à l'état frais, ne peut donner une idée de la beauté de son aspect lorsque la vie l'anime. L'or, l'argent, les pierres précieuses semblent former la matière même de ses écailles.

La pêche a ordinairement lieu la nuit. Les filets, appelés *tessures*, sont immenses, des *flotteurs* les maintiennent, dans une position verticale, en avant de la route suivie par le poisson. Les *bancs* donnent, tête baissée, contre l'obstacle. Il s'agit ensuite d'en alléger le filet. Le moment est arrivé où commence l'opération du salage.

Les pêcheurs arrachent les intestins des harengs et placent le poisson, avec du sel, soit par couches, dans les barils, soit tout simplement à fond de cale du bateau. Plus tard, au port de débarquement, on reprendra la manipulation.

Tous, nous connaissons les deux états que l'industrie fait subir au hareng capturé.

Il est appelé *pec*, quand on le consomme salé. Il est appelé *saur* lorsque, préalablement sorti de la saumure, on le suspend à des baguettes au-dessus d'un foyer garni de petits fagots de chêne, de hêtre ou de genévrier. Ce dernier bois, très aromatique, fait merveille pour le *saurissage*.

Les fagots doivent brûler lentement, et les cheminées des foyers sont disposées de manière à ce que la fumée, se répandant tout autour du poisson, pénètre bien sa chair et détruise les germes de fermentation. Après ce dernier soin, il n'y a plus qu'à livrer le hareng à la consommation.

Boulogne s'occupe donc activement de cette pêche productive, ainsi que de la pêche de la morue.

Mais nous ne reviendrons sur cette dernière qu'au moment où nous aurons à nous intéresser aux armements pour la pêche sur les bancs de Terre-Neuve.

Nous ne pouvons quitter la jolie ville mi-partie française, mi-partie anglaise, sans donner un peu d'attention à la pêche côtière et à celle du rivage.

Faisons une petite station à la poissonnerie ; les marchandises les plus délicates y pourraient abonder, car le fond de sable des côtes nourrit le turbot, la barbue, sans compter la raie et beaucoup d'autres espèces utiles...

Par malheur pour Boulogne, comme pour nombre d'autres ports de mer, grands ou petits, Paris, toujours affamé, accapare le produit des bateaux de pêche, et fait main basse sur le contenu des paniers des infatigables pêcheuses de crevettes et de coquillages.

Les pêcheuses boulonnaises sont renommées, entre toutes, pour l'intrépidité avec laquelle, courant au-devant du flot, on les voit jeter leur filet, n'importe quel temps il puisse faire. Robustes et fraîches, malgré un si dur métier, elles apportent dans la famille une aide réelle.

Pourtant le salaire est bien mince ! Car si la crevette reste un aliment de luxe, il faut s'en prendre à bien d'autres causes que le gain des pauvres pêcheuses.

Les crevettes appartiennent à la classe des animaux dits *crustacés*, ou recouverts d'une *croûte* et, en effet, nous voyons les écrevisses, les homards, les langoustes, les crabes, les crevettes, revêtus d'une enveloppe ou croûte qui, chez eux, remplace en quelque sorte le squelette.

Heureusement pour les gourmets, la crevette ne peut se conserver longtemps hors de l'eau. Il devient impossible de commettre à son égard le *crime* dont on se rend coupable envers les pauvres homards et les langoustes, expédiés vivants dans des paniers où leur chair se fond en eau, ne laissant plus, après cuisson, qu'une carapace vide au moins des deux tiers.

On divise les crevettes en deux espèces distinctes : celles qui deviennent d'un beau rouge sous l'action du feu, et celles qui se teintent à peine d'une nuance rose.

Les rivages boulonnais ne sont pas, loin de là, dépourvus de homards ni de langoustes, mais nous retrouverons ces excellents crustacés infiniment plus nombreux sur les côtes bretonnes, où les récifs multipliés leur offrent tous les abris nécessaires.

A côté des industries se rapportant à la marine, il faut placer comme un élément de la richesse du vieux comté boulonnais, les entreprises diverses que l'on y a implantées. C'est ainsi que nous trouverons des hauts fourneaux, des filatures de lin, de chanvre, de coton, des fabriques de plumes métalliques renommées, des scieries....

L'élevage des chevaux y est assez fructueux.

On le voit, le département du Pas-de-Calais se montre le digne voisin du département du Nord.

Donnons encore un coup d'œil aux belles promenades de Boulogne, à ses ponts, à ses quais si animés, à ses bassins, et souhaitons que les travaux dont elle doit être l'objet apportent un élément nouveau à la prospérité de cette ville si intéressante.

BOULOGNE. — Casino et Plage.

CHAPITRE VII

DE BOULOGNE A L'EMBOUCHURE DE LA SOMME

Nous passons au PORTEL, industrieux petit port qui est, en même temps, une localité s'occupant activement d'agriculture Ses propriétaires fonciers s'adonnent à l'élève des chevaux et y réussissent fort bien.

Puis, toujours en suivant la côte, nous traversons plusieurs petites plages avant d'arriver à ÉTAPLES, ville située à l'embouchure de la *Canche* et qui, une fois de plus, nous montrera l'instabilité des prospérités en apparence le mieux établies.

On s'accorde assez généralement pour reconnaître dans Étaples une station romaine, *Quantoircus*. Des fouilles pratiquées à diverses époques ont confirmé, sinon le nom, tout au moins l'importance de l'ancienne cité.

Mais la mer a passé par là, amoncelant le sable, exhaussant le fond de l'estuaire, et le port a vu diminuer, chaque année, le nombre des navires qu'il pouvait recevoir.

Aujourd'hui, les bâteaux de pêche sont à peu près ses seuls visiteurs.

Cette situation a appelé, depuis longtemps, l'attention de l'État, qui reconnut la nécessité de la plantation de végétaux spéciaux pouvant amener l'immobilisation des dunes.

« Les premières tentatives faites à cet effet remontent à près de trois siècles. Elles eurent lieu dans la baie de Canche, pour préserver Étaples d'un engloutissement imminent. On se servit, pour fixer les dunes, de la plante appelée oyat (*Arundo arenaria*), qui rayonne partout avec ses longues racines, et prépare admirablement le terrain sablonneux à recevoir le semis des arbres destinés au boisement.

« Des lettres-patentes de 1608 ordonnent, sous Henri IV, de

planter *des hoyards pour arrêter l'invasion des sables sur les côtes de France.*

« Depuis cette époque, plusieurs titres constatent les mêmes préoccupations et ordonnent, encore, diverses mesures de précaution à prendre.

« Enfin, de nos jours, quelques propriétaires intelligents se sont livrés, en grand, à la fixation des sables par le boisement et ont obtenu d'excellents résultats, en fertilisant des dunes stériles et en abritant ainsi les cultures voisines contre les sables mouvants.

« C'est ce que le célèbre ingénieur Brémontier a fait jadis pour la côte de la Gascogne. »

Par tous les moyens possibles, ces travaux si utiles sont encouragés. L'État, non seulement y pousse les propriétaires de dunes, mais il leur fournit souvent les graines nécessaires aux semis. Les conseils généraux votent des subventions, distribuent des récompenses.

La question en vaut la peine quand on songe que, dans le Pas-de-Calais seul, plus de *dix mille hectares de dunes* constituaient une ceinture sablonneuse, n'ayant pas moins de *six kilomètres de largeur!* Ceinture toute prête à envahir, sous l'influence des ouragans, les campagnes voisines.

Il est donc grandement désirable que toutes les communes riveraines des plages de sable ne se lassent point de lutter contre l'ennemi dont elles sont menacées.

Comme toutes les villes du littoral, Étaples supporta le choc terrible des invasions normandes.

Ce fut en 842 qu'elle devint leur proie, et, certes, ainsi que ses sœurs en infortune, elle répéta volontiers la mélancolique invocation des populations maritimes françaises de la Manche, au moyen âge :

« *De la fureur des Normands, délivrez-nous, Seigneur!* »

Trois cents ans plus tard, vers 1160, un comte d'Alsace, Matthieu, la pourvut d'un château fort, détruit vers la fin du seizième siècle. Quelques ruines en subsistent encore.

Étaples a attaché son nom à un traité de paix signé entre la France et l'Angleterre.

Charles VIII, méditant la campagne d'Italie, se préoccupait

des dispositions de Henri VII, le monarque anglais, et voulut, de ce côté, assurer le repos de son royaume. La négociation réussit; un traité fut signé en 1492. Charles partit confiant en son étoile. On sait les résultats éphémères de sa courte et brillante campagne.

Un pont, de cinq cents mètres de longueur, relie Étaples à la rive gauche de la Canche. Près de cette rive, MONTREUIL-SUR-MER s'élève, porté par une colline d'environ cinquante mètres d'altitude. C'est à son ancienne situation que Montreuil doit son surnom; car, de nos jours, il est à une distance de seize kilomètres du rivage.

Mais, autrefois, la mer venait battre le pied de son coteau, formant une vaste baie de l'embouchure actuelle du petit fleuve. On va jusqu'à prétendre que les Phéniciens, ces hardis navigateurs du vieux monde, avaient construit un phare sur le promontoire. En se retirant, les flots laissèrent des mares saumâtres, au milieu desquelles ne craignit pas de s'établir une petite population gauloise qui, bientôt soumise par César, dut laisser bâtir le fort *Vinacum*.

Cette opinion peut se soutenir, de même qu'une autre imposant à la première bourgade le nom de *Wimaw* (1), dérivé du mot signifiant : oseraie, en gaulois. Et vraisemblablement, en effet, les osiers, de même que les joncs marins, ou oyats, devaient jouer un grand rôle dans la défense de ces villes primitives. Nous ne nous brouillerons donc pas avec les antiquaires, mais, les laissant paisiblement accorder tant bien que mal leurs preuves, nous nous occuperons surtout des faits certains passés ou modernes.

Dès le neuvième siècle, Montreuil avait ses seigneurs particuliers et, en 1188, elle se targuait fièrement de sa charte communale.

Fréquemment assiégée pendant les désastreuses guerres du moyen âge, elle eut un instant de répit en 1289, lorsque Philippe IV *le Bel* et Édouard Ier d'Angleterre y signèrent un traité de paix.

Mais l'humiliante convention de Brétigny la donna aux

(1) Le pays dont elle fait partie s'appelait, au moyen âge, le *Wimeux*.

Anglais. Dix ans plus tard (1370), Duguesclin la délivrait du joug étranger.

Une dernière calamité lui était réservée. Les troupes de l'empereur Charles-Quint s'en emparèrent en 1537, après un siège célèbre, pendant lequel les habitants firent preuve du plus grand héroïsme. Une défense si belle trouva promptement sa récompense. Les Français rentrèrent bientôt dans les murs de Montreuil.

Pour le présent, la ville se livre au commerce des toiles et elle a acquis, près des gourmets, un renom justifié par ses excellents pâtés de bécasses.

Quelques petits bâtiments caboteurs et des barques de pêche la visitent.

Cela suffit pour entretenir son commerce et donner de l'animation à ses deux foires principales, dont la seconde, fixée au jour de Sainte-Cécile, ne dure pas moins d'une quinzaine.

On ne peut quitter le département du Pas-de-Calais sans donner quelques heures à BERCK, non que cette commune, malgré son importante population maritime, soit très remarquable; mais un hôpital, dépendant de l'administration de l'Assistance publique de Paris, y a été construit, spécialement pour les enfants dont la faible constitution peut être améliorée par l'air de la mer.

La plupart d'entre eux sont orphelins, ou bien leurs familles n'ont pas les ressources nécessaires pour les soigner. Le temps qu'ils passeront à Berck restera, sans doute, leur meilleur souvenir, mais leur *saison* de bains de mer n'aura pas de joyeux lendemain...

Ne les oubliez pas, vous, les favorisés de la vie, et quand, vous roulant gaiement sur le sable des grèves, ou vous précipitant au-devant de la lame, vous vous trouverez plus forts, plus vigoureux, souhaitez que les petits enfants pauvres de l'hôpital de Berck recouvrent la santé... Souhaitez que les difficultés de l'avenir soient pour eux aplanies.

Montrez-vous dignes de votre bonheur.

CHAPITRE VIII

LES PORTS DE LA SOMME

Le petit fleuve appelé *Authie* marque la limite de la Somme et du Pas-de-Calais.

Sa rive droite appartient à ce dernier ; elle se termine par la pointe de Routhiauville, où s'élève seulement un modeste hameau ; car, au fur et à mesure que l'on avance vers l'embouchure de la Somme, le rivage s'abaisse ; il finit, bientôt, par devenir tout à fait plat, et les dunes de sable se représentent menaçantes.

De grands travaux sont nécessaires pour protéger les ports de toute cette partie du littoral. Le sable est l'ennemi toujours prêt. Aussi les navigateurs regardent-ils la baie de la Somme et les rivages voisins comme extrêmement dangereux : les bancs changeant souvent la face des chenaux les mieux connus, en venant encombrer des fonds que l'on croyait être suffisamment pourvus d'eau.

Afin de comprendre le péril, il faut se souvenir que ces plages sont de formation nouvelle.

Ainsi, une petite ville appelée Rue, éloignée, maintenant, de *dix* kilomètres de la mer, était, il y a mille ans, un port florissant. Un lac de *vingt mille* hectares, connu sous le nom *Marquenterre*, l'entourait. Peu à peu, les dunes firent leur œuvre ; mais la Somme et l'Authie, ainsi que plusieurs autres rivières et ruisseaux, coulaient librement ; lors des grandes marées, les dépôts maritimes s'ajoutaient aux dépôts fluviaux. Les Picards se demandèrent s'ils ne devaient pas imiter les Flamands, et assainir leur pays en le transformant.

Le travail fut long, opiniâtre ; son achèvement complet ne

date guère que de cent cinquante ans ; mais, aujourd'hui, le Marquenterre est un pays relativement sain. Seulement, on doit toujours veiller ; car, le long du rivage, on retrouve les restes de plusieurs villes enfouies sous le sable.

Le sol conquis forme, à présent, un excellent terrain de culture et, quoique plat, offre de charmants points de vue.

La seule ville de quelque importance que l'on y rencontre, Rue, est une très ancienne place forte qui obtint, au douzième siècle, de son seigneur, Guillaume, comte de Ponthieu, une charte communale. Les traditions affirment la présence de la mer au pied de ses murailles.

Un fait beaucoup plus certain, c'est la renommée dont elle a été entourée à cause du pèlerinage de son Crucifix.

Cette dévotion valut à Rue, au quinzième siècle, un admirable monument dont les nombreuses sculptures, ou ravissantes, ou naïves, charment les yeux du visiteur.

Plusieurs statues de personnages célèbres ornent la façade de cette église.

Ce sont celles de Philippe *le Bon*, duc de Bourgogne, des rois de France Louis XI et Louis XII, placées côte à côte des effigies du pape Innocent VII et de sainte Isabelle ou Élisabeth, reine de Portugal. Cette souveraine avait accompli le pèlerinage.

Au fronton même du portail, est un bas-relief expliquant la légende du Crucifix, origine de la chapelle.

Louis XI avait fait don d'une forte somme en or à ce sanctuaire. C'est par reconnaissance, probablement, que sa statue décore la façade.

Le promontoire du Crotoy, à huit kilomètres de Rue, marque l'extrémité sud des anciens marécages. La petite ville qui a pris le nom de cette colline n'offre rien de bien intéressant. Située sur la rive droite de la Somme, elle passa, au quatorzième siècle, sous la domination anglaise.

Son château, bâti par les conquérants, eut le triste honneur de recevoir, en 1431, Jeanne d'Arc prisonnière. La pauvre héroïne, coupable d'avoir délivré sa patrie, ne devait quitter ce cachot que pour aller expier, sur le bûcher élevé à Rouen, son indomptable fidélité à sa mission.

Quarante ans après ce funeste événement, le 3 octobre 1471, Louis XI et Charles *le Téméraire*, duc de Bourgogne, signaient, au Crotoy, un traité de paix.

La ville actuelle et un banc de galets, appelé *le Barre-Mer*, recouvrent deux anciennes villes devenues la proie des sables.

Quoique l'on ait construit, au Crotoy, un immense bassin de retenue, afin de balayer les passes conduisant à la pleine mer, les savants regrettent de ne pas voir concentrer sur ce petit port, bien abrité du vent du large, les travaux exécutés à Saint-Valery, dont le chenal reste beaucoup plus difficile et expose les bâtiments à croiser longtemps devant lui.

Ainsi que le fait remarquer M. Élisée Reclus, la construction du viaduc, établi pour relier Saint-Valery à la rive droite de la Somme, hâte encore la formation d'îlots sablonneux qui, dans un laps de temps très court, se relient au continent, troublent le régime du fleuve et menacent de l'encombrer d'une manière désastreuse pour la navigation.

Mais on ne se lasse pas d'opposer tous les moyens possibles à cet état de choses, et, il faut l'espérer, le moment n'est plus éloigné où l'on pourra considérer comme vraiment vaincus tant de formidables obstacles.

Le bourg de Noyelles-sur-Mer a pris une importance nouvelle depuis qu'il a servi de point de raccordement entre Saint-Valery et Boulogne.

Lorsque la marée monte, l'estacade du chemin de fer, qui traverse la baie, est battue par le flot. Elle ne mesure pas moins de 1367 mètres de longueur ; on la regarde avec raison comme un admirable ouvrage d'art.

Saint-Valery, sur la rive gauche et à l'embouchure de la Somme, est une ville d'antique origine. Elle prit naissance, selon toutes probabilités, lors de l'établissement du camp romain dont on retrouve les restes dans son voisinage.

La préoccupation constante dont elle a été l'objet exerce une heureuse influence sur sa prospérité.

Son port devient de plus en plus fréquenté. Le bassin de relâche, construit à la pointe du Hourdel, a déterminé cette recrudescence de commerce.

Étagée sur une colline, la ville se divise en deux parties : c'est dans *la Ferté*, ou ville basse, que le mouvement industriel et commercial se concentre.

Mais c'est dans le *quartier des pêcheurs* et dans la ville haute que le voyageur et l'artiste trouvent matière à observation.

Tout ce peuple essentiellement maritime, habitué à braver en face les dangers les plus redoutables, se montre à la fois grave et exubérant d'allures, ardent ou froidement résolu. Il ne se plaint pas trop. Si seulement, pourtant, on pouvait avoir plus promptement raison des sables !

Le poisson qui se joue sur ces fonds est excellent, oui ; mais les barques labourent, par malheur, bien souvent, de leur quille, ces bancs dont les marées déplacent le sommet.

Sur le point culminant de la côte, s'élève l'église dédiée à saint Valery.

Du plateau qu'elle domine, les yeux jouissent d'un admirable horizon s'étendant, à la fois, sur la Manche, sur la baie de la Somme et sur des campagnes, ou fertiles ou arides, selon que le regard se porte soit vers le cours du fleuve, soit vers le rivage parsemé de dunes.

On comprend mieux la valeur de la situation de la ville et l'acharnement avec lequel elle fut souvent disputée.

Même sur cette côte maintes fois ravagée, Saint-Valery peut revendiquer une place particulière dans le martyrologe des cités.

Que les anciens l'aient occupée, cela est hors de doute. A défaut de monuments plus précis, des médailles, en grand nombre, l'attesteraient. Mais un camp romain a été découvert sur l'espace compris entre le cap HORNU et ROSSIGNY.

Valery, moine de l'abbaye de Luxeuil, se retira, vers 613, sur ce point du rivage. La réputation qu'il acquit amena la fondation d'une abbaye bénédictine et, tôt après, une ville florissante fut élevée autour du monastère.

Malheureusement, les hommes du Nord ne devaient pas beaucoup tarder à apparaître dans la baie de Somme.

Pillée, brûlée, non une fois, mais à plusieurs reprises, l'infortunée ville allait succomber, quand Louis III, roi de France (conjointement avec Carloman, son frère), qui, dans sa part privée d'héritage, comptait la Neustrie et le Ponthieu, vint barrer le chemin aux envahisseurs.

La rencontre décisive eut lieu (881) à SAUCOURT-EN-WIMEUX, localité voisine de Saint-Valery et d'Abbeville. Elle fut meurtrière, mais une brillante victoire couronna les efforts de Louis, alors à peine âgé de vingt et un ans.

Le retentissement de ce beau fait d'armes devait être immense.

Des poésies, tout de suite populaires, en consacrèrent la mémoire et se perpétuèrent pendant plusieurs siècles. Un très curieux manuscrit, en langue franque, relatant l'un de ces chants, a été retrouvé à Valenciennes.

La triste série des guerres contre les Anglais amena une longue période de ravages pour Saint-Valery qui, en 1356, au lendemain de la funeste bataille de Poitiers, vit Charles *le Mauvais*, roi de Navarre, lui apporter le deuil et la désolation.

Les excès des troupes de Charles furent si grands dans le pays entier, que les milices des communes environnantes se soulevèrent et vinrent assiéger Saint-Valery, principale garnison des oppresseurs. Elles ne se laissèrent pas rebuter par une résistance qui dura sept mois entiers et triomphèrent complètement.

La ville respira jusqu'au jour où Louis XI la fit brûler, avec Eu et Cayeux, plutôt que de livrer ces places aux Anglais.

Saint-Valery n'était point au bout de ses malheurs. Le seizième siècle vit successivement les ligueurs, les soldats de Henri IV, les Espagnols s'en emparer... Chaque page de son histoire semble écrite avec le sang de ses enfants.

On visite au bord de la mer une tour fameuse, dite *Tour de Harold*, parce que le comte de Kent, portant ce nom, y fut enfermé, un peu avant 1066.

Ce Harold était beau-frère du roi d'Angleterre, Édouard *le Confesseur*, à qui il espérait bien succéder. Mais le riche héritage avait un autre compétiteur : Guillaume, duc de Normandie, parent et ami du roi.

Jeté par un naufrage sur la côte du Ponthieu, le comte de Kent fut livré à Guillaume, qui le retint prisonnier et exigea, pour rançon, la reconnaissance de ses prétentions au trône anglais. Harold promit tout. Il est vrai que, plus tard, ces promesses, arrachées par la force, ne furent pas tenues. Édouard mourut en 1066 et son beau-frère se fit proclamer roi.

Guillaume jura de se venger. Une flotte le reçut avec ses principaux vassaux. Peu après, la bataille d'Hastings était livrée. Harold y perdait la vie, et une nouvelle dynastie occupait le trône d'Angleterre.

Augustin Thierry a soutenu que ce fut du port de Saint-Valery-sur-Somme que Guillaume le Conquérant partit pour son aventureuse expédition. Un autre port, de renommée et d'importance moins grandes, mais très intéressant aussi, Dives, sur la côte normande, revendique cet honneur... dont, peut-être, il n'y a pas sujet de se montrer si fier.

En admettant (chose non prouvée) que Guillaume eût des droits à l'héritage d'Édouard *le Confesseur*, sa manière de les faire valoir et, surtout, les conséquences qui résultèrent pour notre pays de sa victoire, ne forment guère un ensemble méritant une bien grande admiration.

Quoi qu'il en soit, la Société française d'archéologie a donné raison à Dives, mais Augustin Thierry n'en alléguait pas moins un fait vrai.

Guillaume prépara son expédition dans le port normand et le quitta plein d'espérance. Toutefois la mer, très dangereuse, en ce moment, pour ses lourds vaisseaux, l'obligea à chercher un port de relâche.

Il se refugia à Saint-Valery-sur-Somme, d'où il appareilla, de nouveau, le 29 septembre.

Les habitants ont donc eu raison, puisqu'ils considéraient ce fait comme glorieux pour eux, d'en rappeler la mémoire par une table de marbre placée sur l'entrepôt de la marine.

Saint-Valery compte plusieurs hommes connus. Le P. LALLEMANT, qui a fait preuve d'une science si profonde, y est né.

De même, le contre-amiral PERRÉE. Ce brave marin eut le commandement de la flotille qui, pendant la fameuse expédition d'Égypte, organisée par Napoléon Ier, devait opérer sur le Nil.

Quittons la falaise et la ville haute, traversons, de nouveau, le quartier des pêcheurs, la ville basse, où chaque maison, pour ainsi dire, se rattache par une industrie quelconque aux approvisionnements maritimes. Cordages, engins de pêche, toiles goudronnées, mâts, ancres côtoient les tonnes de viandes salées, de biscuit, de gourganes (fèves sèches), de sel...

On finit par se croire un peu marin en circulant au milieu d'objets qui, tous, se rapportent à la marine, et l'on respire avec une joie nouvelle l'air fortifiant envoyé par le flot.

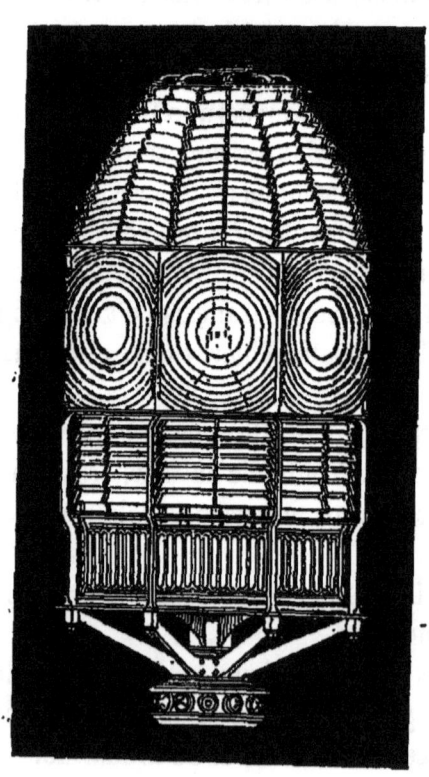

Lentille de phare.

CHAPITRE IX

ABBEVILLE

Nous devrions, à présent, mettre le cap sur CAYEUX, c'est-à-dire prendre la route de ce village ; mais il semble impossible de ne point aller passer quelques heures à ABBEVILLE.

Une objection peut être faite. Abbeville est, de vingt kilomètres, plus avancée dans les terres que Saint-Valery. Toutefois, comment oublier le second port du département ? La Somme, canalisée, permettant à des navires de plus de trois cents tonneaux de s'amarrer devant ses quais.

Grâce à l'heureuse situation de la ville, l'industrie et le commerce y sont également florissants.

Trois petites rivières arrosent sa charmante vallée. Elles communiquent avec les bras de la Somme par le canal de Saint-Quentin à l'Oise et par le canal de Saint-Valery à la mer, offrant ainsi les facilités de transport les plus variées.

Les tribulations de la guerre ont eu beau fondre sur Abbeville, toujours, avec une énergie inébranlable, elle a repris les travaux qui pouvaient lui faire oublier ses maux passés.

Colbert, le grand ministre, sut encourager tant d'efforts; il dota la ville d'une manufacture de velours dits *d'Utrecht*, et d'une manufacture de draps, installée royalement dans les belles constructions nommées *les Rames*.

Déjà les tapis, les toiles, les cordages d'Abbeville étaient fort appréciés par le commerce. Au commencement de ce siècle, la découverte du sucre de betterave lui apporta un nouvel élément d'activité. Plusieurs raffineries s'élevèrent, favorisées par l'état avancé de culture des campagnes environnantes, riches en grains, en légumes, en bétail, en fourrages.

Les marais voisins ont été ou assainis, ou exploités pour la tourbe qui compose leur fond.

Les Abbevillois ne veulent pas rester en arrière de leurs compatriotes de la Picardie proprement dite, qui sont en possession d'une enviable renommée industrielle et agricole.

Beaucoup d'habitants de pays plus favorisés encore au double point de vue du climat et du sol, pourraient venir chercher ici des leçons de laborieuse initiative.

Les monuments religieux remarquables sont nombreux à Abbeville. Ils justifient l'opinion des étymologistes qui trouvent dans les deux mots : *abbatis villa*, l'origine du nom de la ville, et font d'elle une dépendance primitive de la célèbre abbaye de Saint-Ricquier.

Le plus ancien de ces monuments est l'église de Saint-Wulfran, qui a gardé une superbe façade et trois portails, dont l'un, vraiment splendide, témoigne de la munificence du grand cardinal Georges d'Amboise. Les statues de ce portail ont conservé de très curieux détails de costumes.

Les tours, fort élevées (plus de soixante mètres), dominent le gracieux paysage de la vallée de la Somme, qui s'ouvre sur une largeur d'environ quatre kilomètres, permettant aux regards d'embrasser la perspective de vertes campagnes, la ligne sinueuse des cours d'eau et la disposition de la ville bâtie en trois quartiers distincts. Le quartier central occupe une île formée par la division du fleuve en plusieurs bras.

Il était grand temps qu'une restauration sérieuse empêchât l'église Saint-Wulfran de tomber absolument en ruine. Son classement parmi les édifices historiques a prévenu une catastrophe.

L'ancienne église de l'abbaye Saint-Pierre a été reconstruite ; elle n'est donc plus qu'un souvenir ; mais Saint-Jacques possède encore son campanile, assez disgracieux, étrange sentinelle isolée à dix mètres du portail. En revanche, l'élégante tour de la chapelle, débris d'une construction du commencement du dix-septième siècle, domine toujours le nord de la ville.

Le beffroi de l'Hôtel de Ville est le dernier vestige de l'antique palais communal. Il date du treizième siècle et ne s'harmonise pas entièrement avec les constructions plus récentes.

L'artiste et le voyageur trouvent un ample dédommagement à la fatigue de leurs pérégrinations dans l'étude des vieilles maisons en bois, assez nombreuses encore, et qui, faut-il l'espérer, ne céderont pas leur place aux maisons modernes.

L'une d'entre elles, située rue de la Tannerie, et appelée *maison de François I*[er], se distingue par de ravissantes sculptures. Le *logis Sélincourt*, place Saint-Pierre, est encore très remarquable, et plus d'une partie des bâtiments de la prison datent du château féodal des comtes de Ponthieu.

Car Abbeville était la capitale de tout le pays étendu entre les bouches de la Somme et l'estuaire de la Canche. Un petit fief, le Wimeux, y fut réuni et, dès le dixième siècle, une famille seigneuriale prenait le titre de comtes de Ponthieu. Les alliances de cette maison la rapprochèrent des couronnes de France, de Castille et d'Angleterre. Mais disons à son honneur qu'elle resta ou, du moins, que ses vassaux restèrent surtout français.

Les historiens ont sauvé de l'oubli le nom du grand patriote d'Abbeville, Ringois, qui, sommé d'avoir à choisir entre la mort ou une soumission au roi d'Angleterre Édouard III, n'hésita pas à sacrifier sa vie. Loin d'être touché par un si noble héroïsme, le vainqueur, abusant lâchement de son pouvoir, fit précipiter le prisonnier du haut des tours dans les fossés du château de Douvres.

Abbeville n'en sut pas moins défendre avec énergie les droits de la France contre l'envahisseur.

Les souvenirs historiques se présentent en foule pendant un séjour dans cette ville.

Le plus lointain ou, du moins, celui qui sort de l'incertitude de traditions obscures, remonte à Charlemagne. Le sage empereur, comprenant la nécessité de fortifier tous les points qui pouvaient ouvrir aux barbares ravageurs du Nord la route de l'intérieur du royaume, entoura Abbeville d'épaisses murailles.

Deux siècles durent s'écouler avant que le système de défense pût être achevé par Hugues Capet.

Un grand fait religieux allait transformer l'Europe.

Pierre l'Ermite, l'enthousiaste prédicateur amiénois,

appelait à la délivrance des Lieux Saints. Encouragé par le pape Urbain II, il réussit à faire proclamer la première croisade, au concile de Clermont.

Mais, son zèle s'accommodant mal des lenteurs inévitables qui devaient accompagner le rassemblement des troupes de chaque grand seigneur croisé, il persuada à un chevalier normand, Gautier, surnommé *Sans-Avoir*, de se mettre à la tête des premières bandes disposées au départ.

Abbeville vit plusieurs réunions de ces chefs, dont l'impatience faillit compromettre le résultat final, puisque, sans l'arrivée en Palestine des soldats réguliers conduits par Godefroy de Bouillon, l'armée entière de Gautier eût été anéantie. Après avoir brillé un instant à la cour grecque d'Alexis Commène, le général improvisé périt bientôt sur la terre d'Asie.

Vainqueur, à Saintes et à Taillebourg, de Henri III, roi d'Angleterre, Louis IX ne jouissait pourtant pas paisiblement du fruit de ses victoires. Il est assez rare, en France, que nous poursuivions jusqu'au bout les conséquences possibles de notre droit... ou de notre force.

Le roi avait donc des scrupules, et pensa ne pouvoir mieux les apaiser qu'en réglant, par un traité définitif, plusieurs des questions les plus graves toujours pendantes entre les deux royaumes.

Le projet préparé ayant été accueilli, Henri et Louis se réunirent à Abbeville. Le premier renonçait à la Normandie, au Maine, à l'Anjou. Le second restituait le Périgord, le Limousin et la plus grande partie de la Saintonge.

Comme beaucoup d'autres traités, celui-ci ne devait procurer qu'une paix éphémère et, moins d'un siècle plus tard, allait commencer l'effroyable *guerre de Cent ans*.

Louis XI reste l'un des plus habiles politiques dont l'histoire ait gardé la mémoire. Presque toujours, pourtant, les meneurs d'intrigues multipliées se prennent dans leurs propres trames. Cela arriva pour le roi de France. Il dut céder à Charles le Téméraire, duc de Bourgogne, les villes dites *de la Somme*, engagées pour sûreté d'une grosse dette : Abbeville était du nombre. Charles se hâta d'y faire construire une imposante forteresse. Heureusement, Louis put, en 1445, payer les quatre cent mille écus fixés pour le rachat de ces places.

Abbeville fut choisie comme lieu de réunion pour le règlement de cette affaire.

A peine délivrée (1487) de mille obligations qui l'avaient étroitement engagée, la cité jeta bas la forteresse bourguignonne. Impatiemment, elle avait subi ce joug humiliant pour sa liberté municipale, datant de près de cinq cents années, puisque sa première charte communale est de 1130.

Le 9 octobre 1514, la capitale du Ponthieu était en fête. Une animation merveilleuse régnait dans ses rues, et les vieilles maisons sculptées disparaissaient sous des tapisseries rares, des branches vertes, des oriflammes, des blasons seigneuriaux.

Abbeville tout entière célébrait l'union de Louis XII avec Marie Tudor, sœur de Henri VIII, roi d'Angleterre.

On voulait faire brillant accueil à une jeune et charmante reine de dix-sept ans, qui allait dissiper les derniers nuages existant entre les deux royaumes, et renouveler les plus beaux jours de la cour polie d'Anne de Bretagne.

On sait combien fut court le règne de Marie et dans quelles conditions, après avoir un instant espéré épouser le successeur de Louis XII, elle dut reprendre le chemin de sa patrie.

Abbeville fut témoin de la proclamation du célèbre *Vœu de Louis XIII,* encore strictement observé par l'Église.

C'était pendant le siège d'Hesdin ; Louis, très pieux envers la Vierge, voulut ainsi témoigner la joie qu'il venait d'éprouver en apprenant la naissance d'un enfant désiré.

Le cardinal de Richelieu présida, à Abbeville, la première cérémonie du Vœu.

Les annalistes nous apprennent de quelles luttes acharnées Abbeville fut l'objet pendant les troubles de la Ligue et les guerres de Louis XIV contre l'Espagne.

Vauban se chargea de relever les fortifications « trouées comme de vieux drapeaux ».

Un dernier fait se mêle à l'histoire d'Abbeville : le jugement, en 1766, du chevalier de la Barre.

Mais on se hâte d'échapper à une si douloureuse impression,

en parcourant la longue liste des hommes célèbres nés dans la vaillante cité.

Le dix-septième siècle lui doit une brillante pléiade de géographes dont le chef, Nicolas Sanson (1600-1667), mérita, dit avec raison un de ses biographes, « le surnom de père de la géographie et de la cartographie françaises ». Quoique les travaux signés par lui soient loin d'être irréprochables, ils marquent un heureux progrès sur les travaux similaires alors existants.

Louis XIII, reconnaissant des leçons qu'il avait reçues de Nicolas, le nomma ingénieur de la province de Picardie et lui donna le titre de « géographe du roi », titre porté, après lui, par ses deux fils.

Pierre Duval (1618-1683), neveu de Nicolas Sanson, fut, comme lui, un savant géographe, et a donné des travaux estimés.

Près de ces noms, il faut placer celui du P. Briet ; l'érudit bibliothécaire du collège parisien des Jésuites (1601-1668) se distingua, non seulement par de grands ouvrages géographiques, mais par de vastes recherches chronologiques.

Les collectionneurs de gravures tiennent en assez grande estime les travaux de Jacques Aliamet (1728-1788), auquel l'art de graver à la pointe sèche doit ses principaux progrès.

Philippe Hecquet, le grand médecin (1661-1737), le *père* des malades pauvres, était Abbevillois.

Nommer seulement ses principaux ouvrages serait toucher à presque toutes les questions intéressant la médecine, la chirurgie, la pharmacie.

On ne peut oublier que Philippe Hecquet combattit vigoureusement, au profit de la raison et de la morale, les prétendus miracles accomplis par les *Convulsionnaires* au tombeau du *diacre Pâris*.

Peut-être détermina-t-il le petit chef-d'œuvre épigrammatique inscrit sur la porte du cimetière Saint-Médard :

« De par le roi, défense à Dieu
« De faire miracle en ce lieu ! »

Abbeville a élevé une statue au musicien Lesueur, quoique,

selon l'opinion commune, cet homme célèbre ne soit pas né dans la ville, mais au village du Plessier, comté de Ponthieu, sur la route d'Abbeville à Crécy.

Pour se rendre compte de l'influence exercée par Lesueur sur les artistes de son époque, il faut lire l'éloge que Choron lui a consacré.

Plus d'un *musicien de l'avenir* le trouvera infiniment trop enthousiaste, et se montrera aussi injuste que Choron, peut-être, se montre partial.

A défaut de génie, Lesueur avait un talent souple et fort, quoique gracieux. Son opéra : *Paul et Virginie*, laisse une durable impression de douceur. Une autre de ses œuvres, *Ossian ou les Bardes*, obtint un prodigieux succès. Malheureusement, l'opéra intitulé : *La Mort d'Adam*, tomba tout à fait, et Lesueur résolut de se consacrer entièrement à la musique religieuse.

Plusieurs de ses messes et de ses oratorios se distinguent par une inspiration noble, vraiment élevée. Il agrandit le domaine de l'instrumentation et eut la gloire de compter des élèves comme Ambroise Thomas et Gounod. Hector Berlioz lui doit le meilleur de sa science.

Lesueur est une des gloires de l'*École de musique française*, si riche, quoique nous poussions la folie jusqu'au point de l'oublier pour admirer des écoles bien au-dessous d'elle, comme inspiration, clarté et esprit.

Millevoye est né à Abbeville en 1782. Son œuvre, eu égard à la brièveté de sa vie, forme un ensemble considérable et promettait ce qu'il n'a pu tenir ; mais sa mémoire sera sauvée de l'oubli par les vers touchants des petits poèmes de *la Chute des Feuilles* et de *Priez pour moi!*

Nous sommes loin d'avoir mentionné tous les noms dont la ville s'honore, et il faut nous arrêter ; cependant, ce serait commettre un crime de lèse-science que d'oublier les travaux de M. Boucher de Perthes. On peut discuter la valeur des découvertes archéologiques et géologiques de ce savant, on ne mettra pas en doute sa bonne foi, son ardeur à rechercher la vérité, son désintéressement, ses sacrifices...

Abbeville, qui doit son origine à la savante abbaye de Saint-

Ricquier, n'oublie pas qu'elle donnait, DÈS 1487, DROIT DE CITÉ A L'IMPRIMERIE.

Les premières presses furent installées dans une maison du troizième siècle, dite *du Gard*, encore debout.

On ne quitte pas Abbeville sans aller admirer, à la bibliothèque, l'évangéliaire, en vélin pourpré, aux lettres d'or, présent de Charlemagne à son gendre Engilbert, qui était devenu abbé de Saint-Ricquier.

On veut aussi faire, une seconde fois, le tour des remparts et des belles promenades ; puis le port attire, avec ses larges quais, desservis par un embranchement du chemin de fer.

Amiral Courbet.

Mieux que jamais, alors, on comprend l'esprit picard actif en tout et tourné, avec un égal bonheur, vers les travaux intellectuels comme vers les labeurs du négoce et de l'industrie.

Abbeville ajoute, aujourd'hui, un nom illustre aux noms dont elle est fière : celui d'ANATOLE COURBET (1827-1885). Une imposante démonstration signala (1ᵉʳ septembre 1885) l'arrivée du cercueil du grand Amiral.

Au milieu du deuil qui pesait sur la France par cette perte inattendue, cruelle, un sentiment de légitime orgueil fit tressaillir nos âmes. Grâce à l'héroïque marin, la Patrie, une fois encore, a relevé son drapeau, en attendant qu'il puisse flotter plus glorieux que jamais!... Et c'est avec un vif sentiment de reconnaissance que, devant le tombeau de l'amiral Courbet, nous donnons un témoignage nouveau de confiance à notre admirable marine, jadis trop oubliée, mais replacée, enfin, au rang qu'elle a si vaillamment mérité !

Bouée flottante.

CHAPITRE X

LA POINTE DU HOURDEL — CAYEUX — AULT — MERS — LA BRESLE

L'entrée de la Somme est bornée, sur la rive droite, par la *pointe Saint-Quentin;* sur la rive gauche, par la *pointe du Hourdel.*

Toutes deux marquent, en quelque sorte, d'un trait caractéristique, le changement subi par le sol du rivage.

Les chaînes de dunes du Boulonnais vont disparaître, pour faire place aux falaises crayeuses de la Normandie qui, elles-mêmes, violemment écartées sous l'action incessante de petits fleuves, se creuseront en ports sûrs et profonds, faciles à améliorer.

Le bourg du Hourdel offrant un point plus commode à aborder en tout temps que Saint-Valery, on y a créé un havre de refuge pour les navires forcés de reculer, lorsque les vents sont contraires, devant l'embouchure sablonneuse de la Somme.

De la lanterne du phare, on découvre entièrement cette vaste baie, dont l'importance est si grande, qu'il faut souhaiter voir l'art de nos ingénieurs y accomplir des miracles en maîtrisant, ou détruisant les dépôts laissés par les courants.

Cayeux, proche voisin du Hourdel, est une preuve trop frappante de l'action funeste des sables. La campagne y semble presque stérilisée. En vain on a essayé, depuis plusieurs années, de combattre, par des plantations de pins maritimes, le recul de la dune; mais Cayeux n'est point encore soustrait à la possibilité d'une catastrophe finale. Bon nombre de ses vieilles maisons, en paille et argile, dépassent à peine la ligne élevée des tertres mouvants!

Les habitants, au reste, ne s'émouvaient pas beaucoup de cette condition territoriale. Ils avaient soin de multiplier les portes des constructions, et si, pendant la nuit ou pendant une tempête, le sable venait emplir les rues, ils trouvaient toujours moyen de sortir et de reprendre, avec calme, le travail de déblaiement.

L'église de Cayeux date du douzième siècle. Les couleurs des pierres qui ont servi à sa construction lui donnent une certaine ressemblance avec un vaste damier. Son beau clocher se profile fièrement sur le ciel.

On retrouve encore les ruines d'une forteresse, qui doit avoir été bâtie à l'époque où les invasions des Normands portaient la terreur sur le littoral de la Manche.

Adonnée principalement à la pêche, la population, cependant, s'occupe quelque peu d'industrie, surtout de serrurerie, et les bains de mer attirent, chez elle, des touristes, moins soucieux de briller sur les plages à la mode que de trouver le calme, l'air pur d'une côte peu suivie encore par les élégances du jour.

Ault est, comme Cayeux, un laborieux petit pays où la fabrique de la quincaillerie et des filatures de coton viennent en aide aux familles de pêcheurs.

La saison des bains y attire beaucoup de voyageurs.

Nous nous trouvons bien près du département de la Seine-Inférieure, le terrain devient onduleux.

Des parties basses et plates se présentent encore, mais, bientôt, les roches se montrent pour former, jusqu'au delà de Fécamp, une falaise abrupte, sans autre solution de continuité que les ports naturels dus aux petites rivières tributaires de la mer de la Manche.

Avant de quitter la Somme, nous passerons par Mers, pour admirer les jolies sculptures de son église et sa belle croix en pierre, ornée de figures en relief ; puis, la limite administrative franchie, nous trouvons la jolie vallée de la *Bresle* et nous entrons en plein Pays de Caux.

CHAPITRE XI

LE TRÉPORT — EU — LA PÊCHE COTIÈRE

Nous abordons une succession de plages charmantes, voisines de campagnes dont la muraille élevée et grisâtre des falaises ne laisse pas deviner les surprises merveilleuses.

A quelques instants de marche, on trouve, après le bain salutaire, le plaisir de promenades dont il est presque impossible de se lasser, car les aspects changeants du sol, sa verdure luxuriante, les cours d'eau qui le fertilisent composent un tout bien fait pour reposer l'âme et les yeux.

Chaque année, les plages reçoivent un nombre plus considérable de baigneurs ; malheureusement, toutes sont menacées par les galets qu'apporte, en quantités énormes, un courant dirigé du sud-ouest au nord-est. Une étude attentive de la côte a prouvé que ce courant ronge, chaque année, les falaises sur une étendue d'environ trente-trois centimètres.

La mer, pourvoyeuse admirable, instrument sublime de civilisation, n'en reste pas moins une ennemie, contre les efforts de laquelle le génie humain doit réagir sans repos.

La Seine-Inférieure n'a pas moins de cinq bons ports sur la Manche, et, dans ce nombre, Le Havre, favorisé par une situation exceptionnelle, compte au rang des premiers ports de commerce français. Il y existe, également, beaucoup de petites stations d'échouage. Parmi elles, on trouverait peut-être sans peine la position désirée pour l'établissement d'un second port militaire sur la Manche.

Non que nous soyons admirateur sans réserve d'aucune marine militaire. Combien de forces vives y sont englouties sans profit pour un pays !... Mais, puisque l'ère de la paix universelle est encore reléguée dans le domaine de l'utopie, il faut tout faire pour ne rester en arrière sur aucun terrain...

Comme il ne rentre point dans notre travail d'aborder ces questions, reprenons simplement la route du touriste et parcourons le beau littoral normand.

Situé à l'embouchure de la Bresle, l'*Ulterior Portus* des Romains était, ainsi que l'indique son nom, le vrai port de la ville d'Eu, bâtie à quatre kilomètres du rivage.

En 1056, Robert, duc de Normandie, le dota d'une abbaye dédiée à saint Michel et, peu à peu, il prit le rang d'une ville importante. Les guerres du quinzième siècle arrêtèrent son essor. Plusieurs descentes des ennemis y causèrent d'irréparables ravages.

Pourtant, ses marins gardaient un grand renom de courage et d'intrépidité. Souvent, ils firent payer cher aux Anglais leur façon de comprendre une lutte entre peuples civilisés. Quelques chroniques citent des expéditions de corsaires du Tréport sur les côtes britanniques.

La première moitié du quinzième siècle vit ce port tout à fait ruiné. Une surprise (1545) favorisa la flotte anglaise, qui répara l'échec, subi vingt-deux ans auparavant, en brûlant impitoyablement la ville. Ensuite, eut lieu le retour de Calais à la nationalité française. Autant de causes pour que Le Tréport rentrât dans l'obscurité.

Un moment, il espéra revivre par les soins de Richelieu ; mais ce ministre de génie savait calculer. Il comprit les obstacles sans nombre de la position et refusa de dépenser, sans utilité réelle, l'argent que l'on pouvait mieux employer ailleurs.

Le duc de Penthièvre, comte d'Eu, qui faisait un noble emploi de son immense fortune, se préoccupa du Tréport. C'est, vraiment, des travaux exécutés par son ordre que date la reprise d'activité de la ville.

Une forte écluse, chassant les eaux de la Bresle au moment du reflux, aide à désobstruer le chenal d'entrée et la petite rade des sables et des galets.

Plus tard, une digue, très bien comprise, a été opposée aux coups de mer, et un bassin à flot, complété par le canal de la Bresle à la ville d'Eu, rendent Le Tréport excellent comme station de relâche. Les navires à destination de Dieppe en savent quelque chose quand, les vents contraires soufflant sans interruption, ils sont obligés de fuir devant eux et manquent l'entrée du chenal dieppois.

Le Tréport n'a pas été négligé dans les projets en cours d'exécution sur nos côtes. Avant peu, il pourra rendre des services plus importants, et sa vaillante population de pêcheurs y gagnera un surcroît de bien-être.

Les bains de mer du Tréport sont, chaque année, plus suivis. La plage s'étend sur une longueur d'un demi-kilomètre et un joli casino y a été construit. Mais, en dehors de cet attrait, la ville possède un joyau véritable : son église paroissiale, dédiée à saint Jacques.

Elle est bâtie sur une colline, au sommet de laquelle on parvient en gravissant un long escalier à pic.

L'ascension en est rude. Toutefois, on se trouve amplement dédommagé de la peine prise.

Un porche, couvert de sculptures de l'effet le plus pittoresque, conduit à l'intérieur du monument où, entre autres détails, on ne peut se rassasier d'admirer de superbes et gracieux pendentifs. Puis, si l'on ne redoute pas un supplément de fatigue, on gravit la rampe du clocher pour se plonger au milieu d'un horizon immense, plein de lumière et de couleur.

Ce beau clocher sert d'*amer* (1) à la côte entière.

Les campagnes voisines offrent d'intéressants buts d'excursion et la ville d'Eu, distante à peine de quatre kilomètres, mérite bien que l'on se dérange pour la parcourir.

Eu, affirment les antiquaires, doit sa fondation aux Romains; la meilleure preuve de la valeur de cette opinion se trouve dans la voie militaire, facilement reconnaissable, et dans quelques débris de construction.

La ville ne remonte pas au delà du dixième siècle, répondent plusieurs historiens. Elle se groupa autour de la forteresse bâtie par Rollon, conquérant de la Normandie, qui voulait

---

(1) On sait que le mot, ainsi employé, désigne, pour les marins, tous les objets d'une côte facilement reconnaissables en plein jour, tels : un clocher, un roc bizarrement découpé.

mettre garnison sur ce point pour défendre la frontière de sa principauté nouvelle.

Rapidement, Eu prit de l'importance ; car, dès 996, on l'érigeait en comté pour un fils du duc Richard Ier. Au treizième siècle, la maison de Brienne devenait maîtresse du comté Elle le posséda peu de temps.

Jean II, roi de France, accusa de trahison le connétable de Brienne, à qui la peine capitale fut infligée, et Jean d'Artois reçut le comté en apanage.

Après notre cruelle défaite à Azincourt (octobre 1415), Henri V, roi d'Angleterre, s'empara d'Eu. Plus tard, redevenue française, la seigneurie échéait au comte de Nevers, mais sa prospérité déclinait. Elle succomba tout à fait lorsque Louis XI, craignant de voir les Anglais s'emparer de la ville, ordonna de la brûler.

Eu tomba alors au rang de simple demeure princière. Henri de Guise, *le Balafré*, ayant épousé Catherine de Clèves (veuve d'Antoine de Croï, de la maison de Nevers), résolut de faire bâtir un château dans sa nouvelle cité. La construction fut digne du propriétaire.

Classé au rang des monuments historiques, le château forme un vaste édifice en briques rouges et pilastres de pierres de la plus noble apparence, se développant sur une étendue de près de cent mètres.

Les bâtiments ne datent pas tous de l'époque du duc de Guise. Marie-Louise d'Orléans, duchesse de Montpensier, *Mademoiselle*, ainsi que la dénommait l'étiquette de la cour, avait acheté le château et s'y plut beaucoup, en dépit de son humeur fantasque. Non seulement elle le fit achever, mais elle s'appliqua à l'embellir, trompant, par une activité incessante, le chagrin dont l'abreuvait Louis XIV, qui refusait de reconnaître son mariage avec Lauzun.

Le moment vint, cependant, où le Roi-Soleil, comprenant à miracle ses intérêts, écouta les sollicitations de sa cousine et rendit à la liberté Lauzun, que le caprice de Mme de Montespan avait envoyé dans la forteresse de Pignerol. Mais *la Grande Mademoiselle* se vit forcée de payer cette faveur par l'abandon de son comté normand au duc du Maine.

Le duc de Penthièvre, surnommé le *vertueux*, en devint le maitre et le donna en dot, avec d'autres biens formant un total immense, à sa fille Adélaïde, la femme infortunée du duc d'Orléans, le futur Philippe-Égalité.

Les événements politiques de la France, depuis bientôt un siècle, ont fait changer souvent le nom des seigneurs d'Eu. Aujourd'hui, le château est redevenu propriété du comte de Paris.

Enfin, n'oublions pas, pour compléter la rapide histoire du vieux comté, de rappeler que son nom est porté par la princesse impériale du Brésil, femme du fils aîné du duc de Nemours.

Après avoir parcouru le château et ses jardins splendides, il reste à visiter l'église paroissiale, ainsi que la chapelle du collège. Toutes deux mériteraient d'être détaillées à loisir. La première fut bâtie en remplacement de la vieille église collégiale qui vit célébrer le mariage de Guillaume le Conquérant avec sa cousine Mathilde, fille du comte de Flandre.

Cette union était une infraction aux lois canoniques. Nous pourrons, plus tard, à Caen, admirer ce qui reste des deux abbayes fondées par les époux royaux pour obtenir, du pape Nicolas II, la régularisation de leur mariage.

Des anciennes constructions il reste deux tours, de style roman, et quatre piliers.

Ce fut dans la chapelle du collège, autrefois propriété de la Compagnie de Jésus, que Bourdaloue donna les prémices de son talent oratoire.

Deux tombeaux, chefs-d'œuvre attribués à Germain Pilon, et que le génie de l'illustre sculpteur ne répudierait certainement pas, recouvrent les sépultures du *Balafré*, victime de Henri III, à Blois, et de sa femme, Catherine de Clèves. La chapelle, elle-même, fut érigée par Catherine, qui passa à Eu les longues années de son veuvage, et signala sa présence par beaucoup d'œuvres de bienfaisance éclairée.

Eu possède une belle forêt renfermant un monument gallo-romain dit d'*Augusta*. C'est peut-être à lui que la ville dut son nom.

On éprouve un véritable plaisir à parcourir les sentiers ombreux des jardins du château et de la forêt. L'esprit se reporte aux époques où tout était animation dans ce pays, maintenant si calme.

Après les expéditions des Northmen, les chevauchées des hommes d'armes des ducs; après les surprises guerrières, la retraite mélancolique de Catherine de Clèves, la cour bruyante de Mlle de Montpensier et les allures plus discrètes de celle du duc de Penthièvre, que de grands personnages ont passé là... malgré l'état des routes dont on ne se tirait pas toujours aisément. Témoin le duc de Penthièvre, prisonnier pendant *plusieurs heures* au fond de son carrosse renversé! Mais, alors, on prenait philosophiquement son parti de tels inconvénients; ce qui ne nous empêche pas, au contraire, de préférer les routes modernes... lorsqu'il nous est donné de les parcourir au hasard de notre fantaisie.

La principale, on pourrait dire la seule industrie des habitants de la côte, c'est la pêche. Ils s'y adonnent avec une intrépidité absolue. Bien rarement, les soudains caprices de la Manche les empêchent de draguer avec ardeur le moindre point de l'espace marin qui s'ouvre devant eux. On les accuserait, plutôt, de ne point apporter à leur travail assez de discernement, car beaucoup du fretin pris eût gagné à vivre quelque temps encore et aurait, ainsi, fourni mieux que des arêtes.

Mais, bon ou mauvais, le produit de la pêche est attendu par des familles nombreuses et, dans ce combat pour l'existence, il faut bien sacrifier... le poisson.

Nous n'ajouterons pas (plein de respect pour le courage et les services rendus par ces vrais hommes de mer) l'intérêt du consommateur.

Seulement, songeant à la délicatesse de chair, à la finesse de goût des poissons, des mollusques, des crustacés pris sur les fonds sablonneux du littoral normand, souhaitons qu'ils se multiplient beaucoup, en dépit de la guerre à outrance qui leur est faite.

Voisin d'Eu, se trouve un village, Floques, dont le nom est inscrit au livre d'or de la marine française.

Jacques Sore, fameux armateur, devenu, par la confiance de Jeanne d'Albret, *amiral de Navarre*, y naquit.

Nul marin de l'époque (dernière moitié du seizième siècle) n'éclipsa sa renommée. Il fut surtout redoutable aux Espagnols, et sa valeur, sa science nautique, contribuèrent beaucoup à fortifier, en France, le parti protestant.

C'était le rival en courage, en audace, en succès, du fameux capitaine Polain, le même dont Brantôme a dit : « Longtemps après sa mort, il sembla que les flots bruissaient du nom et des exploits du capitaine Polain. »

Rassasié de gloire, Jacques Sore voulut mourir dans son hameau natal. M. Léon Guérin a tiré son nom de l'oubli.

Paysanne normande.

CHAPITRE XII

LA CÔTE JUSQU'A DIEPPE — PUYS — LA CITÉ DE LIMES

Depuis le Tréport, la ligne des falaises tend de plus en plus à s'élever. Leur flanc, d'un blanc grisâtre, devient presque vertical et se troue, à grand'peine, pour livrer passage aux nombreuses petites rivières qui, humbles ou murmurantes, veulent s'épancher directement dans la Manche.

On suit la côte, se livrant au plaisir de contempler l'aspect toujours nouveau de la mer. Par une de ces belles matinées de septembre tout inondées de soleil, quoique légèrement embrumées, le moindre objet prend un relief saisissant.

Le flot, verdâtre ou bleui, mord ou baise les contours dorés de la plage, paresseusement étendue entre les écueils qui sertissent le pied des falaises et les falaises elles-mêmes. Les barques passent, comme endiamantées par la frange écumante de la vague, et les goélands, les mauves font étinceler en rapides tourbillons leur plumage d'argent.

Vers le bord extrême de la côte, le terrain, aride, se couvre à peine d'une herbe courte, sèche; mais, plus en arrière, les champs, les arbres, se pressent nombreux. La fumée des métairies s'envole grisâtre sur le ciel d'un bleu laiteux.

Des bœufs, lourds de graisse; des chevaux à la coupe brillante; des moutons, déjà revêtus de leur parure d'hiver, croisent les sentiers.

On écoute les voix multiples formant la voix des solitudes et... tout à coup, un abîme s'ouvre, au fond duquel s'élargit le ruisseau à peine regardé trois ou quatre lieues au delà, tellement son cours était insignifiant.

Sur ses berges nouvelles, des villas se groupent, des jardins improvisés exhalent leurs parfums.

Le hameau inconnu, tapi au creux de la grève, devient une élégante station de bains de mer, et, sans trop regretter le passé, on dévale ou on escalade les pentes abruptes, sous l'œil bienveillant des colons aux joues rougies par la santé recouvrée.

Ainsi, presque sans interruption, d'un point à l'autre de la mer de Normandie! Ces rivages fortunés ont, maintenant, moisson double et triple, tout comme ces champs qui, après avoir fourni le pain, engraissent des bestiaux succulents, donnent un cidre très apprécié.

S'arrêter à chacune de ces stations serait impossible. Conten-

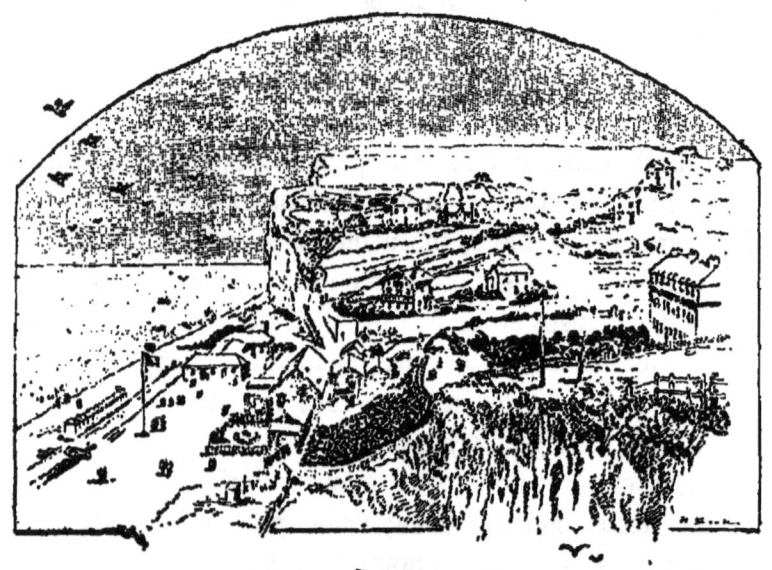

Puys.

tons-nous de citer BIVILLE, BERNEVAL, BELLEVILLE, mais donnons une matinée à PUYS, d'abord parce qu'un grand écrivain, Alexandre Dumas fils, a *découvert* ce charmant petit village; ensuite, parce que, d'ici, nous pouvons, sans fatigue, faire une excursion à la curieuse enceinte gauloise (?) romaine (?) connue sous le nom de *Cité de Limes* ou *Cité d'Olyme*.

Elle s'allonge, en forme de triangle, sur un espace occupant près de *soixante* hectares et on ne peut mieux choisi, au point de vue de la défense des soldats qui s'y renfermèrent. Borné d'un côté par la mer, d'un autre par l'échancrure où Puys est bâti, le camp gaulois ne pouvait être attaqué que du côté de Bracquemont, et cette partie faible avait été creusée de larges fossés, renforcés d'une muraille atteignant au moins quinze mètres d'élévation. Trois portes fermaient le refuge. Il n'en reste plus que les baies. Aussitôt franchies, le pied heurte des tombes et soulève la poussière crayeuse des ruines de pauvres chaumières qui achèvent de s'éparpiller au souffle du large.

L'impression ressentie est douloureuse. De quels combats fut témoin ce camp retranché? Au prix de quels sacrifices essaya-t-on de le défendre? Combien fallut-il d'assauts, ou quelles ruses durent être mises en œuvre pour le ravir à ses possesseurs?

Pas un pouce de terrain au monde qui n'ait été abreuvé de sang! L'homme a-t-il donc été uniquement créé pour ces luttes sauvages?

Cessons de philosopher, le temps et le soleil sont propices, Ils rendent faciles le petit trajet de cinq kilomètres qui nous sépare de Dieppe.

Anciens costumes des environs de Dieppe.

CHAPITRE XIII

DIEPPE

Nous arrivons dans une ville datant à peine de huit cents ans, mais que l'illustration d'un grand nombre de ses enfants a rendue très célèbre.

Au commencement du onzième siècle, DIEPPE n'avait encore pour habitants que des pêcheurs établis à l'embouchure de la petite rivière appelée *Deep*, c'est-à-dire *profonde*. Depuis, ce cours d'eau a pris le nom d'*Arques*; toutefois, la première appellation a eu l'honneur de s'imposer à la ville. Telle est l'opinion des étymologistes : tout s'accorde pour leur donner raison.

A l'époque où se fonda Dieppe, on n'avait point encore apprécié l'importance des bassins naturels du lieu qui, cinq cents ans plus tard, devait prendre ce nom universellement connu : Le Havre-de-Grâce.

Bénéficiant de cette ignorance, Dieppe ne tarda pas à devenir un admirable centre commercial et maritime.

Les Dieppois, on peut le dire avec justice, furent, au moyen âge, de véritables *rois de la mer*. Intrépides navigateurs, ils portaient leur pavillon sur tous les océans.

Les immenses ressources offertes par le continent africain attirèrent leur attention. Ils fondèrent, à l'embouchure de la Gambie (1), deux villes, qu'ils appelèrent fièrement *le Petit Dieppe* et *le Petit Paris*; ces comptoirs devinrent pour leur commerce un entrepôt donnant d'incalculables bénéfices.

---

(1) Grand fleuve de la côte occidentale d'Afrique. Un des bras de la Gambie communique avec le fleuve Sénégal. Cette circonstance a fait donner aux pays arrosés par les deux cours d'eau le nom général de Sénégambie.

A peu près vers la même époque, ils retrouvaient les fameuses *îles Fortunées,* appelées de nos jours *Canaries.*

Leur activité sans bornes les poussa, des premiers, vers le nouveau monde. C'est aux Dieppois que plusieurs colonies de l'Amérique du Nord doivent leur origine, et la ville de Québec, au Canada (1), a été fondée également par eux.

Les traditions locales vont jusqu'à affirmer que la découverte du continent américain reviendrait à un enfant de Dieppe, Jean Cousin, dont le voyage remonterait à 1488. Malheureusement, la ruine de la ville, en 1694, entraîna la destruction des archives de sa marine et l'on en est réduit à de simples conjectures.

Quoi qu'il en soit, et même cette dernière prétention restant à l'état hypothétique, on comprend sans peine le haut degré de renommée atteint par les Dieppois.

Leur courage donna à la cité une auréole nouvelle; ils ne manquèrent pas de se signaler pendant les guerres constamment renouvelées entre l'Angleterre et la France.

Ces guerres furent trop souvent une cause de ruine pour Dieppe; toujours, cependant, l'énergie des habitants répara les désastres accumulés.

Les cruels événements du règne de Charles VI firent de la ville une place anglaise. Elle resta prisonnière jusqu'en 1435, époque à laquelle un vaillant Dieppois, le capitaine des Marais, surprit la garnison ennemie.

Talbot, le fameux général, vint assiéger Dieppe, mais ne put réussir à s'en emparer. L'histoire a conservé le trait héroïque de Louis XI, alors dauphin, qui, envoyé par son père au secours de la ville, réduisit la garnison d'une forteresse construite, par Talbot, sur la falaise dominant Dieppe.

Les soldats français, découragés par l'insuccès d'une première attaque, allaient reculer, quand le dauphin lui-même leur donna l'exemple d'une intrépidité sans égale.

Depuis cette époque, la ville resta française, mais subit le contrecoup de tous les événements dont la patrie eut à souffrir.

---

(1) Découvert, pour la plus grande partie, par un Malouin, Jacques Cartier.

Deux des derniers combats intéressant Dieppe furent, le premier, une victoire complète ; le second, une défaite cruelle. En 1690, Tourville battait, au large du port, les flottes réunies d'Angleterre et de Hollande.

Par malheur, quatre années plus tard, ces mêmes flottes, revenues, s'acharnaient à un bombardement si effroyable que, de Dieppe tout entier, il resta seulement trois monuments : le château, l'église Saint-Jacques et l'église Saint-Remy !

Cette catastrophe sembla être le signal de la décadence de la ville. Le développement toujours croissant du Havre porta une atteinte irrémédiable à son commerce. Enfin, les amoncellements de galets, charriés par le courant qui ronge les places cauchoises, firent délaisser le port ; il resta, cependant, le plus profond et le plus sûr des mouillages, de la mer de la Manche.

Mais le courage des Dieppois ne s'est pas laissé abattre, tout

Vieux Dieppe.

le possible a été fait, et, malgré les obstacles, ils maintiennent leur bonne renommée de navigateurs et de commerçants. Le cabotage est considérable, les armements sont importants pour la pêche de la morue, du maquereau et du hareng.

La pêche côtière est très active, l'envoi du poisson frais à Paris augmente tous les jours.

Les pêcheries de la ville sont célèbres par la qualité de leurs produits. Aussi, comme à Boulogne, des trains spéciaux, dits *de marée*, apportent-ils, en quatre heures à peine, sur le carreau des Halles, le contenu toujours très recherché de nombre de mannes et paniers.

Le chiffre des marchandises expédiées à l'étranger par le port, ou reçues de lui, tient une belle place sur nos livres de douane.

Des communications fréquentes avec l'Angleterre ont nécessité l'établissement d'un service de paquebots entre Dieppe et New-Haven.

A ces éléments de prospérité, se joint la fabrication de tabletterie très estimée. Qui n'a admiré les merveilleux objets en os et en ivoire dus aux artistes dieppois? On dirait que, pour ce genre de travail, ils ont pris des leçons d'adresse et de patience des Chinois et des Japonais, leurs rivaux.

L'horlogerie, les dentelles forment encore deux branches appréciables du commerce de la ville. Quant à la corderie, à la tonnellerie pour les salaisons, aux scieries de bois : en un mot, quant à tout ce qui concerne la navigation, l'activité ne se ralentit jamais.

Dieppe, on le voit, ne s'est pas abandonné à d'inutiles lamentations au sujet de la prospérité du Havre. Il travaille et travaille encore : c'est la meilleure manière de vaincre les coups contraires de la fortune.

Deux très belles jetées protègent le port de Dieppe, qui peut recevoir des bâtiments jaugeant (1) 1,500 tonneaux. Deux *bassins à flot* réuniraient facilement, entre eux, six cents navires et barques de pêche. Un *bassin de retenue* s'étend à plus d'un kilomètre de la ville, le long du cours de la rivière d'Arques, dont il contient les eaux, par le moyen de portes d'écluse, pendant la marée haute. A marée basse, les portes s'ouvrent et la rivière s'épanche librement dans l'avant-port.

Ces beaux travaux ont rendu de grands services à la navigation.

Les quais ont été très soigneusement construits; ils présentent

---

(1) On appelle *jauge* la capacité d'un navire en chargement. De ce mot est venu le verbe *jauger*, pour dire mesurer.

toujours un aspect animé. Toutes les nations de l'Europe entretiennent des consuls à Dieppe.

Le chemin de fer n'a pas tardé à développer le commerce de la ville, et la mode, depuis bien longtemps, a adopté la plage dieppoise. L'établissement des bains de mer est un des plus importants et des mieux entendus.

Si l'on est fatigué des bains et que les promenades à pied semblent préférables, on n'a vraiment que l'embarras du choix : les jetées, le jardin anglais, créé entre la ville et la plage, sur une longueur de plus de mille mètres, le cours, et, surtout, les falaises, offrent des aspects toujours nouveaux.

Au sommet de la colline qui s'élève près du casino, apparaissent les tourelles du *château*, très curieux à visiter, car il a conservé le cachet de l'époque où il fut bâti. Aussi est-il, avec raison, rangé parmi les monuments historiques.

Les deux églises méritent d'être vues. Saint-Jacques, la plus ancienne, date de 1354. On y trouve une chapelle dite de Jean Ango, parce qu'elle renfermait le tombeau du célèbre armateur dont l'histoire est devenue presque fabuleuse, tellement elle renferme d'événements extraordinaires et, pourtant, strictement vrais.

Jean Ango, né vers la fin du quinzième siècle, était fils d'un riche armateur. Devenu armateur lui-même, après la mort de son père, son génie commercial se développa rapidement.

Bientôt, une colossale fortune récompensa son labeur incessant. Ses navires formaient une flotte nombreuse, trafiquant avec le monde entier.

Il se sentit de force à rivaliser avec les rois et en donna une preuve irréfutable. Les Portugais étaient alors (1530) en paix avec la France; cependant, la jalousie porta quelques armateurs de cette nation à s'emparer d'un des navires de Jean Ango, leur concurrent redoutable dans le commerce avec l'Afrique et les Indes.

Le fier Dieppois résolut de venger cet outrage et de le venger *seul*. Ne prenant conseil que de lui-même, il arma toute une flotte nouvelle, en envoya une partie bloquer le port de Lisbonne et l'autre partie ravager, jusque dans les Indes, tous les établissements portugais.

En vain, le roi de Portugal voulut combattre; il ne possédait pas, comme Ango, d'incalculables richesses. Après quelques mois de lutte impuissante, il fut bien obligé d'envoyer un ambassadeur à Dieppe! Encore, François Ier dut-il employer ses bons offices pour obtenir que le *roi Ango* consentît à la paix!...

C'était là un glorieux succès pour l'armateur qui, du reste, se montrait bon Français, et tint à honneur de recevoir splendidement le roi François Ier, quand ce souverain, en 1532, visita Dieppe. Charmé de l'accueil d'Ango, le monarque lui conféra des titres de noblesse et la dignité de gouverneur de la ville.

Cette prospérité merveilleuse devait avoir un terme. Après la mort de François Ier, Ango éprouva d'énormes pertes qui parurent le conduire à une ruine complète. Il n'en fut pas ainsi, néanmoins; mais ces revers frappèrent l'armateur d'un coup terrible. Il ne put supporter l'idée de voir sa puissance décroître avec sa fortune : il mourut de chagrin en 1551.

Dieppe lui devrait bien une statue, car, certainement, il contribua dans une large mesure à rendre célèbre sa ville natale.

Un autre enfant de Dieppe a obtenu cet honneur. Sur la place du Marché s'élève la statue d'Abraham Duquesne, le vaillant chef d'escadre, l'illustre marin dont la carrière ne compte que des succès.

Né en 1610, Duquesne, fils d'un très habile capitaine, prouva de bonne heure ses talents. Il avait à peine vingt-sept ans, quand il chassa les Espagnols des îles de Lérins (Provence). Chacune de ses campagnes fut marquée par une victoire.

Plus tard on le voit, impatient de l'inaction où Mazarin laissait la flotte française, demander la permission de s'engager au service de la Suède, alors en guerre avec le Danemark. Grâce à lui, les Danois furent vaincus.

Mais des succès plus éclatants allaient le signaler à l'Europe entière et lui mériter la glorieuse épithète de *Grand*, que l'on ne saurait oublier lorsque l'on prononce le nom de Duquesne.

Trois fois opposé au fameux amiral hollandais Ruyter, réputé le plus habile et le plus heureux des hommes de mer du temps, trois fois il le vainquit. Le dernier de ces combats eut lieu devant Catane (Sicile), en 1676. Peu de jours après, Ruyter mourait des suites de ses blessures.

Les guerres de la France avec l'Espagne rendirent Duquesne redoutable aux flottes espagnoles. En deux ans, par ses efforts principalement, notre pays était en possession d'une marine admirable.

Duquesne (d'après un portrait du temps).

Enfin, pour couronner une si belle carrière, deux éclatants succès étaient réservés à Duquesne.

Alger était alors, comme il le redevint plus tard, un véritable repaire de pirates dont les vaisseaux semaient la terreur sur toute l'étendue de la Méditerranée.

Un moment, Colbert avait songé à faire exécuter une sérieuse expédition dans les États barbaresques. Mais la France était absorbée par trop de complications politiques, et le projet, depuis réalisé en 1830, se borna à une rude leçon donnée par Duquesne.

Deux fois, l'illustre marin vint ranger ses navires devant la capitale du dey. Au premier de ces blocus (1682), on fit usage d'un nouvel engin de guerre : les galiotes à bombes, invention de BERNARD RENAU D'ÉLISAÇARAY (ou ÉLIÇAGARAY), savant officier de marine béarnais. Cette terrible découverte assura le succès, et, après le second blocus, Mezzo-Morto, qui venait de succéder au dey Baba-Hassan, tué par ses sujets révoltés, se vit forcé d'implorer la clémence de Louis XIV.

Pendant quelque temps, la Méditerranée fut purgée de ses écumeurs.

La dernière campagne de Duquesne se termina encore par un triomphe.

La République de Gênes, si puissante sur mer, eut l'imprudence de croire qu'elle pourrait lutter contre le Roi-Soleil. Duquesne la tira de son erreur.

Le doge, coupable d'avoir prêté secours, non seulement aux Espagnols, mais aux Algériens, dut venir humilier sa fierté à la cour de Versailles.

Événement inouï, sans précédent, qui arracha à l'orgueilleux potentat la réponse célèbre, alors qu'on lui demandait l'impression produite sur son imagination par les splendeurs de la cour :

« Je suis surtout étonné de m'y voir ! »

L'expédition contre Gênes termina la carrière maritime de Duquesne, carrière marquée, surtout, par des succès, et de laquelle on a pu faire ce digne éloge :

« De nos jours encore, il est plus d'un habile marin qui regarde Duquesne comme le plus grand homme de mer que la France ait eu. Et qui, d'ailleurs, serait assez sûr de son jugement pour oser affirmer que le vainqueur de Ruyter, de Ruyter, qui avait vaincu l'élite des amiraux anglais, n'est pas le plus grand homme de mer, non seulement de la France, mais de toutes les nations modernes ! Mais ce qu'on peut dire, sans crainte de contradiction, c'est qu'en tenant compte des changements et des progrès qui sont survenus, si le grand Duquesne a son égal dans l'histoire, il n'a point son supérieur (1). »

(1) M. Léon Guérin, *les Marins illustres*.

Un nom plus modeste est celui de Bouzard.

Simple pilote, il ne figure point parmi ceux qui remportèrent de sanglantes batailles ; mais, infatigable dans son dévouement, il se consacra au sauvetage des navires en danger. Le nombre est grand des naufragés qui lui durent le salut!

Dieppe a honoré la mémoire de Bouzard en lui élevant une statue, récompense bien méritée d'une existence faite tout entière de sacrifices sublimes.

Beaucoup d'autres Dieppois se sont illustrés dans les arts et dans les sciences. Jean Pecquet, mort en 1674, fit de très importantes découvertes anatomiques. Brugen de la Martinière (dix-septième et dix-huitième siècle) fut un savant géographe. Desceliers (seizième siècle) devint le premier hydrographe de son temps. Dieppe lui doit d'avoir eu, entre toutes les villes maritimes de France, l'honneur d'établir une école d'hydrographie.

Plusieurs biographes font naître à Dieppe le fameux Jean de Béthencourt; c'est une erreur, Harfleur le revendique justement comme sien.

De même, la petite ville bretonne de La Roche-Bernard dispute à la cité normande l'honneur d'avoir été, en quelque sorte, le berceau de la marine militaire française.

Voici, en effet, ce que dit, à ce sujet, l'amiral Thévenard :

« ... Le vaisseau *la Couronne*, de soixante-quatorze canons, fut construit, en 1687, à la Roche-Bernard... Charles Morieu (de Dieppe) apporta dans sa construction tout l'art que l'on possédait dans ce temps, où ce vaisseau fut la merveille de l'architecture navale.

« L'ignorance où l'on était alors fit trouver surprenant aux marins de voir ce vaisseau se mouvoir, en tout sens, avec la même facilité et avoir même plus de vitesse qu'un petit bâtiment brûlot, avec lequel il rejoignit l'armée devant Fontarabie (3 juillet 1638), où il fit l'admiration des marins français d'alors et de ceux des nations voisines... »

Entre autres détails curieux, l'amiral ajoute :

« Le grand pavillon de France que l'on arborait au grand mât dans les solennités, coûtait *onze mille écus*, chose incroyable, à moins que cette dénomination ne fût d'une valeur beaucoup moins grande que celle d'aujourd'hui. »

Il faut plutôt croire à une erreur du copiste chargé de répéter les chiffres du compte de dépenses. Mais, d'un autre côté, M. l'amiral Pâris fait remarquer que ces étendards, énormes, tout en soie et brodés avec luxe, devaient coûter fort cher.

Quoi qu'il en soit, on vit pendant longtemps, à la Roche-Bernard, les ruines du chantier d'où partit *la Couronne*, et, comme l'ingénieur était Dieppois, une confusion s'établit au profit de sa ville natale, qui passa pour avoir vu construire le fameux navire.

Dieppe est divisée en deux parties distinctes, la ville proprement dite, et le *Pollet,* ou port de l'Est, ainsi nommé parce que ce faubourg se trouve à l'est du port.

Un peu partout les vieilles mœurs s'effacent, mais le pêcheur polletais garde encore une physionomie originale. Intrépide, habitué dès la première enfance aux pénibles travaux de la mer, il devient un marin admirable dont le courage ne saurait être surpassé.

Une visite au vieux Pollet est tout particulièrement pittoresque. Ce sont les moindres détails de l'existence, prise sur le vif, de ces familles qui ne connaissent et ne veulent connaître d'autre horizon que la mer.

Déjà, le costume des pêcheurs est une révélation, il ne ressemble à aucun autre.

Les chemises de toile et de laine, les amples gilets bien chauds ; une, deux ou, parfois, trois vestes énormes ; plusieurs paires de bas, deux pantalons, au moins ; d'immenses bottes où se perdent les jambes et les cuisses, et, brochant sur le tout, un grand caban goudronné !...

C'est à se demander comment le pêcheur polletais peut faire un pas.

Mais, aussi, quand il se trouve exposé à l'orage, au brouillard, aux vagues démontées, son armature laineuse le préserve de plus d'une maladie grave. La phtisie, par exemple, l'atteint rarement.

Longtemps (et nous n'affirmerions pas que toute trace en ait disparu) un véritable antagonisme régna entre Dieppois et

Polletais. Ces derniers, se livrant surtout à la pêche côtière, restaient un sujet de risée pour les premiers, plus entreprenants, mais qui se gardaient, d'ailleurs, de chercher à frayer avec leurs robustes adversaires.

M. Vitet a donné pour origine de cette rivalité, l'établissement violent, au faubourg du Pollet, d'une colonie vénitienne dont serait descendue la population actuelle. Le savant académicien tirait les plus ingénieuses conjectures de mille traits de mœurs, de costume, de prononciation.

Quoi qu'il en puisse être, ces hardis pêcheurs seraient de dignes fils de la Reine déchue de l'Adriatique.

Les Polletais se montrent d'une hardiesse extrême dès qu'il s'agit de prendre la mer. Leurs *bateaux* (les Dieppois appellent *barques* les embarcations similaires) sont, comme eux, lourds d'aspect, mais se comportent admirablement, surtout pour s'élever dans l'aire du vent. Le gréement est celui du *lougre*, avec quelques modifications spéciales au Pollet. Le jaugeage varie de dix à quatre-vingts tonneaux, et l'équipage, selon l'importance du bateau, présente un ensemble de cinq à trente hommes, presque tous parents : les Polletais se mariant rarement à l'*étranger*, c'est-à-dire en dehors du faubourg qu'ils habitent.

Une promenade en mer, à bord d'un bateau du Pollet, laisse la plus vive impression d'estime pour ces braves travailleurs si calmes, si froids en apparence, mais toujours prêts à se sacrifier si le pays ou leurs semblables font appel à leur dévouement.

L'époque tourmentée de la fin du dix-huitième siècle et du commencement du dix-neuvième a montré le patriotisme des Polletais. De nombreux sauvetages accomplis prouvent leur humanité.

Il y a peu de temps encore, M. Richepin, l'écrivain bien connu, signalait la conduite héroïque d'un maître haleur du Pollet, Louis Vain, dit Gelée, qui, à lui seul, avait déjà sauvé une *soixantaine* de personnes et avait préservé plusieurs navires d'une destruction totale !

Ce serait affaiblir la profonde émotion excitée par de semblables faits que d'essayer même de mettre en lumière leur sublimité.

CHAPITRE XIV

DE DIEPPE A SAINT-VALERY-EN-CAUX

Toute la côte dieppoise est, à juste titre, célèbre par les points de vue que l'on y rencontre. Seul, l'embarras du choix peut faire hésiter le touriste.

Voici d'abord, à une distance de moins de huit kilomètres, en suivant la charmante vallée de la rivière de Dieppe, un petit bourg dont le nom a, plus d'une fois, pris place dans nos annales glorieuses.

Arques, jadis fortifié, possédait un château que, tour à tour, se disputèrent les Anglais, les Flamands, les Français. Philippe-Auguste s'en empara, lorsqu'il arracha la Normandie à Jean-sans-Terre.

Mais le sceau de la renommée fut, pour la petite ville, l'issue de la bataille livrée par Henri IV, le 13 septembre 1589, au duc de Mayenne, son compétiteur.

Qui ne se souvient de l'humoristique lettre du roi adressée à Crillon :

« Pends-toi, brave Crillon, nous avons vaincu à Arques et tu n'y étais pas ! Adieu ! Je t'aime à tort et à travers ! »

Depuis cette époque, la tranquillité régna dans l'ancienne forteresse qui vit tomber ses murailles, ruiner son château et, peu à peu, perdit toute importance.

Ici, comme en une foule de petites localités normandes, les légendes abondent et, entre elles, dominent les récits où figurent *Guillaume le Conquérant* et son père. Ce dernier, *Robert le Magnifique,* plus connu sous le nom de *Robert le Diable,* a épuisé la verve des conteurs populaires. Son existence agitée,

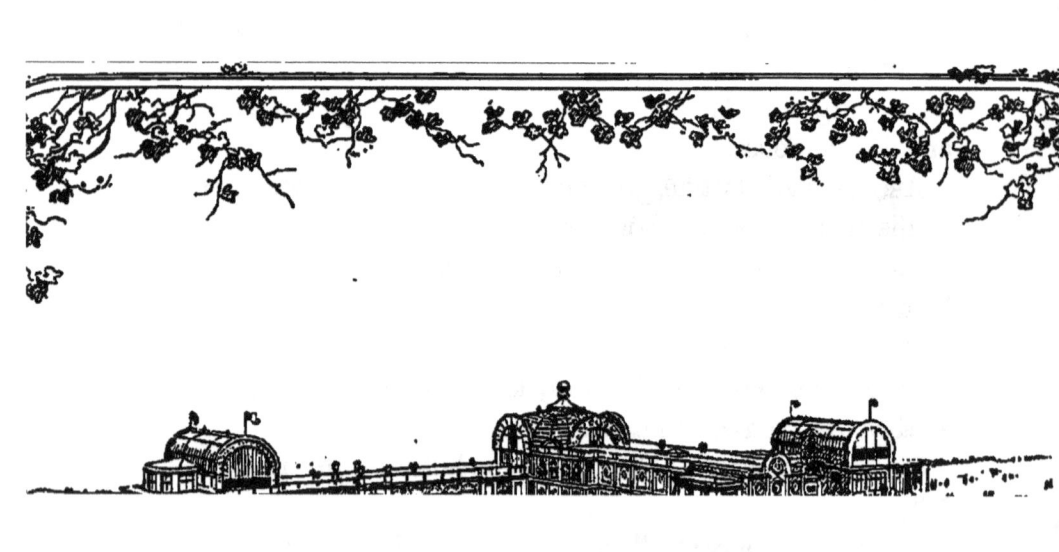

la splendeur de sa cour, l'impétuosité de son caractère, la manière dont il s'empara du trône ducal, ses caprices et sa mort, en Palestine, au retour d'un pèlerinage d'expiation, tout, en lui, était fait pour exercer un empire sans limites sur des populations ignorantes et superstitieuses.

Satan lui-même, affirment les ballades, avait été son père, et ce fut au château d'Arques que sa mère infortunée, succomban sous le poids de la douleur, laissa pénétrer l'horrible secret.

(Pour plus amples détails, relire le livret de l'opéra de Meyerbeer.)

Une promenade à Arques n'est donc pas chose indifférente, puisqu'elle nous met en présence de personnages entourés du prestige en tout temps attaché au surnaturel.

Congé pris du mystérieux Robert, dirigeons-nous vers CAUDECOTE et POURVILLE, à l'embouchure de la *Scie*. Les horizons ravissants sur la mer et les falaises se multiplient. L'admiration n'est pas un seul instant lassée, car chaque paysage possède sa beauté propre, son attrait particulier.

Toujours en côtoyant la Manche, nous arrivons à VARENGEVILLE, qui garde les ruines de la maison de plaisance du *roi de Dieppe* : Jean Ango.

Il y reçut magnifiquement François Ier, dont le goût délicat fut frappé des trésors d'art accumulés par l'armateur.

Boiseries sculptées, meubles sans prix, tentures idéales, rien n'y avait été oublié. Le souverain pouvait se croire dans une des résidences royales qu'il prenait soin d'embellir....

Le manoir est devenu une ferme ! Des splendeurs qui le rendirent un lieu enchanté, on retrouve à peine quelques débris de sculpture, des baies architecturales et les restes d'une grande peinture à fresque. Les trésors d'art ont été dispersés ou détruits...

Mais le pays lui-même n'a pas subi cette loi du destin.

La mer y est toujours aussi belle.

Avec une immuable majesté, ses flots arrivent du fond de l'immense horizon baigner les blanches falaises, pendant que Dieppe paraît s'endormir au murmure de son éternelle mélodie...

On ne quitte pas cette partie des falaises sans aller se reposer au pied du phare d'AILLY, situé sur une pointe haute de près de cent mètres. Sa construction date de l'année 1775. A cette époque, le gouvernement de Normandie décida de remédier aux dangers présentés par la vaste étendue de récifs qui prolongent la pointe d'Ailly.

Le phare, de première classe, est un feu tournant de minute en minute. Sa tour carrée, en solides pierres de taille, supporte la lanterne qui, par les nuits claires, envoie à plus de quarante kilomètres le brillant éclat des appareils lumineux dont elle est composée.

Nous nous arrêterions volontiers ici, pour étudier les deux modes d'éclairage des phares ; mais, bientôt, les feux jumeaux de la célèbre pointe de la Hève seront sous nos yeux. Attendons.

Saluons le bourg de SAINTE-MARGUERITE et sa belle église, non loin de laquelle a été découverte une villa romaine, ornée d'une mosaïque si remarquable que l'administration des monuments historiques a revendiqué le droit de la conserver.

Partout, sur le territoire de la commune, les sépultures antiques sont nombreuses, et on y a reconnu un cimetière gallo-romain.

Aussi les visiteurs sont-ils nombreux à Sainte-Marguerite. Ils le sont davantage encore à VEULES, petit port d'échouage, où tout semble être réuni pour le plaisir des yeux.

Aux archéologues, les ruines de l'église de Saint-Nicolas, le couvent des Pénitents et la vieille maladrerie du douzième siècle, devenue la chapelle du VAL.

Aux ingénieurs et aux mécaniciens, le *Moulin de la Mer* qui, pour force motrice, n'a pas craint d'utiliser le mouvement éternel des marées, devançant ainsi la réalisation d'un des problèmes favoris de la science moderne.

Aux artistes, aux poètes, les longues stations sur la falaise.

Aux rêveurs, les délicieuses promenades le long de la petite rivière clapotante, épandant ses vagues en miniature au milieu des campagnes rendues si fraîches, si veloutées par l'émeraude de nombreuses cressonnières.

On ne quitte pas Veules sans se promettre d'y revenir.

Le mouvement commercial de cette partie de la haute Normandie revient en entier à SAINT-VALERY-EN-CAUX, port petit,

VARANGEVILLE. — Manoir d'Ango.

mais très sûr, et qui peut recevoir les navires même par les vents d'ouest et du nord-ouest, si redoutés sur la côte entière.

La ville a été fondée, au huitième siècle, par l'apôtre qui se bâtit un asile à l'embouchure de la Somme et évangélisa le pays de Caux.

La légende ne pouvait manquer de se mêler à l'histoire. On voit saint Valery, voulant anéantir un culte idolâtre rendu à la petite rivière qui baigne le pays, en boucher les sources avec des ballots de laine !

Le remède fut efficace, puisque l'eau ne reparut pas avant le quinzième siècle ; mais quelque chose contraria de nouveau son cours, car, cent ans après, elle redevenait invisible et ne manifesta plus sa présence qu'au moment où il fut question de creuser le bassin de retenue qui abrite les barques de pêche.

La petite ville ne pouvait échapper aux maux dont souffrit pendant tant de siècles le littoral de la Manche. Anglais, Bourguignons, Français s'en rendirent alternativement maîtres. Enfin, la victoire définitive resta à Louis XI. Mais il fallut de longues années pour ramener la prospérité évanouie. Par bonheur, elle est aujourd'hui presque complète. Saint-Valery, grâce à sa situation, se voit devenu l'entrepôt de tous les produits de l'arrondissement d'Yvetot destinés à l'exportation et, réciproquement, il reçoit les marchandises étrangères envoyées à cette dernière ville ainsi qu'aux environs.

Deux phares protègent l'entrée du port, toujours animé par le mouvement quotidien de la pêche côtière et de la population riveraine, car des maisons et des arbres, restes d'une promenade, l'entourent. Il arme aussi pour la pêche de la morue. Les corderies, la construction des navires, les fabriques de soude marine, les filatures de coton, prouvent en faveur de l'activité des habitants.

Depuis longtemps, les baigneurs, constamment en nombre, apportent à la ville un élément nouveau de prospérité.

Saint-Valery n'est pas dépourvu de monuments. La vieille chapelle de Notre-Dame-de-Bon-Port remonte au douzième siècle.

On trouve à l'arsenal, ancien couvent de Pénitents fondé au

dix-septième siècle, un très beau cloître et une chapelle encore ornée de riches sculptures sur bois, de l'époque de Louis XIII.

Pour visiter l'église paroissiale, il faut franchir une distance d'un kilomètre au moins, et gravir une jolie colline, qui laisse entrevoir la perspective animée du port et de la ville ainsi que les champs, fort bien cultivés, dont ils sont entourés.

Sur les murs extérieurs, on distingue des reliefs de figures guerrières...

Ecoutons le chant monotone de quelques pêcheurs occupés à réparer leurs filets, ou de quelques paysans travaillant dans les campagnes.

Avec un peu de bonne volonté, et en demandant la signification des mots de patois dont la chanson est émaillée, nous aurons la clé de la scène perpétuée sur les murs de l'église : elle représente le duel héroïque soutenu par Pierre de Bréauté, un Cauchois, au siège de Bois-le-Duc, en Hollande.

Ainsi se gardera la mémoire du valeureux gentilhomme.

Tout n'est pas dit pour la prospérité de Saint-Valery. Elle ira certainement en s'accroissant, à mesure que se poursuivent les plans grandioses destinés à développer les ressources maritimes et territoriales de la France.

Favorisé par sa situation, l'excellent petit port ne peut que gagner à ce mouvement heureux de réveil patriotique.

Et si l'on ne craint pas de franchir une distance de trente kilomètres, vers l'intérieur des terres, on peut se donner le plaisir d'aller parcourir la ville ayant composé jadis, à elle toute seule, *les États et la capitale* du :

<blockquote>Bon petit roi d'Yvetot, bien connu dans l'histoire.</blockquote>

FÉCAMP.

CHAPITRE XV

FÉCAMP

Environ au tiers du chemin conduisant à Fécamp, par la côte, on rencontre Veulettes, petite station maritime, près de l'embouchure du *Durdent*.

Le sol, graduellement exhaussé, resserre le village entre deux collines élevées, d'un aspect fort triste, car elles sont dépourvues de verdure.

Mais la grève est si charmante, si coquette sous sa parure de sable bien fin, les falaises sont creusées en grottes si curieuses, les sources de la mignonne rivière, baignant le vallon, procurent une si agréable excursion, que, d'année en année, Veulettes voit augmenter sa population flottante de baigneurs.

Pour satisfaire à la mode du jour, un casino et un établissement de bains de mer ont été construits. Rien ne manque donc, ici, de ce que les touristes aiment à rencontrer.

Il y a même un monument artistique de grande valeur : l'église paroissiale, copie de la merveille gothique : Saint-Ouen, dont est doté le chef-lieu du département.

Après les falaises, très menacées par la mer, des Petites-Dalles, lieu bien connu des baigneurs aristocratiques, nous atteignons le point culminant du rivage de la haute Normandie.

Fécamp n'est pas à une altitude moindre de 128 mètres. Seules, dans le département entier, les collines de Canteleu et de Sainte-Catherine, dominant la Seine, la première de 138 mètres, la seconde de 153 mètres, le dépassent en hauteur.

La ville doit, certainement, être d'origine fort antique. A plusieurs reprises, on a découvert, sur son territoire, nombre de sépultures gallo-romaines, avec leur habituel complément de vases en terre et en verre. Plusieurs d'entre elles, selon les archéologues, peuvent remonter au premier siècle de l'ère chrétienne, et donneraient raison à l'opinion qui veut faire de Fécamp une station romaine, en traduisant son nom des deux mots latins *Fisci Campus* ou *Fici Campus*.

Nous ne nous chargeons pas d'élucider ces questions délicates produites, trop souvent, par une similitude voulue; mais beaucoup de faits justifieraient, ici, la complaisance des étymologistes.

664 est la date certaine de l'avènement de Fécamp dans l'histoire. Saint Waninge, disciple de saint Ouen et de saint Wandrille, fonda en ce lieu une abbaye de religieuses que, vers 881, les Northmen détruisirent.

Un siècle plus tard, ces hommes du Nord étant devenus, de dévastateurs, les vigilants gardiens de la contrée, Richard Ier (en 988) substitua au monastère ruiné une abbaye de Bénédictins, placée sous le vocable de *la Trinité*.

Promptement, la renommée de cette abbaye s'établit. Elle finit par ne dépendre que du Saint-Siège et acquit des biens considérables ; un de ses abbés fut élu pape.

La possession d'une relique avait produit toute sa gloire. On connaît l'histoire du *Précieux Sang de Notre-Seigneur*, apporté dans un tronc de figuier, qui aurait échoué à l'embouchure de la rivière de Fécamp.

Ce fut pour honorer cette relique que le duc de Normandie releva les ruines de l'abbaye primitive.

La belle église actuelle, dite de *Notre-Dame*, a été construite au quatorzième et au quinzième siècles par les religieux, pour remplacer leur chapelle délabrée.

Le terrain environnant ayant dû s'exhausser, il faut descendre douze marches avant de pouvoir pénétrer dans l'édifice, où les yeux charmés s'arrêtent sur une succession de chefs-d'œuvres.

Comment ne pas admirer le pilier du centre, soutien des voûtes de plusieurs chapelles? Comment ne donner qu'un regard distrait au *groupe*, travail du quinzième siècle, destiné à rappeler la consécration de l'église?...

Serait-il possible de rester indifférent devant la *Dormition de la Vierge*, ces belles statues polychromes groupées avec tant de charme?...

Devant les vitraux et les lambris de la chapelle Saint-Thomas ? Mais, surtout, devant le *Christ voilé*, œuvre unique, merveille de sentiment, on peut ajouter de génie, due à un humble menuisier ?...

Si longue que soit la visite, elle paraît toujours trop courte, et, quoique bien dépouillée de ses richesses passées, Notre-Dame est un de ces nobles monuments dont la conservation importe à la gloire artistique d'un pays.

Bâti à l'embouchure des rivières de Ganzeville et de Valmont qui, réunies, prennent le nom de la ville, Fécamp étend ses rues, dont plusieurs ont une pente très raide, jusque sur la plage, malheureusement trop envahie par les galets. Cet inconvénient n'a pas empêché d'élever un fort bel établissement de bains de mer, chaque année très fréquenté.

Le port est d'un abri sûr. Déjà très amélioré, il le sera plus encore dans un avenir prochain, et son importance croîtra dans de notables proportions. Toujours animé, il rompt agréablement l'aspect triste de la côte, formée de roches crayeuses, abruptes, d'un blanc grisâtre.

Vues de la mer, ces falaises produisent une impression morne, augmentée par le froissement continuel des galets. Plusieurs d'entre elles, nous le savons, dépassent la hauteur de 100 mètres et se dressent comme des murailles à pic.

La baie formant le port a 1200 mètres d'ouverture. Deux jetées, dites du nord et du sud, la protègent. La première, emportée en 1791, par une violente tempête, a été reconstruite en maçonnerie et poutres formant digue d'un côté et estacade brise-lames de l'autre.

La profondeur d'eau, rendue plus importante par de récents travaux, permet aux bâtiments de toute grandeur de pénétrer, malgré les vents contraires, dans le port, qui garde le premier rang, sur la Manche, pour la pêche de la morue (en Islande et à Terre-Neuve), du hareng, du maquereau. Il va sans dire que la pêche côtière n'est pas non plus dédaignée, et qu'elle donne lieu à une activité constante.

Fécamp ne veut pas rester en dehors du mouvement salutaire dont notre littoral va si largement profiter. Il y prendra, au contraire, une place appréciée, et l'avenir ne saurait manquer d'utiliser les ressources commerciales et industrielles qu'il a su se créer.

En effet, les forges, les chantiers de construction, les scieries, les filatures, les moulins à huile, les minoteries, les tanneries occupent toute une population de travailleurs.

Fécamp prouve ce que peut une ville industrieuse, même placée dans un voisinage redoutable. La prospérité du Havre ne la décourage pas, tout au contraire. Elle lui est un stimulant qui l'empêche d'oublier la condition maîtresse du succès : le travail.

En outre des feux éclairant les approches du port, Fécamp possède un sémaphore et, dans son voisinage immédiat, un beau phare de première classe, bâti au sommet de la falaise, près de l'antique chapelle du Bourg-Beaudoin.

Henri Ier, roi d'Angleterre, fils du Conquérant, fonda ce charmant petit édifice gothique.

Tout à côté de l'église, se voyait le château ou citadelle, fortifiée par Guillaume *Longue-Épée*.

Ruinée, puis reconstruite, elle fut, un moment, au pouvoir de la Ligue.

Sans doute, il semble oiseux de raconter, après tant d'autres chroniqueurs, l'exploit du fameux Bois-Rosé. Cependant, il paraît presque aussi impossible de le passer sous silence, car une semblable légende s'impose à l'attention du touriste.

A dessein, nous nous servons du mot légende : des critiques sérieux ayant contesté le mode de surprise employé par Bois-Rosé.

Mais, — ne l'a-t-on pas fait mille fois remarquer? — il y a des fables trop séduisantes pour qu'elles ne soient pas mieux accueillies que l'histoire.

Sans le vouloir, et en dépit d'un scepticisme de bon aloi, on frissonne quand, arrivé en haut de la falaise, les chroniqueurs du pays vous racontent l'aventure chevaleresque.

Ne pouvant enlever la ville par terre, Bois-Rosé résolut de la surprendre du côté de la mer. Il gagna quelques soldats de la garnison, puis, tout étant bien convenu, choisissant une nuit sombre, il vint en barques avec un groupe d'hommes déterminés, attendre, au pied des roches, le cordage promis.

Les soldats tinrent parole, une forte échelle de corde se déroula et pendit, touchant le flot... Mais il fallait, chargés des lourdes armes de l'époque, se hisser par la seule force du poignet jusqu'au sommet de la falaise !...

Impossible de reculer, la mer montante avait emporté les barques : on n'échapperait pas à son étreinte !

Les aventuriers regrettèrent peut-être l'engagement pris, il n'était plus temps. Bois-Rosé les pressait, mieux valait encore tenter la seule chance qui restât. Accrochés au câble, ils commencèrent l'ascension vertigineuse ; le chef venait le dernier, afin de prévenir les défaillances.

En bas, la mer grondait sourdement ; en haut, ce pouvait être la mort. Et puis si la corde, qui tournoyait et s'effilait en frottant les arêtes du roc, allait rompre !

Un des aventuriers sentit son cœur faiblir... il entraînerait avec lui ses compagnons dans l'abîme...

Bois-Rosé, prévenu du péril, s'en fie à son audace, à sa force. Escaladant les épaules des hommes qui le précèdent, il arrive au défaillant, et, le menaçant d'un poignard, le force à continuer la terrible ascension... Mille chances contre une se réunissaient pour empêcher la réussite. Cette chance unique prévalut ; Bois-Rosé emporta le château, ce qui amena la capitulation de la ville.

Peu de gymnastes voudraient renouveler pareil exploit. Ils auraient grandement raison, d'ailleurs : les falaises sont perfides. Des pans énormes glissent, parfois, tout à coup dans les flots, car il ne faut pas oublier que les courants minent la côte, et que les influences atmosphériques complètent leur œuvre dévastatrice.

CHAPITRE XVI

DE FÉCAMP AU HAVRE PAR ÉTRETAT

Si l'aspect général de la côte est triste, les campagnes sont riantes et c'est par une route bien ombragée, aux horizons accidentés, que l'on arrive dans la vallée profonde où Yport présente ses premières habitations, avant de se déployer jusque sur la grève. Ici, rien de remarquable, quant à la mer, mais les délicieuses promenades des alentours attirent beaucoup de baigneurs qui, sortis de l'eau, peuvent prendre un exercice à la fois salutaire et agréable.

Les buts d'excursion ne manquent pas. Le vallon sauvage de Vaucotte et sa baie pittoresque, les sources de Grainval, le bois des Hougues, le rivage entier occupent largement le temps.

La population se livre à la pêche. Pour protéger l'échouage des barques, une petite jetée a été construite; elle suffit au mouvement de la navigation : la prospérité d'Yport étant surtout attachée à la beauté des sites qui l'environnent.

Le rivage change peu à peu. Les rochers crayeux vont céder la place aux falaises de sable et d'argile ; mais il semble que la nature ait voulu commencer un travail gigantesque, arrêté en plein essor par le choc irrésistible des flots.

La côte entière d'Étretat témoigne de ce bouleversement. L'aspect en est aussi merveilleux qu'étrange.

Des obélisques, des blocs placés en arcades, des grottes... les prodiges ne manquent pas. Il y a pour plusieurs jours de surprises nouvelles.

Presque tous ces différents rochers ont reçu des noms spéciaux exprimant soit leur position, soit quelque particularité de leur physionomie ou de l'exploration primitive que l'on en a faite.

ÉTRETAT

La fameuse *Aiguille d'Etretat,* haute de près de 70 mètres, s'élance d'un banc de récifs sous-marins par un jet d'une admirable majesté. Deux portes, c'est-à-dire deux roches percées en forme de porte ou d'arc, sont voisines de l'Aiguille et s'appellent : la première (située au nord) *Porte d'Amont;* la seconde (située au sud) *Porte d'Aval* (1). Une troisième, un peu éloignée, s'appelle la *Manneporte.*

Celle-ci est peut-être encore plus grandiose. Par une nuit calme, sous le reflet de la lune, l'ensemble devient féerique. On croirait voir les débris du palais d'un enchanteur.

Parmi les grottes, la plus considérable porte le nom de *Trou à l'homme.* De jolies roches blanches la pavent. Sur le *roc aux Guillemots,* les chasseurs peuvent faire preuve d'adresse, en s'essayant contre les oiseaux de mer dont ils usurpent la place favorite.

Et, si l'on veut contempler dans toute sa beauté l'effet de la marée montante, le *Chaudron,* pittoresque excavation, fournit l'observatoire le plus propice.

Étretat offrait-il déjà ses merveilleuses bizarreries naturelles, quand les Romains y construisirent les villas, les maisons de bains et autres édifices dont quelques-uns ont été découverts il y a peu d'années?

Cela reste probable, sans pourtant être certain, car ces parages ont subi bien des changements depuis les premiers temps de l'ère chrétienne.

L'église, construite sur le plan de l'église de Fécamp, et vraisemblablement par les mêmes architectes, a été, comme celle-ci, rangée parmi les monuments historiques.

On éprouve un plaisir toujours nouveau à détailler la riche ornementation de son portail.

Autrefois, le jardin du presbytère contenait une chapelle dite de Saint-Valery. C'était, avec la crypte de Saint-Gervais, à Rouen, le plus ancien des édifices religieux du département de la Seine-Inférieure : il datait du huitième siècle, mais, absolument ruiné, on n'a pu le conserver plus longtemps.

---

(1) Il est bon de se rappeler que l'*amont,* en style maritime, est le côté de la source d'une rivière, par exemple : l'*aval,* le côté de l'embouchure. On comprend dès lors les applications possibles de ces mots.

De la falaise et de la plage, sous les galets, naissent plusieurs sources abondantes qui, refoulées au moment de la marée montante, s'épanchent librement à l'heure du reflux.

Les laveuses ne manquent pas de profiter de l'heure propice. Elles accourent, creusent le lit des ruisseaux, et, tout aussitôt, c'est un bruit de battoirs, d'éclats de rire, de voix fraîches ou enrouées dont le mélange n'est pas sans attrait. Ces groupes, ainsi opposés aux groupes de baigneurs et de pêcheurs amateurs, composent des tableaux remplis d'imprévu.

Il ne faut pas manquer de se faire conter l'origine des sources, vestiges, dira le narrateur, de la rivière *bue* (!!) par une fée, qui voulait se venger ainsi du mauvais accueil d'un meunier, dont le moulin était situé sur ce cours d'eau.

Le moment viendra, peut-être, où la fameuse rivière, maintenant souterraine, joignant son effort à celui des flots, contribuera à engloutir la petite ville bâtie au-dessous du niveau de la pleine mer.

Il suffirait, pour provoquer cette catastrophe, que la digue naturelle, œuvre du courant qui encombre de ses galets tant de grèves normandes, vint à s'effondrer.

Des nombreuses stations de bains de mer de cette partie du littoral, Étretat est la plus ancienne, la plus célèbre. Tout s'y trouve réuni : beauté de la baie, charme des vallons et des coteaux voisins.

Mais, dans l'avenir, une autre importance pourra être réservée au vaste bassin formé par la ligne de cailloux délaissés à chaque marée. Un port militaire trouverait ici les meilleures conditions d'installation.

Hydrographes et ingénieurs ont, depuis longtemps, signalé les avantages de la station. L'honneur du premier projet mis en avant doit, semble-t-il, revenir à l'amiral Bonnivet, le triste favori de François Ier, qui, du moins pour une fois, faisait preuve de clairvoyance et justifiait le titre qu'il avait reçu, malgré son échec dans les intrigues destinées à doter François de la couronne impériale d'Allemagne.

Toujours préoccupé de la grandeur de la France, Colbert, un instant aussi, songea à fonder à Étretat, un port, complément de la défense de nos rivages sur la Manche,

Vauban appuya ce plan avec ardeur. Mais les guerres continuelles entreprises par Louis XIV en empêchèrent la réalisation.

Pour le même motif, Napoléon dut se borner à concentrer sur Cherbourg sa sollicitude.

Reprendra-t-on l'idée ?

Il faut le désirer, si notre marine y doit trouver un élément nouveau de grandeur et de prospérité ; il faut encore le désirer, quand même la laborieuse population des pêcheurs serait seule à profiter, d'abord, des avantages créés.

Le progrès obtenu par le travail intelligemment dirigé ne reste jamais infructueux.

Les circuits des falaises nous amènent au cap d'ANTIFER, élevé de 116 mètres au-dessus de la mer. Un sémaphore y a été construit. L'horizon est toujours splendide, la campagne souriante.

Les contours de la côte se profilent, à la fois, sur les flots et sur le ciel.

Mais voici que les phares du cap de la HÈVE deviennent distincts. Arrêtons-nous un moment et, avant d'entrer au Havre, le port-roi de la Manche, avant d'aller visiter ses quais, ses bassins ouverts aux plus grands steamers, rendons-nous compte de ce qu'est un *phare*, un *sémaphore*... toute cette télégraphie maritime si intéressante, quoique si peu connue des pauvres *terriens*.

CHAPITRE XVII

LES PHARES DE LA HÈVE — LE PAIN DE SUCRE — N.-D. DES FLOTS — LES BOUÉES

Le cap de la Hève est situé à l'extrémité nord de l'embouchure de la Seine; il forme la limite ouest du département de la Seine-Inférieure.

Le terrain a, de nouveau, changé. Les grands rochers d'Étretat font place à des rivages escarpés, il est vrai, mais composés d'argile, de sable, de terre crayeuse sans grande consistance.

Aussi, la mer, rencontrant cette proie facile, gagne-t-elle, chaque année, de grands espaces. Le nom même du cap explique le péril dont il est menacé; on le dérive du mot *hew*, signifiant *frapper, être frappé.*

Un banc de roches, dit de l'*Éclat*, situé aujourd'hui à près de 2 kilomètres du rivage, marque la place où, en l'année 1100, s'élevait l'église de Sainte-Adresse (commune renfermant le cap).

Lorsque la tempête s'élève, l'action combinée de la pluie, du vent, des flots et des petites sources, filtrant à travers les terrains, produit les effets les plus désastreux. En une seule nuit, vers la fin de 1862, les falaises de la Hève croulèrent sur une largeur de 15 mètres! Et le moment approche où il faudra songer à reconstruire les phares menacés de s'effondrer dans l'abîme!

On comprend, dès lors, le soin vigilant avec lequel il faut tenir, ici, en bon état tous les travaux intéressant la navigation.

Le panorama offert du sommet du cap est un des plus beaux que l'on puisse rêver. Derrière soi et des deux côtés, des chaînes de collines offrent de gras pâturages, des villas, des bourgs en pleine prospérité.

En face, la mer s'étend à perte de vue.

A l'extrême gauche, du côté de l'ouest, on distingue parfois le cap de *Barfleur* (département de la Manche) et Dives ; plus près, c'est l'entrée de la Seine, la montagne de Honfleur. Au-dessous de soi, enfin, le Havre, son port et l'incessant mouvement maritime qui le rend si attrayant.

Phares de la Hève.

A l'est, la vue se prolonge au delà d'Étretat ; il faut un effort véritable pour s'arracher à cette contemplation.

Mais on ne saurait quitter la Hève sans visiter attentivement ses deux beaux phares.

Et, tout de suite, nous allons ouvrir une parenthèse, afin de nous mettre en garde contre une erreur trop répandue.

Beaucoup de voyageurs, peu accoutumés à réfléchir, à observer, confondent ces deux expressions : *phare* et *sémaphore*. Ils s'imaginent que, toutes deux, se rapportent au même objet : la faute est lourde.

Un sémaphore est un télégraphe maritime. Son nom se compose de deux mots grecs voulant dire : *Je porte des signes*. En effet, *il porte*, ou autrement il envoie des messages aux navires, par le moyen de drapeaux ou pavillons, manœuvrés d'une façon convenue.

Lorsque nous descendrons au Havre, nous ne manquerons

pas d'aller interroger le télégraphe marin de la jetée pour nous rendre compte des signaux que, continuellement, il échange, soit avec les navires entrant au port, soit avec les navires sortant.

Un phare (on l'appelle parfois aussi : *fanal, tour à feu,* à cause de sa forme) est destiné à éclairer l'entrée d'un port, la place d'un écueil dangereux, les contours d'une côte périlleuse. En un mot, il a pour mission de guider la marche des navires pendant la nuit.

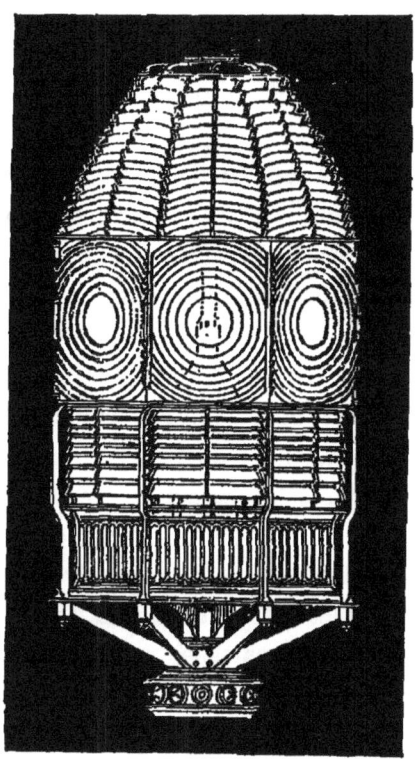

Lentille de phare.

On se souvient que la première tour à feu connue fut élevée par le roi d'Égypte Ptolémée, quatre cent soixante-dix ans avant l'ère chrétienne, sur une montagne de ses États appelée *Pharos* (1). La tour prit le nom de la montagne et, depuis, le mot *phare* a été généralement adopté.

(1) Dans une île, plus tard réunie, par une digue, à Alexandrie.

Dans le principe, on éclairait les tours à feu au moyen de bûchers plus ou moins soigneusement entretenus ; mais il en résultait une lumière ou trop faible ou trop variable.

De nos jours, le service de ces utiles établissements a été organisé d'une admirable façon, et le nom de FRESNEL (1) sera toujours prononcé avec reconnaissance par les marins. Il inventa tout un système de *réflecteurs*, ainsi que les *lentilles à échelons*.

Pour se rendre compte de ces dernières, il suffit de regarder une persienne. Les lames en bois de celle-ci ont servi de modèle aux échelons de celles-là.

Par une telle disposition, la lumière *d'une seule* lampe atteint un éclat que donneraient à peine *quatre mille* lampes ordinaires ! On voit tout de suite les immenses avantages du système Fresnel.

Les phares à appareils lenticulaires sont appelés *dioptriques*, par allusion aux divers milieux que la lumière doit traverser.

Les phares à *appareils à réverbères* sont appelés *catoptriques*, par analogie à la manière dont la lumière vient se réfléchir sur des surfaces polies.

Les appareils de la Hève sont dioptriques.

Les phares sont divisés en plusieurs classes, selon la distance où leur éclat se projette. Ceux de premier ordre sont visibles à près de 60 kilomètres. Ceux de second ordre peuvent porter leur bienfaisant rayon à 40 kilomètres. Ceux de troisième ordre ne dépassent pas une distance de 24 kilomètres.

Comme il arrive que les difficultés d'une côte peuvent nécessiter la construction de phares assez rapprochés, on a remédié aux dangers qui en résulteraient, pour les navigateurs, par les plus ingénieuses combinaisons.

Ainsi, il y a des phares à *feu fixe*; d'autres sont *à éclats* visibles pendant un espace de temps déterminé; d'autres sont à *feu tournant*, variant de couleur.

Un phare, généralement, ressemble à une grande colonne

---

(1) Auguste-Jean Fresnel naquit en 1788, dans le département de l'Eure, à Broglie. C'était un très savant ingénieur, qui modifia, sur plusieurs points, l'enseignement de cette science si importante, la physique. Il perfectionna les phares et inventa le système dit : *phares lenticulaires*. Il mourut en 1827.

que surmonte l'appareil éclairant connu sous le nom de lanterne.

Le rez-de-chaussée est occupé par les chambres des gardiens et la cuisine. Un escalier en fer monte en spirale jusqu'à la plate-forme. Les moindres détails acquièrent une importance capitale, car de leur bon fonctionnement dépend l'utilité du phare. Et si, par malheur, la négligence du gardien en omettait quelques-uns, des sinistres maritimes irréparables pourraient s'ensuivre.

Entrons, d'abord, dans la chambre dite de *quart*. Ce nom est essentiellement du domaine de la marine. Il vient de cette circonstance qu'à bord d'un navire, l'équipage veille, alternativement, de *quatre heures* en quatre heures chaque nuit.

Les phares de première classe ont, ordinairement, plusieurs gardiens qui se partagent la surveillance de la lampe. La chambre de quart n'a pour tout meuble qu'un fauteuil, une table, une pendule.

Trois boutons de sonnette s'incrustent dans le mur; chacun d'eux correspond à une des chambres du rez-de-chaussée occupées par les autres gardiens. Lorsque le veilleur a terminé son *quart*, il presse l'un des boutons, et le remplaçant, averti, se hâte de venir prendre son poste.

Au milieu de la lanterne, remarquons un long tube perpendiculaire dans lequel montent et descendent les contre-poids faisant mouvoir le mécanisme de la lampe.

Si le feu est *fixe*, nul autre soin à prendre que de veiller à ce que les mèches fonctionnent parfaitement.

Si le feu est *à éclats*, il faut s'assurer, de temps en temps, que l'écran, destiné à voiler la lumière, glisse avec régularité et juste pendant les moments précisés sur les livres indicateurs.

De même, si le feu est, par exemple, blanc d'abord, vert ensuite, il est nécessaire de surveiller le passage des disques colorés au-devant de la lampe.

Tous ces divers changements, et leur durée respective, sont connus des navigateurs; il peuvent, avec une entière sécurité, s'en rapporter à leurs livres, car le service des phares, comme celui des sémaphores, est organisé strictement, régulièrement.

Quelques phares ont été alimentés au gaz et le résultat obtenu fut heureux. Maintenant, on étudie l'emploi de la lumière électrique. Le port du Havre est, depuis peu, éclairé par ce procédé. Mais l'attente générale a été déçue. Les plaintes se sont multipliées. Ce n'est qu'une affaire de temps. Les savants ont trouvé un moyen pratique pour généraliser l'emploi utile et facile de cette merveilleuse lumière.

M. REYNAUD, ancien inspecteur des phares, a beaucoup contribué à cet important perfectionnement.

Maintenant que nous avons pu apprécier à leur juste mérite, non seulement les belles constructions des phares, mais les services qu'elles rendent, prenons le sentier conduisant à Sainte-Adresse; il nous mènera ensuite au Havre.

Ne nous approchons pas trop du bord de la falaise, le terrain pourrait crouler sous nos pieds.

A mi-chemin des phares, nous trouverons un des *amers* (1) de cette partie de la côte normande.

C'est le monument élevé à la mémoire du général Lefebvre-Desnouettes, mort dans un naufrage, en vue des côtes de France.

La forme caractéristique de ce petit édifice lui a valu le nom très bien trouvé, de *pain de sucre*.

Le joli clocher de *Notre-Dame-des-Flots*, gracieuse chapelle moderne, construite dans le style du treizième siècle, est encore un point de repère important pour le marin.

Tout en cheminant, nous donnons de longs regards à la vaste étendue des flots, ainsi qu'aux charmantes villas qui, de tous côtés, s'élèvent sur le moindre coin de terrain permettant d'obtenir une échappée de perspective vers la mer. Nous voyons les navires, les barques, les canots passer et disparaître, soit à l'horizon, soit vers le port.

De temps en temps, du milieu des vagues, nous apercevons des objets qui suivent leur balancement. Ils semblent être de

---

(1) Nous avons déjà donné la signification de ce mot, qui peut être traduit par : *point de repère*.

couleur noire, rouge ou blanche; parfois, ces teintes sont mélangées et disposées soit en bandes, soit en damiers.

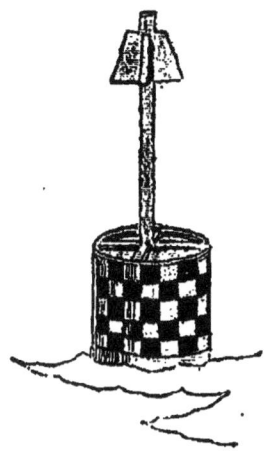

Bouée noire et rouge.

Ces objets, fabriqués en liège, en tôle ou en bois, sont les *bouées*, destinées à tracer la route des navires au moment,

Bouée flottante.

souvent périlleux, où le port est en vue. En effet, près des rivages, le fond de la mer se relève, et des écueils, cachés par une minime profondeur d'eau, pourraient, sans les bouées, causer plus d'un naufrage.

Le sommet des récifs émergeant de l'onde est, parfois aussi, peint selon les places qu'ils occupent.

Car, souvenons-nous combien il est nécessaire, pour le capitaine d'un navire, de compter sur un ordre rigoureux dans le système des bouées, puisque, sans ces précautions, il échouerait, là même où il croirait trouver le salut.

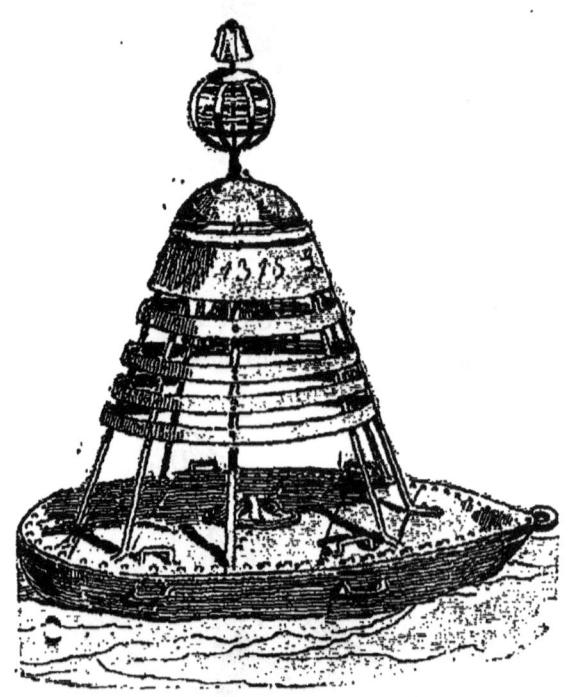

Bouée flottante.

Lorsqu'un bâtiment *arrive* au port, il laisse à sa *droite*, ou *tribord*, les bouées *rouges*, et doit trouver à sa *gauche*, ou *babord*, les bouées *noires*.

Quelquefois, au milieu de la passe, se balancent d'autres bouées peintes *en noir et en rouge*, mais celles-là indiquent que, de chaque côté de l'écueil, on trouvera une profondeur d'eau suffisante.

Enfin, il y a des bouées entièrement *blanches*. On les appelle *bouées d'amarrage*, par cette raison que les navires peuvent y nouer un cordage, et attendre, en cet endroit, selon les besoins du service.

Quand la bouée est de *danger*, c'est-à-dire quand elle signale un récif, le nom donné à la place y est inscrit en lettres apparentes.

Dans les passes d'un port, chacun de ces signaux est numéroté. Les bouées de gauche portent les chiffres *impairs*; les bouées de droite, les chiffres *pairs*.

Il y a encore un système de bouées usité pour certains parages, dont il est urgent de signaler l'approche.

Une petite cloche, frappée par les marteaux dont elle est entourée, résonne au moindre choc du roulis, et avertit le marin de prendre garde (1).

---

(4) Le *Musée de Marine* contient des modèles de phares, de bouées, de balises avec explication de leur système. Il possède également des modèles de bateaux pêcheurs de nos côtes et de bonnes aquarelles de navires marchands.

Bouée de danger.

CHAPITRE XVIII

SUR LA JETÉE — LES SÉMAPHORES

Le Havre est une fort jolie, une fort agréable ville; mais, selon nous, son plus vif attrait vient de l'activité débordante, de l'animation qui emplissent son port.

Rarement, quelques instants s'écoulent sans qu'un navire, une barque, un canot entrent ou sortent... Aussi, nous détournant un peu de notre route, allons-nous nous rendre à la jetée, près du sémaphore, d'où nous pourrons, commodément, nous faire expliquer les signaux maritimes.

Mais, auparavant, voyons, à l'horizon, ces navires qui apprêtent leurs feux de nuit. Une plus longue explication serait inutile. Nous ne chercherons pas davantage à décrire minutieusement la marche de deux bâtiments à voile, courant l'un sur l'autre, car il est facile de comprendre que cette marche soit réglée de façon à éviter les abordages.

Les navires à vapeur exécutent des manœuvres semblables.

Tout d'abord, sachons que les stations sémaphoriques françaises correspondent avec les bâtiments de toutes nationalités. Un code commercial a été rédigé, qui permet d'interpréter les signaux divers et de leur répondre.

Un service météorologique, admirablement organisé depuis quelques années, avertit de tous les changements graves qui peuvent survenir dans l'atmosphère.

Ce genre de signaux se fait au moyen de cônes et de cylindres.

Ainsi, supposons qu'un fort coup de vent va venir du nord, le sémaphore hisse un cône pointu *en haut*, c'est le signe nord : si le vent vient du sud, la pointe est tournée vers le bas ; si les coups de vent menacent d'être tournants ou successifs, on arbore un cylindre ; si l'ouragan est dangereux et qu'il porte au nord, le cylindre sera surmonté d'un cône, placé la pointe en l'air ; le contraire a lieu quand la tempête à redouter arrive du sud : le cylindre, alors, surmonte le cône dont la pointe est abaissée.

Lorsqu'un navire ne voit aucun signal météorologique, il questionne assez ordinairement le sémaphore par le moyen de deux boules placées, l'une au-dessus, l'autre au-dessous d'une petite flamme.

Un simple mât supporte les signaux le plus souvent employés.

Pendant la nuit, on ajoute un feu blanc dit de *marée*, mais il ne reste allumé qu'autant que la profondeur du chenal est suffisamment pourvue d'eau. Dès que la mer a perdu la hauteur de *deux* mètres, le feu de marée s'éteint.

Voyons, à présent, un pavillon *blanc encadré de bleu*. Pourquoi l'a-t-on hissé ? Il indique aux bâtiments que les bassins sont ouverts et que, par conséquent, le chemin est libre.

Mais, tout à coup, ce pavillon s'abaisse et un autre, de *couleur rouge*, le remplace.

Cette manœuvre veut dire qu'une circonstance quelconque interdit l'accès du port, et défend tout mouvement dans l'avant-port.

Ce second drapeau fait bientôt place à un troisième, de *couleur verte*.

Celui-ci ne s'adresse qu'aux navires déjà ancrés dans le port. Il leur signifie que la sortie est impossible.

Pour qu'un capitaine de navire sache s'il peut entrer dans le port, l'indication que la route est libre ne lui suffit pas. Selon la force et la grandeur du bâtiment, il faut une plus ou moins notable quantité d'eau sous sa cale.

Le sémaphore donne cet utile renseignement au moyen d'un système de ballons, disposés d'après tout un code connu des navigateurs.

Immédiatement, le capitaine sait de quel tirant d'eau (1) il peut disposer et agit selon les nécessités de sa situation.

Bientôt nous apercevons un petit pavillon triangulaire, nommé *flamme*, hissé au-dessus du pavillon national d'un navire en vue. Il signifie que ce navire veut entrer en communication avec le sémaphore et qu'il va, par suite, lui adresser une série de questions.

La première de toutes sera pour demander un pilote, car, le plus ordinairement, un capitaine ne se soucie pas d'entrer sans guide, surtout si, depuis longtemps, il est absent de France. Le fond de la mer, les côtes de certains parages sont sujets à se modifier profondément et les pilotes, seuls, peuvent savoir tenir compte des changements survenus.

Leur profession les y oblige. Un pilote, à bord, est maître du bâtiment, il en répond ; le capitaine est déchargé, à cet instant,

Bateau-pilote.

de sa propre responsabilité ; il n'a plus qu'un devoir : fournir au nouveau commandant les moyens de remplir sa mission.

---

(1) On appelle, en marine, *tirant d'eau*, la profondeur à laquelle un navire enfonce pour obtenir une marche facile et régulière. Naturellement, cette profondeur varie avec la force du navire et son chargement.

A l'appel du pavillon bleu et blanc, un petit bateau se détache du port. C'est l'embarcation du pilote, qui va où il est demandé. Il a eu bien soin de consulter le temps.

De leur côté, les gardes du sémaphore n'ont point négligé de donner les indications concernant l'état du ciel.

C'est ainsi qu'un pavillon *jaune* annonce une baisse barométrique, et, par suite, un mauvais temps probable. Une flamme *jaune et bleue* fait connaître l'élévation barométrique.

Quelquefois, par malheur, un pavillon *noir* est arboré. Ce signe de deuil caractérise un sinistre arrivé à bord d'un navire ou d'une embarcation quelconque.

Mais le pilote est parti, appelé, ainsi qu'on vient de le dire, pendant le jour, par un pavillon bleu et blanc; pendant la nuit, par un feu blanc, alternativement visible et caché.

Nous supposons être au pied du sémaphore, pendant le jour, et nous continuons à examiner les signaux qu'il échange.

La planche des pavillons usités pour les bâtiments de commerce montre la simplicité du mécanisme et les combinaisons multiples que l'on peut en tirer. Chaque navire a un livre spécial, dit de signaux, où ces combinaisons se trouvent expliquées. Les erreurs ne sont donc pas possibles.

On le voit, les stations sémaphoriques sont indispensables et rendent les services les plus variés, les plus grands.

Grâce au sémaphore, un navire en vue peut échapper aux dangers multiples de l'abord des côtes; il peut, si le temps lui est précieux, s'il veut de l'aide, des vivres... être certain que ses demandes, comprises et fidèlement traduites, répondront, sans erreur possible, à ses besoins.

En un mot, le sémaphore est digne du nom qu'on lui a imposé. C'est un messager sûr, attentif, toujours prêt à accomplir son service.

Ajoutons qu'aux jours de fête il met une note joyeuse dans l'ensemble des décorations navales. On n'oublie plus l'aspect d'un sémaphore illuminé et pavoisé quand on a eu cette vue pittoresque.

Cependant, la marée se montrant favorable, un grand nombre de navires se dirigent vers le port.

Nous remarquerons que beaucoup d'entre eux se ressemblent. On en comprend facilement la raison. Chaque port ayant un trafic à peu près déterminé par les facilités de commerce et de communications qu'il offre, les capitaines de bâtiments savent où aborder de préférence, et à quels armateurs s'attacher.

D'un autre côté, les nécessités du négoce réclament l'emploi de certains types de construction. Successivement, nous voyons défiler les navires que l'on rencontre le plus souvent en mer.

Et, tout d'abord, examinons cette embarcation qui se hâte d'aller visiter les bâtiments signalés. Elle porte un *pavillon jaune*.

C'est l'embarcation du *service sanitaire*. Autrement dit, on va s'assurer si les nouveaux arrivés ne peuvent répandre dans la ville les germes de maladies épidémiques ; car, par malheur, certains pays sont le foyer des plus terribles contagions : le choléra asiatique, la fièvre jaune, la peste sont facilement apportés par les navires, et il est urgent de savoir si rien de semblable n'est à redouter.

Pour cela, non seulement une visite est faite, mais chaque bâtiment doit être pourvu d'une patente en règle. Ce mot : *patente*, s'applique à une pièce signée, soit par l'autorité consulaire du port d'où il arrive, soit par le comité de santé de ce même port. On dit que la patente est *brute*, lorsque le bâtiment arrive d'un pays affligé par une maladie contagieuse.

La patente est *suspecte* lorsque le navire a communiqué, pendant son voyage, soit avec des ports, soit avec d'autres bâtiments, dont l'état sanitaire ne pouvait être constaté. La patente est *nette*, lorsque tous les papiers, ainsi que le *journal du bord*, prouvent qu'aucun doute ne saurait être élevé contre la santé générale.

Lorsque cette dernière condition n'existe pas, une *quarantaine* plus ou moins longue est imposée. Le comité sanitaire du port décide de la durée de la quarantaine. Le nom imposé à cette mesure humanitaire rappelle, qu'autrefois, il fallait se résigner à attendre une période de quarante jours avant de pouvoir débarquer, lorsque l'on arrivait de pays suspectés d'épidémie. C'est au comité sanitaire à déterminer la longueur de l'attente.

Après le *bateau-pilote*, après le *conseil de santé*, nous voyons le *remorqueur*. Son nom fait comprendre le service auquel il est affecté. Beaucoup de navires ne pourraient facilement entrer au port, s'ils n'avaient le secours du remorqueur.

Voici que, devant nous, passe un *trois-mâts*, bâtiment essentiellement marchand, que l'on appelle ainsi parce que sa mâture est composée d'un *grand mât*, d'un mât de *misaine* et d'un mât d'*artimon*.

En plus des mâts que nous venons de citer, il possède les *huniers*, voiles établies sur les mâts de *hune*, c'est-à-dire sur les mâts des plates-formes ajoutées aux mâts principaux.

L'aspect des hunes est celui d'un carré long, dont l'arrière et l'avant sont un peu arrondis. Au milieu, est une ouverture nommée : *trou du chat*, assez large pour permettre à un homme de passer, de chaque côté, le long du mât qu'elles enserrent.

Chaque hune porte le nom du mât auquel elle est adaptée ; ainsi on dit une hune de misaine, d'artimon ; celle du grand mât est appelée *grand'hune*.

Après le trois-mâts, voici un *chasse-marée*. Ce bâtiment est spécial aux côtes de Bretagne, où il sert à la pêche et au petit cabotage. Parfois, il n'est pas complètement ponté ; mais, seuls, les plus petits d'entre eux se trouvent dans ces conditions. La voilure du chasse-marée est usitée pour la plupart des embarcations, principalement dans les ports de l'Océan.

La *goëlette* est un petit bâtiment à deux mâts. Il ne faut pas oublier que, dans le nombre des mâts, on ne compte *jamais* le *beaupré*, mât indispensable à un navire.

Il y a des goëlettes de guerre d'une assez forte dimension ; mais, en général, la capacité de ces navires ne dépasse pas *cent* tonneaux. Ils sont légers, fins et bien disposés pour la marche. Généralement, ils n'ont pas de hune, et leurs mâts sont inclinés en arrière.

Les goëlettes sont employées pour la pêche et le cabotage. Ce genre de bâtiment est appelé *schooner* en Angleterre.

Les navires connus sous le nom de *bricks*, *brics* ou *brigs* (on emploie indifféremment ces trois mots) n'ont que deux mâts, comme les précédents, mais ils portent des hunes et des voiles supplémentaires nommées *bonnettes* et *cacatois*. En général, le grand mât des bricks est incliné sur l'arrière. Leur tonnage peut être assez élevé ; le commerce les emploie beaucoup. Il y a des bricks de guerre et des *cannonières-bricks* ; ces derniers servent presque toujours à escorter les convois.

Nous voyons encore des *trois-mâts carrés*, des *trois-mâts-Pieu*. Ces noms sont donnés d'après la disposition des voiles, des mâts. Du reste, il est facile de se rendre compte que, pour un marin, le moindre changement dans la voilure est chose fort importante, et qu'avec ces modifications doivent également varier les appellations. Suivant les pays, l'emploi des navires et les noms les plus divers sont appliqués. L'expérience, seule, permet de distinguer ce qui, pour le simple spectateur, ne semble pas souvent entraîner une différence notable.

Après les navires à voiles, paraît un *bateau à vapeur*, et, avec lui, tout un nouveau système de gréement ou voilure.

A la vapeur appartient, maintenant, l'empire de la mer, en attendant que l'électricité l'ait détrônée.

Il y a loin des bateaux à vapeurs actuels à ces lourds et encombrants navires des premières expériences. Des roues, placées sur chaque côté, étaient enfermées dans d'immenses tambours, dont la laideur était le moindre défaut. Actuellement, les bateaux que l'on construit sont mûs par l'*hélice*, merveilleux appareil que nous apprécierons à sa valeur en visitant un *Transatlantique*.

Au sujet de cette découverte, n'oublions pas de rappeler le nom de *Pierre Sauvage*, dont nous connaissons le génie et l'infortune.

Dans un bateau à vapeur, les voiles, on le conçoit, deviennent un accessoire de la machine, mais un accessoire indispensable ; car un accident peut arriver, qui ne permette pas de faire usage du moteur et laisserait le navire en détresse, s'il n'avait ses mâts prêts à profiter du moindre souffle de vent.

Pendant que passe un beau *trois-mâts*, revenant chargé de bois précieux, examinons son pont tout à loisir. Nous apercevons le pied des mâts, les nombreuses poulies servant à maintenir les voiles et les vergues, tous ces cordages qui prennent cent noms différents, suivant qu'ils servent à tel ou tel usage.

C'est, vraiment, dans une de ces merveilleuses constructions navales à voiles qu'éclate l'intelligence humaine. Chaque bout de corde, chaque pouce de toile a son emploi déterminé. Au moment du danger, tout sera utilisé, et si une catastrophe survient, elle n'aura lieu qu'après que chaque moyen de salut aura été, tour à tour, impuissant à conjurer le mal.

Mais, pendant que nous regardions défiler les bâtiments, le flot a continué à monter. La mer, maintenant, atteint sa plus grande hauteur et une énorme masse se profile à l'horizon. C'est un navire de la *Compagnie Transatlantique* qui se dispose à entrer. Nous pourrons le visiter en détail lorsqu'il sera à l'ancrage dans un des bassins. Contentons-nous donc de le voir passer, majestueux, au milieu de la foule des autres bâtiments devenus, devant lui, comme autant de nains placés côte à côte près d'un géant, afin d'en faire ressortir les splendides proportions.

Donnons encore un regard à la belle étendue de mer déroulée au loin sous le ciel. Les vagues se sont aplanies, le soleil s'est dégagé des nuages, la journée promet d'être radieuse. Remettons-nous en marche pour parcourir la ville.

CHAPITRE XIX

LE HAVRE

Jusque sous Charles VII, il ne se trouvait, à la place occupée par Le Havre, que deux tours protégeant cette partie du littoral.

Louis XII, le premier, eut la pensée de créer un port dans cette situation avantageuse. Vers 1509, il fit commencer quelques travaux, mais c'est à François Ier que revient l'honneur de la fondation ; car, à partir de 1516, l'idée primitive ne fut plus abandonnée.

On suivit un plan tracé par Bonnivet, qui décidément justifiait, parfois, la faveur dont l'honorait François Ier.

Guyon Le Roi, seigneur du Chaillou, était chargé de l'exécution de ce plan.

L'entreprise offrait d'immenses difficultés, le terrain sur lequel devait être bâtie la ville future n'offrant aucune consistance, et, maintes fois, la mer faillit tout détruire. En 1525, l'année même où le roi fut fait prisonnier à Pavie, le désastre sembla devenir à peu près irréparable. Moins de deux cents ans plus tard, le danger se renouvela terrible, et revint encore, menaçant, en 1718 et en 1765.

Malgré tout, la prospérité du Havre allait croissant. Non seulement sa position était excellente, mais l'avantage, offert par ses bassins naturels, de conserver la mer en son plein trois grandes heures de plus que les ports voisins, lui assurait une supériorité incontestable.

Pendant quelque temps la ville nouvelle, en reconnaissance des bienfaits du roi, fut appelée *Franciscopolis* ou *ville de*

François. Mais, depuis de longues années, les marins étaient habitués à prendre pour point de repère une vieille chapelle nommée *Notre-Dame-de-Grâce*, élevée, disent quelques auteurs, sur le coteau d'Ingouville, ou, selon une opinion plus répandue, une autre chapelle, placée sous le même vocable, et située sur la colline de Honfleur, vis-à-vis de la ville naissante, qui, de cette circonstance, prit et garda le nom de Havre-de-Grâce.

Quarante-six ans après sa fondation, la cité fut, par malheur, livrée aux Anglais, qui ne purent la garder que neuf mois, quoique le comte de Warwick y commandât en personne.

Le connétable de Montmorency, puissamment aidé par la noblesse française, reprit Le Havre, et Charles IX, accompagné de sa mère, put venir visiter l'importante station maritime qui avait failli échapper à son pouvoir.

L'enthousiasme fut si grand que, rapportent les historiens, le roi et la reine-mère songèrent, un instant, à fonder un hôpital spécial pour recevoir ceux d'entre les soldats français trop grièvement blessés pendant le siège pour pouvoir continuer leur service; mais l'idée, pourtant d'une excellente politique, fut abandonnée. Les Invalides durent attendre près d'un siècle encore que l'on s'occupât d'eux.

L'époque de la Ligue fut mauvaise pour Le Havre; néanmoins, son commerce se développait. Il allait prendre un essor rapide, grâce à Richelieu et à Colbert. Le génie du premier s'attacha avec ardeur à cette œuvre nouvelle. Non seulement il mit la ville en état de repousser une agression violente : il fit mieux et plus. Des ateliers, des quais, des compagnies commerciales rendirent au port la possibilité de profiter de sa situation exceptionnelle.

Le grand cardinal ne s'y trompait pas. Le Havre était destiné à devenir, au nord-ouest, le rival heureux du magnifique port sud-est français : de Marseille.

Richelieu prenait à cœur son titre de gouverneur de la jeune cité normande.

Colbert devait continuer le plan du cardinal. Rien n'échappait à son patriotisme. Il savait trop que si un pays est, parfois, forcé de défendre son honneur et l'intégrité de son territoire, seuls l'industrie et le commerce alimentent sa prospérité.

Vauban fut chargé d'étudier les meilleurs moyens de vaincre les obstacles opposés par les détritus marins encombrant le port. Nul ne pouvait mieux s'acquitter d'une semblable tâche.

Aucune rivière ne baignant Le Havre, et ne pouvant, par conséquent, aider au nettoyage des bassins, Vauban résolut d'opérer une prise à la *Lézarde*, joli petit cours d'eau débouchant, à dix kilomètres de distance, dans le port envasé d'Harfleur. La jetée fut notablement allongée, les bassins mis en état et creusés à nouveau. Désormais, vu les besoins de la navigation à cette époque, Le Havre offrait toutes les facilités suffisantes. La fameuse *Compagnie des Indes* le comprit et y établit un de ses sièges sociaux.

Vieux Havre.

C'en était trop pour nos ennemis. En 1694, la flotte anglaise, qui venait de bombarder Dieppe et quelques autres petits ports normands, s'embossa devant Le Havre.

Heureusement, la mer et les vents contraires se firent les protecteurs de la cité; peu de dégâts eurent lieu.

Une période de soixante-cinq années s'écoula sans perturbations graves; mais, en 1759, les Anglais voulurent reprendre leur œuvre destructive. Les bombes incendiaires plurent par centaines sur la pauvre ville qui, cependant, résista avec assez d'énergie pour obliger les agresseurs à s'éloigner.

Si l'attaque avait été vive, les traces s'en effacèrent promptement. Deux gravures exécutées pour le roi, en 1776, prouvent l'étendue acquise par le port et l'activité dont il était le théâtre.

La période de la Révolution et celle du premier Empire paralysèrent un peu Le Havre, quoique Napoléon Ier eût, un instant, songé à transformer son port en station militaire et y eût fait exécuter quelques travaux indispensables, entre autres, une écluse contre les atterrissements vaseux.

Mais, dès que la France et l'Europe purent reprendre confiance en la durée de la paix, une progression rapide s'établit dans le chiffre des transactions.

C'est, avec Marseille, le premier port commercial français.

Les anciennes fortifications ne tardèrent pas à devenir importunes pour l'agrandissement de l'enceinte habitée. Aussi, en 1854, supprima-t-on les fossés, et les faubourgs d'Ingouville, de Graville, de Sanvic furent annexés au Havre.

En même temps, on remédiait aux difficultés de l'entrée du port, devenue à peu près insuffisante pour les bâtiments modernes.

De l'enceinte primitive, il restait une tour dite de *François Ier*, utilisée comme sémaphore. Bientôt on jugea, avec raison, qu'elle obstruait le chenal et constituait un danger permanent pour la navigation.

La démolition en fut ordonnée. Par suite, tout le quartier a pris une physionomie nouvelle. La jetée prolongée est entourée d'un admirable horizon.

A droite, la côte, capricieusement échancrée, aboutit à la pointe de la Hève, couronnée par ses deux superbes phares ; à gauche, l'embouchure de la Seine, le promontoire de Honfleur, surmonté de son antique chapelle, et la gracieuse ligne de collines au pied desquelles s'étendent Trouville, Villers, Beuzeval, Dives, Cabourg.

Le nouveau sémaphore a pris la charge des signaux autrefois établis sur la tour, et sa silhouette se détache au loin sur le ciel.

De tous côtés, des bouquets d'arbres s'élèvent et les falaises sont verdoyantes. Derrière soi, les constructions semblent avancer jusque dans la mer et les mâts des navires se dressent, comme par enchantement, au milieu d'elles, car les vastes bassins à flot reçoivent, d'une manière continue, un très grand nombre de bâtiments.

C'est un tableau dont on ne se fatigue jamais de contempler les lignes ou grandioses, ou riantes, l'aspect sans cesse nouveau, le mouvement débordant.....

Ancienne frégate au plus près du vent.

CHAPITRE XX

LES BASSINS — UN PAQUEBOT TRANSATLANTIQUE

Les bassins sont au nombre de neuf, tous vastes, tous parfaitement disposés. Les principaux d'entre eux se nomment :

Le *Vieux Bassin,* parce qu'il date du temps de Richelieu, qui le fit construire; mais il a été creusé de nouveau et approprié aux besoins de la navigation moderne.

Le bassin du *Commerce* peut recevoir plus de deux cents navires. Il est situé à l'est de la place Louis XVI, et se trouve pourvu d'une puissante machine à mâter.

Le bassin de la *Barre*, à l'est du Havre, offre encore une surface plus étendue. Là est établi un *dock flottant*, qui permet d'accomplir les réparations les plus minutieuses des navires, sans l'emploi des moyens lents d'autrefois.

Le bassin de l'*Eure* est le plus grand de tous et, peut-être, un des plus beaux qui soient dans le monde entier.

Il ne couvre pas moins d'une étendue de *vingt et un* hectares et est pourvu d'une *cale sèche.* Les *docks*, ou entrepôts, en sont voisins ; ils s'étendent sur une surface immense.

Le bassin de *Vauban* est également fort grand et bordé de docks : c'est-à-dire de *Magasins Généraux.*

On s'explique la nécessité de ces entrepôts, lorsqu'on ouvre le registre des douanes : le commerce du Havre équivalant au cinquième des négociations de la France entière.

Le bassin de la *Floride* est situé au sud de la ville. Par une écluse de chasse, ses eaux servent à opérer le déblaiement du port, que la vase et les galets menacent constamment.

Le Havre. — Bassin de la Barre. — Frascati. — Dock flottant.

Les grands vapeurs transatlantiques se rangent, en général, dans ce bassin.

Le magnifique steamer que nous avions vu arriver, devant être, à présent, amarré à quai, il nous sera facile de le visiter en détail. Cet examen d'un navire, géant entre les bâtiments de commerce, nous préparera à la visite (que nous ferons à Cherbourg) d'un vaisseau cuirassé, géant entre les bâtiments de guerre. Plus tard, cette étude formera l'objet d'une comparaison intéressante.

Indifféremment, on appelle ces grands navires : *transatlantiques*, du nom de la compagnie à laquelle ils appartiennent ; *steamers*, d'un mot anglais signifiant simplement : bâtiment à vapeur ; *paquebots*, quoique ce mot, contraction de l'anglais : *packet-boat,* désigne surtout un petit bâtiment léger.

Enfin, les vieux *loups de mer* ne feront point difficulté de dire bonnement : le *vapeur*, bien qu'il ne manque pas de navires pouvant revendiquer ce titre, la marche à la vapeur tendant, de plus en plus, à remplacer la marche à la voile.

Les paquebots sont de deux systèmes : *à aubes* ou *à hélice*. Dans les premiers, on aperçoit, de chaque côté du pont, de vastes tambours ou cylindres, recouvrant la plus grande partie de deux fortes roues plongeant à demi dans l'eau. Sur ces tambours, de même que sur des palettes ou aubes, fixées à la circonférence des roues, s'exerce l'effort des vagues, divisées par le moindre ébranlement du navire. Cet effort cause un choc, lequel, toujours répété, produit, par sa régulière succession, la marche du paquebot.

Nous pouvons nous rendre compte de ce système, par l'examen d'un canot conduit à la rame. Lorsque le rameur appuie sur l'instrument qu'il tient en main, l'eau offre, pendant une seconde, la résistance voulue pour permettre de guider l'embarcation vers un point désigné. Le même mouvement, renouvelé, assure, avec plus ou moins de rapidité, selon la force du rameur, la marche du canot.

Sur les paquebots, une machine à vapeur produit l'impulsion des roues. On se rend compte de la régularité ainsi assurée, car il ne s'agit que d'entretenir la machine à un degré constant de chaleur pour en obtenir le même travail.

Mais le système à aubes offre un véritable inconvénient. Les cylindres des roues sont très exposés à des chocs graves, et le navire peut rester désemparé au milieu d'un voyage. De plus, il est encombrant et, en temps de guerre, un boulet a bientôt fait de désorganiser la partie apparente de la machine.

Ces remarques conduisirent un inventeur à appliquer un autre système. Frédéric-Pierre Sauvage s'occupa, vers l'année 1811, de reprendre les essais d'un mécanicien d'Amiens, Charles Dallery (1), qui, en 1803, avait pris un brevet d'invention pour construire des machines marines, dites à *hélice*.

Ni l'un ni l'autre des chercheurs n'eut la joie de faire triompher l'idée. Les essais de Dallery restèrent imparfaits et, désespéré, le mécanicien brisa son modèle. Sauvage, lui, réussit complètement, mais nous savons qu'il ne put trouver l'aide matérielle nécessaire, et qu'il éprouva la douleur de ne point obtenir justice, quand il revendiqua la gloire de ses travaux. Mieux éclairée, maintenant, l'opinion publique a rendu l'arrêt sollicité par le pauvre grand homme.

Arrêt glorieux, mais, hélas! trop tardif, comme beaucoup d'autres.....

Les dictionnaires définissent ainsi l'hélice : « Une ligne tracée en forme de vis autour d'un cylindre. » On pourrait la définir encore : « un escalier tournant dont les angles des marches sont abattus. » Mais cela ne nous donne, peut-être pas, tout de suite, l'image exacte de cette ingénieuse machine. Cherchons donc quelque objet qui nous soit familier. Sans aller loin, nous en trouverons deux : un tire-bouchon et un escargot.

Remarquons, dans le premier, une tige droite, inflexible, autour de laquelle s'enroulent les divers étages d'une vis. Nous savons que, pour enfoncer le tire-bouchon, il faut le faire tourner sur lui-même; autrement, le côté tranchant de la vis ne pénétrerait pas dans le liège.

De même, l'animal appelé escargot ne peut se cacher si bien dans sa maison portative, en sortir ou y rentrer, que s'il fait

---

(1) Né, en 1754, à Amiens, mort en 1835. Il apporta des perfectionnements à la bijouterie et inventa, en 1780, une machine à vapeur avec chaudière tubulaire.

Pont et cabine d'un transatlantique.

prendre à son corps la forme enroulée de la coquille dont il est recouvert. On ne parviendrait pas à l'en retirer, si l'on ne lui faisait exécuter le même mouvement. Les naturalistes appellent le colimaçon : *hélice*, à cause de la disposition de sa coquille.

Nous comprenons très bien, à présent, le rôle de l'hélice appliquée à la marine. Son premier avantage est de rester dissimulée, à l'arrière, dans les flancs du navire où, seuls, les écueils peuvent l'atteindre. Elle est là, vis gigantesque, toute prête à pénétrer les flots, comme un tire-bouchon pénètre le liège.

L'eau bouillonne et se masse, pour ainsi dire, entre les divers étages de la spirale. Constamment renouvelée, cette eau achève ou, pour mieux parler, complète le mouvement de la machine et le navire avance prompt, majestueux, sans autre trace apparente de mécanisme que la cheminée destinée à laisser échapper la fumée du foyer qui alimente, par sa vapeur, tout le système.

N'est-ce pas merveilleux ?

Le dessin représente, dans sa partie supérieure, un steamer *à aubes;* au milieu, il nous montre un steamer à hélice, voguant vers le port; à sa partie inférieure, il donne l'aspect du pont de l'un de ces grands navires, vu de la *timonerie*.

Ce dernier mot prend, tout de suite, un petit air rébarbatif, car il nous est inconnu. Mais, avec un peu de réflexion, nous le comprendrons vite.

Sans timon, une voiture ne pourrait être attelée. Sans les divers objets qui composent l'ensemble de la timonerie, il serait impossible de guider sûrement un navire. Là, se trouvent la roue du gouvernail (1), les compas donnant la direction à suivre, les horloges, les *habitacles*...

Les marins nomment ainsi les petites armoires, soigneusement construites, qui contiennent les boussoles. On se rappelle, bien certainement, que l'aiguille aimantée de la boussole, possède la propriété de se tourner toujours vers le point nord de la terre.

---

(1) La barre du gouvernail était, autrefois, appelée *timon*, d'où, par extension, la timonerie, le gouvernail restant l'une des parties indispensables à la marche d'un navire.

Ce fut au treizième siècle que l'on découvrit, en Europe, ce phénomène. Les Chinois, prétend-on, le connaissaient plus de mille ans avant l'ère chrétienne. Cela n'est pas absolument prouvé. En tout cas, nous avons eu vite fait de dépasser les enfants du Céleste-Empire dans les applications de la boussole à la marine.

Flavio GIOJA, un Italien, imagina, le premier, de placer l'aiguille aimantée sur un pivot, de manière que ses diverses oscillations ne pussent être influencées par aucune cause étrangère, et que les observations devinssent faciles, exactes. Le cercle tracé par l'aiguille est divisé en *trente-deux* parties, à chacune desquelles correspond une *aire de vent,* autrement dit, une des directions prises par le vent. Aussi le cercle entier, divisé de la sorte, prend-il le nom de *rose des vents.*

L'importance de garder avec soin les boussoles se démontre d'elle-même. Comment, perdu sur l'immensité de l'Océan, par une nuit sans lune et sans étoiles, un navire trouverait-il sa route avec précision, si la petite aiguille magique ne lui apprenait où se trouve le nord? On n'ignore pas qu'un point trouvé donne, tout de suite, la direction des autres points. Ainsi, veut-on marcher vers le sud? Il ne s'agit plus que de continuer à avancer sur une ligne régulière exactement opposée au nord. Veut-on aller à l'est? On prend la droite du nord. S'agit-il de tourner vers l'ouest? On prend la gauche du nord. Pour les points intermédiaires : sud-est, nord-est, nord-ouest, sud-ouest, c'est l'affaire de celui qui consulte la boussole de tracer la route à suivre.

Donc, en quelque sorte, la boussole est l'objet le plus précieux conservé dans la partie du navire appelée la timonerie. Voilà pourquoi, afin d'obtenir, à son égard, toute sécurité, on a imaginé les habitacles.

Les nouveaux sont construits en cuivre, terminés par un petit dôme élevé sur des pieds. Quand vient la nuit, ils sont éclairés au moyen de réflecteurs, car jamais les officiers chargés, chacun à tour de rôle, de surveiller la route, ou encore l'homme placé au gouvernail, ne doivent être embarrassés pour consulter la boussole : le salut du navire et des passagers dépendant de cette vigilance.

Le translantique « La France » rentrant au Hâvre.

Visitons, à présent, un paquebot transatlantique. Ce nom nous dit que le navire est destiné à aller, *par delà les mers*, porter des voyageurs ou des marchandises (le plus souvent l'un et l'autre). On a donné aux paquebots une forme élancée, mais, en même temps, des dimensions prodigieuses. Ils dépassent couramment 120 *mètres!* Leurs proportions, en largeur, sont, bien entendu, graduées d'après ce chiffre. Jamais, mieux que de nos jours, un navire n'a mérité la vieille comparaison qui le désignait comme une *ville flottante* (1).

Les machines dont ils reçoivent l'impulsion doivent participer de ces progrès. On n'est plus étonné quand il s'agit d'une force de 1500 chevaux et d'une jauge brute de 3500 tonneaux.

Ici, faisons appel à nos souvenirs. Un cheval-vapeur représente une force capable d'élever un poids de 75 *kilogrammes*, dans l'espace d'une *seconde*, à *un mètre* de hauteur. Multiplions ces chiffres par 1500, nous saurons, sur-le-champ, qu'une telle machine emportera *cent douze mille kilogrammes* par chaque seconde de marche.

D'un autre côté, nous savons qu'un *tonneau* représente un poids de *mille kilogrammes*. La jauge, ou capacité de supporter 3500 tonneaux, donne, en conséquence, un total de *trois millions cinq cent mille kilogrammes!*

Seulement, car, pour toutes les œuvres de l'homme, il y a *un*, sinon *plusieurs seulement*, ces grands navires offrent, à la mer, une surface très vaste, et les flots, bouleversés par la tempête, se ruent contre eux avec d'autant plus de violence. Formant, en quelque sorte, un îlot au milieu des vagues, leurs cloisons subissent des chocs furieux, auxquels échappent des bâtiments de taille plus modeste.

Ce n'est donc peut-être pas dans l'exagération des dimensions qu'il faut chercher le progrès naval.

Quoi qu'il en soit, continuons notre visite au steamer.

Beaucoup de petites villes ne possèdent pas la population que l'on y trouve. *Douze cents* passagers, sans compter l'équipage, en forment le contingent humain, réparti en classes diverses,

---

(1) Il y a au *Musée de Marine* un très beau modèle de *Transatlantique*, avec une section longitudinale qui en montre l'intérieur. Un exposé des cabines à passagers l'accompagne.

suivant le prix payé pour le voyage. Lorsque l'on a pu prendre la première classe, il serait presque facile d'oublier que l'on est à la merci de l'*élément perfide*, comme disent les poètes.

Toutes les recherches du luxe le plus raffiné sont prodiguées tant pour la table que pour l'ameublement.

Dans des salles à manger magnifiques, on déguste les mets et les vins les plus raffinés. Dans des salons splendides, sont réunis tous les moyens possibles de combattre l'ennui. Enfin dans les *cabines*, ou chambres à coucher, on a, sauf beaucoup d'espace, les aises voulues.

En seconde classe, on est encore fort bien.

En troisième, par exemple, le voyageur est réduit au strict nécessaire.

Aussi n'est-il pas toujours consolant, le spectacle offert par la foule d'émigrants qui s'embarquent, sans cesse attirés vers les pays lointains comme vers un mirage trop souvent trompeur.

Des familles entières s'expatrient. Parmi elles, les Allemands sont en majorité, et le gros de l'émigration se dirige généralement vers les États-Unis.

Nous l'avons dit et nous le répétons, ces départs sont parfois navrants. Beaucoup d'entre les émigrants ont réuni leurs suprêmes ressources pour payer le prix du passage. Des Sociétés spéciales distribuent bien quelques secours, payent, au besoin, le voyage, mais les secours sont précaires et la misère n'en reste pas moins, hélas! trop visible.

N'oublions pas, cependant, d'ajouter, pour l'honneur de la bienfaisance française, que nos navires sont très hospitaliers aux émigrants.

Il faudrait plus d'une journée, si l'on voulait voir, jusque dans les plus petits détails, un de ces grands steamers. Partout, des escaliers conduisent aux différents étages, et avec un peu de sang-froid, à l'heure d'un sinistre, on arriverait sans peine sur le pont. Par malheur, c'est toujours le sang-froid qui manque et la peur cause d'irrémédiables catastrophes.

On juge des qualités de premier ordre dont un capitaine de navire doit être doué. Nulle part, plus qu'à bord d'un bâtiment, un chef n'a besoin de prudence vigilante, d'autorité morale, de décision courageuse.

Mais, au moment où nous nous retrouvons près de la place affectée aux timoniers, une cloche annonce que le départ est proche. Il nous faut revenir à terre. Bientôt, nous verrons les ancres énormes soulevées, et l'immense vaisseau prendre doucement le chemin de la rade, pour s'élancer ensuite, fougueux, vers la pleine mer.

Souhaitons-lui une heureuse traversée et un heureux retour...

Pêcheur de Morue.

CHAPITRE XXI

PROMENADE A TRAVERS LE HAVRE

On a promptement visité les principaux édifices du Havre, et cela est facile à comprendre. Ville moderne, entièrement consacrée au commerce, les efforts de ses magistrats ont dû, surtout, porter vers les améliorations pouvant attirer dans le port le plus grand nombre possible de navires.

Néanmoins, l'église Notre-Dame, bâtie vers la fin du seizième siècle, mérite bien un moment d'attention, ne fût-ce que pour son grand portail dans lequel deux ordres d'architecture : corinthien et ionique, sont superposés. L'intérieur en est assez majestueux, car l'édifice se profile sur 80 mètres de longueur et 24 arcades soutiennent les voûtes.

Ainsi qu'il était d'usage, autrefois, dans les cités maritimes, le clocher de Notre-Dame, très élevé à l'origine, servait en même temps de tour de guerre, c'est-à-dire de poste à signaux et de phare. Maintenant, la marine fait construire les sémaphores et les phares au milieu de positions isolées, sur des collines ou à l'entrée des rades. Les erreurs de route ne sont presque plus possibles, en même temps que les services rendus sont de beaucoup augmentés.

Le quartier militaire est situé au centre des bassins. Il renferme l'*arsenal*, vaste réserve d'armes à l'usage des soldats de terre et de mer.

Un souvenir historique se rattachait à la *citadelle*, démolie en 1872. Les chefs de la Fronde (les princes qui ne voulaient pas reconnaître l'autorité du cardinal Mazarin, premier ministre de Louis XIV, enfant, et de sa mère, Anne d'Autriche, régente

Le Transatlantique « Normandie ».

du royaume), ces chefs, au nombre de trois, y furent enfermés en janvier 1650. C'étaient les princes de Condé, de Longueville et de Conti; mais le cardinal n'abusa pas de sa victoire et ne rendit ni long ni sévère le séjour de la prison. La Direction des ponts et chaussées et les bureaux des officiers des ports occupent une partie de l'emplacement de la citadelle.

L'Hôtel de ville, bâti dans le quartier neuf, s'élève au centre d'un très beau jardin. L'architecte lui a donné le style des châteaux construits sous le roi François Ier, pour rappeler, sans doute, le bon goût artistique du véritable fondateur de la ville.

On ne saurait négliger de visiter le Musée et la Bibliothèque, ancien hôtel Sarlabot, non pas qu'ils soient très riches en objets d'art ou en livres précieux, mais ils conservent la mémoire de personnages célèbres, nés au Havre.

Le plus illustre de tous, celui dont le nom vivra autant que la langue française elle-même, BERNARDIN DE SAINT-PIERRE, a sa statue près de celle d'un poète trop dédaigné de nos jours : CASIMIR DELAVIGNE.

Ces statues sont l'œuvre de DAVID D'ANGERS, et décorent l'entrée de la porte.

Les deux galeries d'histoire naturelle ont reçu le nom de deux savants havrais : Charles LESUEUR et l'abbé DICQUEMARE. Elles sont ornées du buste de ces hommes célèbres.

L'escalier d'honneur est vraiment superbe. Aussi, sans grand effort d'imagination, peut-on supposer y pouvoir rencontrer Mme DE LAFAYETTE, l'élégante dame de cour-écrivain du temps de Louis XIV, ou Mlle de SCUDÉRY et son frère, Georges de SCUDÉRY, les nobles romanciers tant aimés des grands seigneurs, satellites du Roi-Soleil. Tous trois, comme les précédents, étaient enfants du Havre.

La ville possède trois théâtres ; le principal d'entre eux est situé sur la belle place *Louis XVI*, tout ornée de quinconces d'arbres verdoyants. Son foyer ouvre sur un balcon dominant le magnifique bassin du Commerce et *la Mâture*.

Par un soir de fête, quand les navires, à l'ancre dans les bassins, sont pavoisés et illuminés, le panorama présenté par cet horizon devient féerique.

Après avoir parcouru ces divers édifices, on n'oublie pas de saluer les maisons natales, c'est-à-dire les maisons qui ont remplacé celles où naquirent Casimir Delavigne (sur le quai de l'ancien bassin de la Barre), et Bernardin de Saint-Pierre (rue de la Corderie). Une table de marbre, placée sur chacune de ces habitations, porte, gravés, les noms, ainsi que les dates de la naissance et de la mort de ces hommes illustres.

La Mâture (Bassin du Commerce au Havre).

Les promenades dans Le Havre même sont forcément restreintes. Pourtant, le jardin botanique et zoologique est très intéressant. Il possède un vaste aquarium, fort bien aménagé, que la proximité de la mer permet d'enrichir d'une nombreuse population océanienne.

Il y a encore les jetées et la plage, mais celle-ci reste constamment encombrée de galets, amenés par le grand

courant qui envahit tous les rivages jusque vers l'embouchure de la Somme.

Cet inconvénient n'a pas empêché la construction, au Havre, d'un vaste établissement de bains de mer. *Frascati*, ainsi l'appelle-t-on, est toujours le rendez-vous d'une élégante colonie de voyageurs, qui apportent la vie et le mouvement à cette partie de la cité.

Mais si, aux plaisirs mondains, on désire allier les excursions champêtres, les buts de promenade ne manquent pas.

Tous les environs, répétons-le, offrent de ravissants points de vue sur la Seine, sur la mer ou sur une campagne boisée, aux aspects les plus imprévus.

Les coteaux d'Ingouville et de Sainte-Adresse sont couverts de villas opulentes ou gracieuses, entourées d'une végétation luxuriante, toujours avivée par l'air marin.

A certaines époques, principalement aux dates annoncées pour les voyages des grands paquebots transatlantiques. Le Havre se voit envahi par un flot de population étrangère.

Jusqu'à présent, en effet, ce port reste le centre français le plus important de l'émigration européenne vers l'Amérique.

Résumons notre impression sur la ville en disant que son commerce tend chaque jour à s'accroître, et que son industrie est en pleine activité.

Ils justifient la belle parole de Jules Janin qui a écrit : « Faire l'histoire complète du Havre ce serait faire l'histoire même du commerce. »

Non seulement, cela va sans dire, on construit beaucoup de navires au Havre, mais on y trouve des corderies qui ont une renommée universelle, des raffineries de sucre très prospères, des filatures, des fonderies de cuivre, un laminoir, des moulins, des brasseries, une verrerie, des fabriques de produits chimiques et pharmaceutiques, une manufacture de tabacs, des boulangeries pour la marine...

Tous les pays du monde ont des consuls au Havre, car il n'y a point de contrée qui, soit par sa marine, soit par son commerce, n'ait des relations avec cette belle ville.

Les travaux décidés pour améliorer encore le port et les bassins contribueront à entretenir sa prospérité.

Bientôt, d'autres progrès suivront, qui rendront de plus en plus faciles les développements nécessités par le génie moderne.

Il suffit de voir les immenses magasins généraux ou docks havrais, pour comprendre l'activité toujours croissante des transactions; de même, il suffit de passer une heure ou deux sur la jetée, pour constater le mouvement incessant du port.

Rien ne termine mieux une promenade au Havre.

Il fait nuit; les phares étincellent sur le fond sombre des nuages. Nous distinguons, à notre droite, les feux du cap de la Hève; à notre gauche, celui de la *pointe du Hoc*, éclairant l'extrémité de la rive droite de la Seine et l'entrée du port havrais.

L'ensemble est merveilleux et nous ne le verrons surpassé que par les panoramas des côtes de Honfleur et de Dives (1).

---

(1) La ville est défendue par les forts de SAINTE-ADRESSE, de TOURNEVILLE, de FRILEUSE, des NEIGES, ce dernier à l'embouchure de la Seine. Les bastions de la FLORIDE défendent l'entrée du fleuve. Il y a encore la batterie de PROVENCE, à Sainte-Adresse, et des HUGUENOTS, à l'extrémité du boulevard François Ier.

Le Havre vu de Saint-Adresse.

CHAPITRE XXII

LA SOCIÉTÉ DES SAUVETEURS
LA CATASTROPHE DU 26 MARS 1882 — DURÉCU

Nous négligerions un des côtés les plus admirables de l'existence de nos braves marins et pêcheurs, si nous ne parlions des *Sociétés de sauvetage*, aujourd'hui très sérieusement organisées.

Déjà, à Dunkerque, nous allions aborder ce sujet, mais une terrible et encore récente catastrophe est venue placer en pleine lumière le nom des sauveteurs et des pilotes havrais. Aussi, avons-nous réservé pour notre visite au Havre les quelques lignes dont nous pouvions disposer.

Combien de fois n'est-il pas arrivé que des excursionnistes de trains de plaisir sont restés fort désappointés devant l'aspect d'une mer absolument calme. A peine si, par instant, une légère frange d'écume vient marquer le sommet des vagues apaisées. La Seine, par un jour de vent, peut se montrer plus houleuse.

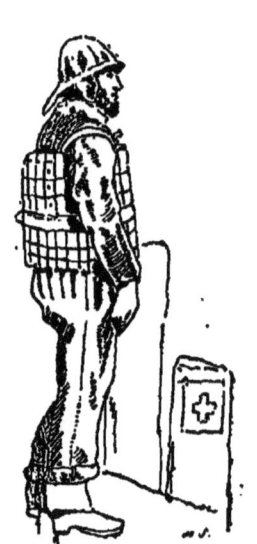

Sauveteur.

« Ce n'est que cela, la mer ! »

Oui, c'est cela; mais c'est aussi, beaucoup plus souvent, malheureusement, une ennemie dont la colère se révèle par des soubresauts convulsifs d'une irrésistible violence.

On ne peut se figurer, si l'on n'y a assisté, que ces mêmes eaux bleues, lumineuses, à peine murmurantes, brisées, par un mouvement d'une lente douceur, contre l'obstacle de la digue, s'enflent tout à coup, prennent, en quelque sorte, la couleur de la mort, tellement elles deviennent livides, puis, affolées par leur propre fureur, se dressent, s'enroulent, se tordent, se creusent, s'épandent, hurlent, sifflent, gémissent, tonnent dans le même instant...

Les bruits du ciel et de la terre sont étouffés sous l'éclat de cette voix qui, de chaque point de l'horizon, rugit en maîtresse impérieuse et semble vouloir détruire le monde entier.

Si redoutable que soit alors le danger pour les navires, il devient plus imminent quand la côte est proche.

Au large on peut, parfois, fuir devant la tempête, et voir ses menaces se borner à des dégâts matériels. Mais, à proximité du rivage, il faut lutter contre les courants créés par la présence des écueils : roches ou sables. Comment tenir une route exacte au milieu d'une mer *démontée?* Ce mot pittoresque est trop vrai.

A certains jours, la mer ressemble à une puissante machine qui aurait perdu son levier pondérateur et éparpillerait sa force dans un tourbillonnement vertigineux.

Sur dix naufrages, sept, au moins, ont lieu en vue des côtes.

Un semblable état de choses a ému des cœurs généreux. Certes, chaque jour, plus d'un acte héroïque s'accomplissait au mépris d'effroyables périls. Seulement, où l'effort individuel reste, malgré lui, impuissant, un faisceau de volontés énergiques produira des œuvres sublimes.

Sur les points les plus exposés du littoral français, des stations de sauvetage ont été créées. Les engins reconnus comme donnant les meilleurs résultats y sont rassemblés. Bateaux, canots, bouées, fusées-amarres... rien ne manque... Rien, pas même les équipages destinés à remplacer celui qui pourrait succomber au champ d'honneur!!

Les sauveteurs havrais l'ont, une fois de plus, prouvé.

La journée du 26 mars 1882 commença sous les rafales d'une affreuse tempête de nord-ouest qui, toute la nuit, était allée en redoublant de violence.

Fidèles au poste de combat, les hommes attachés au bateau de sauvetage n° 3 vinrent stationner à l'extrémité des jetées.

prêts à diriger leur embarcation vers le lieu que le sémaphore pourrait indiquer.

Ces hommes étaient au nombre de *onze*, tous *lamaneurs*, autrement dit, pourvus de la commission qui leur donnait le droit de direction sur les navires entrant au port ou en sortant.

Ils se nommaient : Henri Lecroisey, âgé de 44 ans, patron du bateau ; Alphonse Ménéléon, 39 ans ; Paul Dessoyers, 50 ans ; Pierre Ollivier, 40 ans ; Victor Jacquot, 36 ans ; Édouard Cardine, 32 ans ; Eugène Varescot, 27 ans ; Henri Fossey, 23 ans ; Pierre Moncus, 43 ans ; Édouard Leblanc, 52 ans ; René Leprovost, 51 ans.

Mieux que personne, ils savaient à quoi les exposait le devoir ; mais on ne recule pas quand on a conquis, comme ces braves gens, le titre de pilote-sauveteur au prix d'un dévouement de chaque instant. Car, circonstance qui étreint peut-être encore davantage le cœur, toutes ces futures victimes avaient donné maintes preuves d'héroïsme.

Les sauvetages opérés par eux ne se comptaient plus, tellement ils étaient nombreux, et, sur les registres maritimes, leurs noms figuraient près de ceux d'une foule de navires, français ou étrangers, secourus grâce à leur intrépidité.

Y aurait-t-il un peu de vérité dans cette phrase mélancolique, qu'il nous souvient d'avoir entendu dire, par un vieux marin, en réponse aux félicitations saluant son retour inespéré, après un dangereux sauvetage.

« Aujourd'hui, la mer me laisse échapper ; mais, soyez-en sûr, elle garde toujours rancune quand on lui arrache ceux qu'elle voulait engloutir, et mon tour viendra ! »

Le tour vint pour les lamaneurs du bateau n° 3.

Les guetteurs du sémaphore aperçurent un sloop de pêche désemparé, qui se trouvait sur le banc d'Amfard (1) et signalait sa détresse.

Aussitôt, les sauveteurs gouvernèrent vers lui.

Des témoins oculaires disent que « le vent soufflait en *foudre*, et que la mer, montante alors, était excessivement grosse. Les vagues se soulevaient avec furie et déferlaient sur

---

(1) Banc de sable situé à l'embouchure de la Seine.

le banc d'Amfard en rouleaux immenses, qui y rendaient la situation des plus critiques ».

Néanmoins, les sauveteurs arrivèrent près du sloop et purent mouiller une ancre. Que se passa-t-il ensuite ? Impossible de le dire exactement. Restait-il des naufragés et voulut-on établir

Pendant le sinistre!

un va-et-vient, afin de les recueillir ? L'ancre fut-elle violemment arrachée, ou bien le vent, comme la mer, redoublant de colère, s'opposa-t-il à la manœuvre ?

Une seule chose est certaine. Le bateau des pilotes s'orienta pour suivre le sloop, qui dérivait du côté de Honfleur. A peine ouverte, la voile donnait sans doute prise plus facile à la tourmente et l'embarcation chavirait !

Un long cri de douleur jaillit de la poitrine des nombreux témoins qui, de plusieurs emplacements, assistaient au drame.

Un nouvel acte d'héroïsme commenta ce cri.

Le bateau de sauvetage n° 4, sous les ordres du patron Julien LEBLANC, frère de l'un des pilotes disparus, sortit sans hésitation...

Tout prédisait une seconde catastrophe. N'importe ! Tant

que l'on n'avait pas absolument perdu espoir de sauver une des victimes, il eût été lâche de reculer !...

Pas un des hommes de l'équipage ne recula.

Braver la mort pour des inconnus, c'est le devoir journalier simplement, complètement assumé.

Avec quelle indomptable énergie ne le braverait-on pas pour des parents, des camarades dont le dévouement eût été aussi spontané, aussi absolu !

Mais le nouveau bateau sortit en vain. Il n'échappa que par miracle à la tempête, et ne put ramener un seul des naufragés.

La journée n'était pas achevée, que l'on apprenait deux autres malheurs. L'équipage entier du sloop en détresse avait péri et un des hommes du bateau-pilote n° 2, patron Dessoyers (frère, comme Leblanc, d'un des morts du bateau n° 3), avait été enlevé par la mer, le matin même, au travers de Barfleur. On comptait donc *dix-huit* morts : les onze lamaneurs du bateau Lecroisey ; les six marins du sloop, qui s'appelait le *Vivid* et était attaché au port de Saint-Vaast-la-Hougue ; puis le lamaneur Mariolle, âgé de 26 ans, enlevé par un coup de mer du bateau Dessoyers.

La journée entière ne compta que des péripéties désastreuses : barques échouées, bateaux défoncés ! Mais pour ceux-là, du moins, il n'était question que de pertes matérielles ; on ne s'en occupa pas. Le Havre se trouvait plongé dans une consternation trop profonde et cherchait déjà les moyens efficaces pour secourir les *huit veuves* et les *vingt-cinq orphelins* laissés par l'équipage englouti !

A Saint-Vaast-la-Hougue, les familles des marins du *Vivid* pleuraient, elles aussi, et envisageaient l'avenir avec terreur.

Le lendemain, à marée basse, on trouvait au milieu des vases de la côte de Honfleur les corps des malheureux disparus.

Sauf celui de Pierre Moncus, dont la famille désira l'inhumation à Honfleur, lieu de sa naissance, ils furent ramenés au Havre, où des obsèques imposantes eurent lieu en leur honneur.

La ville était sous le poids d'un deuil public, car personne n'ignorait les moindres circonstances de la vie et de la mort de ceux que, si souvent, on avait félicités à la suite d'un difficile sauvetage.

On portait sympathiquement les yeux sur les pilotes et les membres des Sociétés de sauveteurs, venus pour rendre hommage à leurs infortunés amis.

Quelques mois plus tard, en août 1882, avait lieu l'épilogue de la funèbre cérémonie.

La Société de sauvetage havraise tenait sa réunion annuelle et, parmi les actes héroïques dont elle garde procès-verbal sur ses registres, on trouvait la mention suivante :

Sauvés à *l'eau* par les membres de la Société :

1202 hommes, parmi lesquels sont compris les équipages et les passagers de 81 *navires*, au sauvetage desquels ils ont contribué ;
26 femmes ;
84 enfants.

Soit : 1312 personnes conservées à la vie.

Nous ne relevons pas les chiffres se rapportant aux incendies et aux mille occasions de se dévouer que ne laissent point passer les sauveteurs.

Il nous suffit d'avoir essayé de rappeler les affreuses éventualités menaçant l'homme qui a pris la mer pour champ de son activité. Il nous suffit encore d'avoir essayé d'éveiller le respect et la sympathie que méritent si pleinement les généreux enrôlés des diverses Sociétés de sauvetage.

Dans chaque port, le nom de quelques-uns d'entre eux est légendaire. A Dieppe, nous avons salué le monument élevé à Bouzard et serré la main de Louis Vain.

Au Havre, la mémoire de Durécu est célèbre. Pendant une existence de soixante-deux ans (né en 1812, — mort en 1874), on pourrait presque compter les jours où il ne se dévoua pas pour ses semblables.

Un de ses biographes, M. Édouard Alexandre, nous apprend que, à peine entré dans sa sixième année, Durécu se signalait déjà par une bonté, une énergie admirables.

A *huit ans*, il accomplit son premier sauvetage : celui de deux enfants en danger de se noyer.

Plus de *deux cents personnes* lui durent d'avoir conservé la vie.

« Puis, à la suite d'une terrible blessure reçue dans l'exercice

« du noble apostolat qu'il s'était imposé, Durécu demeura lan-
« guissant, incomplètement guéri. Nélaton lui-même ne put
« parvenir à ranimer son énergie éteinte. Notre grand sauveteur
« devait tomber sur le champ de bataille du dévouement. Il y
« tomba, en effet, car la maladie qui l'a enlevé ne fut qu'une
« conséquence de sa blessure.

Et, ainsi, d'un bout à l'autre du littoral français, se déroule la glorieuse liste, gardant la mémoire de héros dont beaucoup resteront inconnus pour la généralité de leurs concitoyens.

Ils ne pouvaient compter sur de brillantes récompenses : on obtient difficilement la croix de la Légion d'honneur, quand on se borne à combattre pour la vie de ses semblables.

Plusieurs, même, savaient qu'avec eux disparaîtraient les humbles ressources de leurs familles, et ils étaient privés de la consolation de penser qu'une minime pension assurerait le pain des chers aimés... Car, jusqu'en ces derniers temps, la mort trouvée pendant l'accomplissement d'un sauvetage ne léguait aucun droit à la veuve, aux enfants survivants!

Rien n'a arrêté ces forts dans leur sacrifice. Pénétrés de la sublime folie de l'humanité, ils ont cru naturel de tout subir pour rester à la hauteur du devoir accepté...

Nous n'avons qu'un moyen de reconnaître leur héroïsme : honorer ceux qui survivent, ne jamais oublier ceux qui ont succombé !...

Bateau de sauvetage.

CHAPITRE XXIII

LES ÉTRANGERS AU HAVRE — LES RÉGATES

Nous ne quitterons pas Le Havre sous l'impression pénible que de tels souvenirs évoquent. La mer, comme notre existence, est faite de contrastes.

Impétueuse destructrice, elle sait devenir l'instrument civilisateur par excellence, et sa voix, ou douce ou puissante, sait toujours s'harmoniser avec le travail ou avec la joie.

La belle cité havraise nous fera assister à ces diverses transformations. Favorisée par sa situation, elle a installé des services maritimes réguliers pour diverses villes françaises et étrangères : Londres, Southampton, et les autres principaux ports d'Angleterre, d'Écosse, d'Irlande ; ainsi que pour la Belgique, la Hollande, Hambourg, la Russie septentrionale et méridionale, la Turquie...

La grande Compagnie transatlantique en a fait son principal port d'attache, et ce n'est pas un des moindres attraits offerts par une promenade sur la jetée, que l'arrivée de ces majestueux paquebots toujours encombrés de passagers.

Les fonctions de consul ne sont donc pas, au Havre, une sinécure, et l'on ne peut guère marcher quelques instants au hasard sans rencontrer un visage exotique, sans entendre un accent décélant la nationalité du passant.

Pendant l'été, des milliers de promeneurs, déversés par les trains de plaisir, viennent se grouper sur les quais, contemplant les nombreux pavillons étrangers, ou assaillant les bateaux à vapeur qui font quotidiennement les traversées de Honfleur et de Trouville.

Au temps des régates, le mouvement, l'agitation se décuplent encore. Le sport nautique havrais jouit d'une universelle renommée. Les plus glorieux champions internationaux tiennent à honneur de venir se mesurer avec nos propres champions. Tous les modèles connus, perfectionnés ou nouveaux, d'embarcations, défilent sous les yeux des juges, des curieux étonnés et d'un public spécial qui, instruit depuis l'enfance dans l'art difficile de la navigation, saura acclamer, comme il convient, les vainqueurs, ou relever le courage des vaincus.

Flamme pour les régates.

Le spectacle est à la fois grandiose et charmant. Les embarcations ont revêtu leur tenue de fête. Nul ne pourrait se douter que plus d'une, parmi elles, a subi le choc de l'ouragan. Les peintures brillent, les cordages semblent neufs, partout l'acier étincelle et les voiles, mieux que jamais, justifient la définition poétique : des ailes d'oiseau.

Marin anglais.

Lorsque passe un concurrent redoutable, des hourras bruyants le saluent. Combien il en a entendu le splendide yacht, si parfaitement nommé *la Fauvette*... Sa fine carène, sa coquette voilure, son fier ensemble, la vivacité, la facilité extrême de ses manœuvres, la grâce de ses allures en font, certes, le type le plus accompli de l'art du constructeur français.

Marins français de l'État.

C'est pendant une de ces merveilleuses fêtes maritimes que les novices peuvent apprendre à reconnaître les catégories diverses d'embarcations et de navires. Canots ordinaires ou de plaisance, modestes barques de pêche, chaloupes, yoles, péniches, yachts, et ainsi de suite. On trouvera toujours quelque marin complaisant qui fera distinguer les détails de voilure ou de construction échappant si facilement aux yeux inexpérimentés.

Yachtman.

Ancien costume de pêcheur.

Ancien costume.

Ancienne coiffe.

Douanier.

On n'éprouve qu'un regret : celui de ne plus rencontrer les vieux costumes qui, autrefois, donnaient une physionomie particulière à ce peuple de travailleurs. Mais le temps est passé où le pêcheur s'affublait si lourdement, peut-être, pourtant d'une façon plus hygiénique que maintenant.

On rencontrera, néanmoins, plus d'un brave poursuivant de soles ou de turbots, fidèle au vaste bonnet en feutre ou en laine foulée, qui protège la nuque et la plus grande partie des épaules.

Ce n'est pas très élégant ; mais, en revanche, c'est très sain, et cela vaut mieux.

Les femmes, non plus, ne se montrent guère avec la coiffe qui encadrait si bien leur visage, quoiqu'elle n'ait pas l'élégance des coiffes des Cauchoises et des habitantes de Bayeux, ou avec le haut bonnet de dentelle, souvenir des hennins du moyen âge.

Les affreux vêtements modernes ont presque partout la préférence, au grand détriment, souvent, de l'élégance des manières de ceux qui croient ainsi faire preuve de bon goût.

Au milieu de la foule, et vraiment pimpants sous leur modeste tunique verte, circulent les braves douaniers.

Ils doivent des actions de grâces à l'homme intelligent qui les a débarrassés de l'uniforme compliqué dont, comme les canonniers gardes-côtes, un admirateur de buffleteries et de panaches les avait jadis gratifiés.

Pendant cette rapide revue de la population massée en groupes compacts et respirant à peine, tellement les incidents des régates la passionne, on a proclamé une victoire bien disputée.

Aussitôt, ce sont des cris, des appels joyeux ou des exclamations de désappointement. On s'étonne, on approuve, on discute, et la journée s'achèvera, animée ainsi qu'elle a commencé.

C'est le moment de prendre congé du Havre. Nous lui dirons « Au revoir » et non pas « Adieu ». Car nous comptons bien revenir applaudir à la progression toujours ascendante de son commerce.

Ce que la ville a fait dans le passé, elle continuera à le faire dans l'avenir, c'est dire qu'elle s'applique à développer toutes ses ressources pour conquérir vaillamment une place au premier rang parmi les grandes cités maritimes.

Vouloir vraiment, c'est pouvoir.

CHAPITRE XXIV

LES ENVIRONS DU HAVRE — HARFLEUR — ORCHER

Il n'est pas un bourg de la campagne havraise dont le nom ne se retrouve dans les annales normandes, et plusieurs d'entre eux possèdent soit des ruines, soit des monuments intéressant l'histoire de l'art.

Ainsi, l'industrieuse petite ville de MONTIVILLIERS garde quelques débris de ses anciennes murailles et de la fameuse abbaye fondée par saint Philibert. Les bâtiments claustraux disparaissent peu à peu, mais l'église subsiste, offrant à la curiosité intelligente du voyageur sa belle architecture romane et une peinture sur albâtre, vrai chef-d'œuvre de fini et de délicatesse.

Un musée a pu être formé avec les nombreuses antiquités gallo-romaines et franques trouvées un peu partout dans le voisinage.

L'église Notre-Dame est très vieille : les archéologues datent sa fondation du onzième siècle. La maison dite *de la Clinarderie* est du seizième siècle, ainsi qu'un magnifique cloître renfermé dans le cimetière.

On aurait peine à croire, si les documents historiques ne le prouvaient, que Montivilliers fut autrefois une sorte de royaume, royaume en puissance de femme, car la souveraine était l'abbesse du monastère, et ses droits nous apprennent à quel degré de prospérité avait atteint la maison fondée par saint Philibert.

Seize paroisses et quinze chapelles lui devaient tribut et hommage. Le commerce maritime d'Harfleur, avec les salines environnantes, lui appartenait. Seul, l'archevêque de Rouen pouvait connaître des affaires de l'abbaye dont, tout comme lui, la supérieure portait mitre, crosse, anneau et commandait à des chanoines, à un vicaire général, à un doyen et à un official, ce qui, vu les privilèges féodaux, conférait droit de justice haute et basse.

Tant d'honneurs, de richesses découlaient de la sollicitude montrée en faveur de l'abbaye par les princes souverains de Normandie.

Hasting, un des *rois de mer* northmen, ayant détruit, en 850, les bâtiments élevés par saint Philibert, le duc Richard Ier et, après lui, Robert le Magnifique, s'attachèrent à les reconstruire avec splendeur.

Les interminables guerres contre l'Angleterre furent, trop souvent, une cause de ruine pour Montivilliers, qui en perdant, lors de la première Révolution, son monastère, perdit du même coup sa prépondérance et tomba au rang de satellite du Havre, ville si jeune par rapport à sa propre origine.

Il lui reste toujours, néanmoins, plusieurs industries importantes et sa charmante situation au milieu de verdoyantes collines : combien de petites villes sont moins favorisées !

Graville, maintenant presque tout à fait enclavée dans Le Havre, doit sa célébrité au prieuré bâti en l'honneur de sainte Honorine, vierge martyrisée à cette place, vers la fin du troisième siècle.

Un grand concours de pèlerins venant en tout temps visiter le lieu témoin du supplice de la jeune vierge, une fort belle et curieuse église y fut fondée. Mais elle a été dépouillée des reliques de sa patronne.

Craignant les déprédations des Normands, le prieur se hâta d'envoyer la châsse consacrée aux moines de Conflans-sur-Seine, qui acceptèrent le dépôt, mais, plus tard, refusèrent d'en opérer la restitution et, pour se targuer d'un droit prétendu, ajoutèrent au nom de leur monastère celui de la sainte.

Graville n'en resta pas moins un pèlerinage très fréquenté. Son église est extrêmement curieuse. Construite, ou plutôt fondée au onzième siècle, ses arcades entrelacées, aux figures symboliques, ses chapiteaux bizarres, son retable en bois sculpté font souvent prolonger la visite au delà du temps que l'on croyait d'abord y consacrer.

Les moments passent également bien vite quand, du haut de la colline, on voit, considérablement agrandi, le tableau déjà si admiré du Havre et de son port.

On ne voudrait pas, non plus, ne point aller vérifier la ressemblance qui, dit-on, existe entre la remarquable croix romane, érigée dans le cimetière, et la belle croix faisant partie des décors de l'opéra de *Robert le Diable* : celle-ci, paraît-il, ayant été copiée sur celle-là.

Il nous reste à visiter Harfleur, jadis *souverain port* de Normandie ! ! !

Le Havre, heureux rival, a tout absorbé, grâce à sa position exceptionnelle.

Deux noms, célèbres dans les annales des découvertes géographiques, auraient dû sauver Harfleur de l'oubli. Cette ville est la patrie de Binot Le Paulmier de Gonneville, qui, au seizième siècle, découvrit les terres antarctiques, maintenant nommées Australie. Un autre de ses enfants fut le fameux Jean de Bettancourt ou Béthencourt, chambellan de l'infortuné roi de France, Charles VI.

Rien de plus énergique, de plus dramatique, de plus aventureux que la carrière de ce gentilhomme.

Tourmenté du désir de se créer une brillante position, il commence par aller trouver le roi de Castille, et se fait céder les droits que ce monarque croyait avoir sur les *îles Fortunées* ou Canaries, îles que beaucoup de marins reléguaient dans le domaine de la fable, quoique, depuis 1330, des Français y eussent abordé.

Jean de Béthencourt partit, en 1402, du port de La Rochelle et réussit, en quatre années, non seulement à soumettre tout le groupe d'îles (1), mais à y établir un véritable gouvernement. Puis, fatigué sans doute, ou impatient de son exil, il revient en

---

(1) Il y en a sept principales. Les deux plus célèbres sont *Ténériffe*, dont le pic volcanique s'aperçoit de plus de *deux cents kilomètres*, et l'*île de Fer*, par la position de laquelle la plupart des anciens astronomes comptaient les degrés de longitude.

France, laissant à son neveu, Maciot de Béthencourt, le royaume conquis.

Jean mourut à Granville vers 1425. Une autre version dit qu'il mourut à Grainville-la-Teinturière (arrondissement d'Yvetot).

Harfleur.

En 1415, Harfleur fut ravagé par les Anglais, qui l'occupèrent près de vingt années. Ce fut comme le signal de la décadence du port.

La relation du siège de la pauvre ville montre jusqu'où peut aller la barbarie des conquérants.

C'était Henri V, roi d'Angleterre, qui dirigeait les opérations militaires. Irrité d'une résistance sur laquelle il ne comptait pas, sa fureur ne connut plus de bornes... Maître d'Harfleur après quarante jours de lutte, il veut y établir une colonie anglaise et, impitoyablement, en chasse *seize cents* familles qu'il réduit à la plus extrême misère, défendant de laisser rien emporter, sinon des vêtements sans valeur et une somme de « cinq sols par tête ».

Tous ces malheureux furent transportés en Angleterre, et on eut, par surcroît, la cruauté de les interner d'abord à Calais, où ils pouvaient voir ce que devient l'opprimé entre les mains de l'oppresseur !

Le joug, pourtant, se trouva bientôt assez insupportable aux quelques Harfleurais restés dans leurs foyers, pour qu'ils cherchassent à s'unir avec enthousiasme à la révolte des paysans cauchois.

En tout, ils se trouvèrent *cent quatre*, mais bien résolus « à vaincre ou à mourir ». Leur chef était le sire Jean de Grouchi, sénéchal de la ville.

Armés en secret, ils épièrent le moment favorable, et, le 14 novembre 1425, la garnison anglaise, surprise, dut souffrir de voir ouvrir aux Cauchois les portes de la ville et d'être honteusement faite prisonnière. Jean de Grouchi périt pendant le combat.

La mémoire des vaillants patriotes ne se perdit pas. Chaque année, au jour anniversaire de la délivrance, cent quatre coups de canon étaient tirés en leur honneur, et une Société moderne de sauveteurs n'a pas voulu d'autre titre que ce glorieux nombre sur sa bannière.

Harfleur, enfin, a élevé une statue au chef de ces héroïques défenseurs.

On suppose bien que l'ennemi ne prit pas son parti de cette défaite. En 1438, il revint devant la place, mais sans succès. Nouvelle tentative en 1440. Le *grand* Talbot eut l'humanité de bombarder la ville avec de monstrueux boulets en pierre, qui causèrent d'effroyables ravages et amenèrent la capitulation.

Une seconde période d'oppression commença, elle dura près de dix ans. Dunois fut le libérateur. Les Anglais se virent si honteusement chassés qu'ils n'osèrent plus, désormais, se représenter à Harfleur.

Malheureusement, la guerre cause toujours des ruines irréparables. Le port de la ville ne pouvant plus être curé et entretenu avec le soin dont, jusque-là, on faisait preuve, des atterrissements se formèrent peu à peu. Les navires éprouvèrent de grandes difficultés et ne tardèrent pas à se voir dans l'impossibilité de franchir l'embouchure de *la Lézarde*, petite rivière formant le port.

C'en fut fait du commerce maritime d'Harfleur.

Maintenant, on visite la petite ville à cause, surtout, des souvenirs qu'elle garde du passé. On y retrouve des débris d'anciennes murailles, de curieuses maisons, et, *dans le lit même* de la Lézarde, ce qui prouve à quel point la disposition du sol a changé, on a découvert des pierres funéraires datant du treizième siècle.

Harfleur possède une très belle église, dédiée à saint Martin ; on l'a rangée, à juste titre, parmi les monuments historiques ; elle est enrichie de superbes sculptures, tant sur bois que sur pierre. Mais son plus précieux fleuron, c'est le clocher, élevant sa pyramide à *quatre-vingt-huit* mètres de hauteur. A cause de la position de ce clocher, les marins le choisissent comme point de repère, ou *amer*.

La Lézarde ne vient baigner la ville qu'après avoir traversé la plus charmante des vallées de l'arrondissement du Havre. Au reste, les environs offrent des points d'excursion fort agréables.

Le château de *Colmoulins* mérite une visite spéciale. Son parc est tout planté d'arbres rares, et il renferme d'admirables meubles, parmi lesquels on est heureux de trouver le lit ayant appartenu à l'héroïque Jean Bart.

A trois kilomètres, on va voir les sources d'Orcher, auxquelles, dans le pays, on attribue des propriétés pétrifiantes.

L'aspect des lieux ne dément pas la croyance populaire. Les sources jaillissent de la colline en amoncelant des concrétions, et, partout où elles passent, une ligne blanche témoigne de la présence de la chaux dont elles sont saturées.

L'expérience serait curieuse si, comme en Auvergne, on y plongeait divers objets qui bientôt, peut-être, se recouvriraient d'une couche blanche brillante.

Un peu en deçà de la rive gauche de l'embouchure de la Lézarde, se trouve la Pointe du Hoc, qui fait face à Honfleur. Un phare y a été établi, dont la lumière signale les dangers de l'embouchure de la Seine.

Mais ce n'est pas pour voir ce phare que nous avons un peu dévié de notre route.

La Pointe fut témoin d'un événement qui allait peser cruellement sur les destinées de la France.

Charles VI, en démence, n'avait plus de roi que le nom. Les grands meneurs de factions cherchaient à se donner un allié puissant. Empressé de répondre à l'appel des Bourguignons, Henri V, roi d'Angleterre, fit voile pour la France ; il vint débarquer au Hoc.

Nous savons ce qu'il devait faire du noble royaume et les funestes suites de son arrivée sur le sol français...

Mais son œuvre maudite ne dura pas. Jeanne d'Arc se leva pour détruire le trône du fils de l'usurpateur, et, par un épouvantable supplice, racheta notre liberté.

Plus d'une fois, depuis, la France a râlé, épuisée d'argent et de sang ; comme au temps de Jeanne d'Arc, elle s'est toujours relevée plus forte, plus jeune, plus vaillante...

La France ne saurait périr. Dieu la protège, et jamais elle n'est plus près du salut qu'au moment où ses ennemis jugent qu'elle exhale son dernier soupir...

Ancien costume des environs de Honfleur.

CHAPITRE XXV

ROUEN A TRAVERS L'HISTOIRE

La route de terre met, entre Le Havre et Rouen, les deux villes les plus importantes du département de la Seine-Inférieure, une distance de quatre-vingt-quatre kilomètres. La route fluviale porte à près du double cette distance : soit cent cinquante kilomètres. Nous n'aurions donc pas à nous occuper de Rouen, si la Seine ne lui avait créé un port, depuis longtemps classé parmi les plus actifs de France, parmi ceux qui peuvent, avec une presque certitude, compter sur l'avenir.

Large, à Rouen, de plus de deux cents mètres et offrant une bonne profondeur, le fleuve, constamment amélioré, permet aux navires calant *six mètres* d'arriver en plein cœur du vieux duché neustrien, à moins de trois heures de Paris. Ces avantages ont influé très heureusement sur la navigation de la Seine et, depuis vingt ans, le développement du commerce international rouennais a suivi une marche ascendante. Il n'était pas, dès lors, possible d'oublier l'ancienne capitale de la Normandie dans un travail destiné à mettre en relief nos ressources fluviales et maritimes. C'est d'ailleurs avec un vif plaisir que nous entrerons dans une cité où souvenirs, monuments, richesse artistique, commerciale, industrielle, agricole, beauté de la situation se réunissent pour former un rare, un admirable ensemble, captivant à la fois les yeux et l'esprit.

Adossé aux collines élevées qui forcent la Seine à des détours multiples, ROUEN gravit plusieurs des pentes rapides et y installe quelques-uns de ses faubourgs, mais revient avec prédilection sur les rives dont le voisinage a fait sa fortune.

Des quais superbes ont rectifié le cours des eaux sinueuses ;

des ponts, soigneusement aménagés pour les besoins de la navigation, ont relié les berges et les îles, sur lesquelles se dressent les innombrables cheminées d'usines en pleine activité. Dans les rues, le long des quais, un mouvement de bon aloi annonce le travail. La voie ferrée amène ou remporte de nombreux voyageurs; les navires déchargent ou prennent les riches cargaisons..... Et, pour ornements au séduisant tableau, pointent vers le ciel les tours, les flèches des magnifiques églises, témoignages précieux de l'art de nos ancêtres, pendant que, semblables à un cadre opulent, se déroulent de toute part les grasses prairies normandes.

Peu de villes se présentent avec plus de charme, peu possèdent des chroniques plus attachantes, peu, encore, ont donné un plus grand nombre d'hommes illustres à la couronne glorieuse de la Patrie française.

Telle est la ville de Rouen dans le présent. Voyons rapidement ce qu'elle fut dans le passé.

Au grand désappointement de plusieurs archéologues, César, dans ses *Commentaires*, n'a pas fait mention de *Rotomagus* ou *Rudomum*, capitale des *Véliocasses!* Mais César, selon toute vraisemblance, n'a pas nommé chacune des villes désolées par ses légions, et des fouilles bien conduites ont *heureusement* fait découvrir des ruines romaines assez anciennes.

Combien est lente la marche du progrès moral humain! Les siècles s'ajoutent aux siècles sans avoir pu encore sérieusement battre en brèche le prestige des conquérants par les armes. Il semble, en vérité, que l'homme aime à trouver dans le sang les éléments d'une éclatante renommée!

Rouen, toutefois, s'est depuis longtemps consolé de l'omission de César : son nom ayant pris une assez belle place dans l'histoire du pays, où il apparaît dès le troisième siècle. Parmi ses premiers évêques, plusieurs sont célèbres; saint Millien et saint Avitien en commencent la liste. Prétextat unit, dans l'église métropolitaine, Mérovée, fils de Chilpéric Ier, à Brunehaut, rivale de Frédégonde, la marâtre du jeune prince. Le prélat portera la peine de son indépendance, et deux affidés, aux gages de Frédégonde, l'assassineront devant l'autel même de la cathédrale?

Rouen. — Vue générale.

Saint Romain délivre la ville d'une *gargouille* ou dragon qui ravageait ses faubourgs. Le bruit de ce miracle devint la cause d'une faveur accordée au chapitre de Rouen : la délivrance d'un condamné à mort, chaque année, le jour de l'Ascension.

Saint Ouen, ami de saint Éloi, se distingue autant par ses qualités d'administrateur que par ses vertus.

Et ainsi se déroule une longue phalange de prélats où figurent des noms historiques, parmi lesquels se distinguent ceux du grand Georges d'Amboise, des cardinaux Charles de Bourbon, François de Joyeuse, François de Harlay...

Placée sur un fleuve navigable, dont l'embouchure se trouvait à souhait le long de la route habituelle suivie par les Northmen, la ville de Rouen ne pouvait échapper à l'invasion des hordes barbares. Maintes fois elle subit le pillage, l'incendie, la ruine... Enfin, Charles le Simple, triste successeur de Charlemagne, fait mieux que d'éloigner à prix d'or les envahisseurs : il signe le traité de Saint-Clair-sur-Epte, conférant à Rollon, trop connu sur les bords de la Seine, la possession de la Neustrie, c'est-à-dire de la plus riche province de son royaume !!!

Tout aussitôt, Rollon s'occupe d'organiser le gouvernement du nouveau duché, qui dorénavant s'appellera, de par les conquérants, duché de Normandie.

Un des premiers soins du duc est de favoriser le commerce, en même temps que de mettre sa capitale sur un bon pied d'importance militaire. Enrichis par leurs incursions, les Normands tiennent à honneur, soit de faire montre de leurs trésors, soit d'essayer de racheter d'horribles crimes en bâtissant de splendides églises; alors marcha de front la rénovation complète de la pauvre province, encore saignante de tant de blessures reçues : Rouen y fut au premier rang.

Son commerce et son industrie lui valurent très promptement de grands privilèges. Ainsi les Rouennais avaient-ils obtenu, en Angleterre, du roi Édouard le Confesseur, le port de Dungeness, voisin de Douvres. Ils y exerçaient sur une grande échelle le plus florissant des trafics, et quand le roi Henri II leur accorda le monopole du commerce avec l'Irlande, on peut dire que, déjà, ils se l'étaient approprié par leur attention à profiter de toutes les occasions d'établir solidement leur prestige. C'est la belle époque de la *Ghilde,* ou association des marchands rouennais pour la défense et l'extension de leurs privilèges, association bientôt si puissante qu'elle en engendrera une autre, la *Communauté de Ville,* destinée, celle-ci, à la défense des droits civiques et politiques des bourgeois. Ses luttes contre les archevêques, contre la Cour, puis contre le Parlement sont célèbres.

Devenus rois d'Angleterre, les ducs de Normandie favorisèrent beaucoup Rouen, dont la Commune se montra toujours dévouée aux intérêts royaux. Elle le fit voir à plusieurs reprises, notamment quand Philippe-Auguste, vainqueur de Jean-sans-Terre, mit le siège devant la ville. La résistance fut longue, et si le lâche monarque anglais avait secouru les bourgeois, Philippe eût peut être été obligé de se retirer. Mais la domination étrangère allait prendre fin sur le vieux sol neustrien.

Rouen, fidèle à ses ducs-rois, combattit avec le même zèle pour la couronne française, redevenue sa légitime souveraine, et cependant le joug fut trop souvent cruellement lourd. Philippe le Bel écrasa d'impôts la pauvre ville, qui voulut en vain se rebeller et finit par se consoler en recevant de Louis X, *le Hutin,* la fameuse *Charte* dite *aux Normands,* octroyant aux habitants du duché le droit de « ne pouvoir jamais être cités en justice devant une autre barre que celle de leur province ».

Avec raison, on a remarqué la persistance d'action de cette charte, puisque, même sous le règne du Roi-Soleil, on avait soin, dans les actes qui pouvaient violer les vieux privilèges, d'introduire une phrase expresse : « Nonobstant Clameur de haro et Charte normande! »

On sait que ces mots : *Clameur de haro,* se rapportaient à la prodigieuse popularité obtenue par Rollon, le *grand justicier.* *Haro* signifiait, à proprement parler, « J'en appelle à Rollon ! » protestation toute-puissante que nous verrons jeter, dans les circonstances les plus dramatiques, à Caen, au milieu des funérailles de Guillaume le Conquérant.

Les derniers mots : *Charte normande,* s'expliquent d'eux-mêmes par l'octroi des privilèges dus à Louis le Hutin.

Philippe VI de Valois voulut constituer la Normandie en

duché d'apanage pour son fils aîné ; mais bientôt le Dauphiné allait être légué à la France, par Humbert II, son dernier seigneur, sous condition expresse que l'héritier du trône porterait le titre de Dauphin.

Philippe n'eut garde de refuser, et le premier titre ne fut plus porté que par un cadet de la maison royale.

L'infortuné second fils de Louis XVI s'appela d'abord (nul ne l'ignore) duc de Normandie. Avec lui s'est éteint le dernier vestige de la création féodale du quatorzième siècle.

Charles VI traita rudement les bourgeois rouennais, que le rétablissement des gabelles avait poussés à la révolte. Nombre d'exécutions eurent lieu, des monuments municipaux furent rasés, les franchises, les privilèges abolis, les habitants notables jetés en prison et des sommes énormes exigées. Pendant une année tout entière, la terreur et le deuil régnèrent dans Rouen, puis, lorsque, enfin apaisée, la colère de Charles devint moins terrible, il fallut pourtant se soumettre à voir le maire remplacé par un bailli royal.

Un peu de ressentiment eût été permis à la ville désolée, mais son patriotisme se retrouva soudain tout entier à la première nouvelle d'une invasion anglaise. Elle jura de combattre jusqu'à la dernière extrémité les troupes envoyées devant ses murailles par Henri V, compétiteur déclaré de Charles VI à la couronne de France.

Son serment, Rouen le tint avec énergie, et l'histoire a enregistré les actes d'héroïsme de ses défenseurs. Mais le courage, le droit, devaient succomber sous la force toujours renaissante. Accablée par le nombre, privée des secours ardemment implorés, la ville fut réduite à capituler.

Bientôt nous retrouverons, dans la biographie des Rouennais célèbres, le principal épisode de ce siège terrible, nous le retrouverons avec les souvenirs de Jeanne d'Arc, souvenirs trop sacrés pour ne pas prendre ici une place toute spéciale.

Rouen souffrit beaucoup sous la domination anglaise et revint avec joie à la couronne de France.

Louis XI réunit définitivement au domaine royal le duché de Normandie et s'occupa beaucoup de Rouen, dont le génie commercial lui plaisait.

Avec le fameux cardinal Georges d'Amboise, son archevêque, la ville prit une importance nouvelle, car le ministre de Louis XII obtint la création, en Cour perpétuelle, de la juridiction dite *Échiquier de Normandie*, chargée, primitivement, de l'administration des revenus de la couronne et de la connaissance des cas litigieux relatifs aux impôts. Le nouveau Parlement conquit très vite une belle place dans la magistrature du royaume. Par malheur, il ne sut pas toujours user de modération suivant les cas soumis à son autorité. Des arrêts cruels amenèrent une réaction aussi peu mesurée. En 1562, les calvinistes révoltés furent, pendant un moment, maîtres de la ville. Le duc de Guise reprit Rouen et, pour récompenser ses troupes, leur accorda huit jours entiers de pillage ! ! !

On peut dire que plus de trois quarts de siècle s'écoulèrent dans ces affreuses luttes civiles, car, depuis l'avènement de François Ier jusqu'à l'Édit de Nantes, une année entière ne se termina guère sans avoir ensanglanté la ville, où, entre autres, le massacre de la Saint-Barthélemy eut une effroyable répétition.

La Ligue y trouva également un retentissement enthousiaste, cause d'un siège dirigé par Henri IV lui-même. Les Rouennais le subirent avec bravoure et le roi dut se retirer. Deux ans plus tard, néanmoins, Henri faisait son entrée solennelle, obtenue, cette fois, par la puissance de l'or : l'amiral de Villars ayant livré, pour une somme de cent vingt mille écus et le titre de maréchal, la place qu'il s'était chargé de garder aux Guises.

Du reste, l'heure avait sonné où l'intrépide « Béarnais » se voyait enfin reconnu par la France entière.

Rouen profita de la paix relative établie dans le royaume pour réparer ses pertes et relever son commerce, son industrie, ce à quoi une réussite complète répondit. Tout à coup, cette prospérité renaissante fut foudroyée. La révocation de l'Édit de Nantes, en lui enlevant brusquement un quart de sa population, fit fermer la presque totalité des magasins et des usines. La misère s'abattait déjà sur la ville, quand un trait de génie sauva son avenir.

Un négociant rouennais venait de songer à la possibilité de tirer parti du coton. L'élan était donné, les *rouenneries* allaient pénétrer dans le monde entier et exiger la création d'un immense matériel, source d'un prodigieux mouvement commercial. Ces premières années du dix-huitième siècle sont aussi l'époque florissante des manufactures de poteries recherchées, de nos jours, avec tant d'empressement et imitées avec tant d'application.

Une longue période de calme suivit, calme si profond qu'à peine le voit-on troublé par les discordes éclatant entre la Cour, les archevêques et le Parlement. La grande secousse de la fin du dix-huitième siècle ne causa même pas à Rouen, si proche de Paris cependant, la commotion dont souffrirent les principales villes françaises. Il faut, en réalité, arriver à l'invasion de 1870 pour retrouver Rouen aux prises avec une situation rendue plus cruelle...

Mais nous ne reviendrons pas sur les traits caractéristiques dont chacun de ces jours néfastes est marqué. Nul ne les a oubliés. Cela même serait-il possible ?

L'heure viendra, nous le croyons fermement, où tout reparaîtra au grand jour de l'histoire, avec la date bénie de la délivrance complète... Puisse-t-elle ne pas trop tarder !

CHAPITRE XXVI

ROUEN MONUMENTAL

Sans les superbes monuments légués par le Moyen Age et par la Renaissance, on croirait parcourir une ville toute moderne, tellement sont rares les autres vestiges du passé. De grandes rues tracées en ligne droite et bordées de vastes maisons en pierre, ont pris la place de nombre de vieilles constructions en bois où, si facilement, le feu, chaque année, exerçait ses ravages. A peine, çà et là, retrouve-t-on quelque façade intéressante. Le plus souvent, elle est mutilée pour les besoins de l'appropriation actuelle.

En revanche, l'hygiène semble faire, à Rouen, de grands progrès. L'eau coule un peu partout, tant de fontaines bien installées que de bassins destinés à l'ornement de beaux jardins publics. Sous ce dernier rapport, le jardin Solférino, très ombreux, très pittoresque, et le jardin de l'Hôtel-de-Ville, attenant à l'église Saint-Ouen, vaste, bien aménagé, sont les plus remarquables. Le Jardin des Plantes mérite une mention toute particulière.

La ville revêt ainsi un air soigné et jeune, fort engageant pour ses visiteurs dont, après tout, la sympathie pour les choses du passé trouve largement à se satisfaire.

Les seuls édifices religieux réclameraient des semaines entières, si l'on voulait en détailler les merveilleuses beautés.

La cathédrale, sous le vocable de Notre-Dame, mériterait bien qu'on la dégageât promptement des dernières échoppes dont elle est entourée et que la place ménagée devant son portail fût plus digne d'y livrer accès.

Après tant de descriptions admirablement faites, il serait

impossible d'espérer retracer beaucoup de choses nouvelles ; mais il peut être permis de dire que la grandiose *tour de Beurre* et son admirable galerie, que la *tour Saint-Romain*, plus fruste et comme abandonnée à son ancienneté, disposent l'esprit aux grands souvenirs, si nombreux sous ces voûtes immenses.

Que de fois elles furent prises à témoin de vœux, de traités, de cérémonies ou pompeuses ou funèbres ! Rois de France et d'Angleterre, ducs normands et français, hautains seigneurs, puissants prélats y sont venus s'agenouiller les uns après les autres.

De grands noms retentissent. Rollon et Guillaume Longue-Épée, son fils, ont souhaité de reposer à la métropole. Bedford, oncle et tuteur de Henri VI d'Angleterre, Bedford, dont le pied pesa si lourdement sur la France, voulut être inhumé près de ses ancêtres. Pourquoi une inscription ne rappelle-t-elle pas qu'il fut le meurtrier de Jeanne d'Arc !!!

Le cœur de Charles V, roi de France, fut déposé non loin de celui de Richard Ier, surnommé *Cœur de Lion*.

Dans la chapelle de la Vierge, deux merveilles sculpturales couvrent les tombeaux des cardinaux d'Amboise (oncle et neveu) et de Louis de Brézé, époux de la trop fameuse Diane de Poitiers.

Près de cette dernière sépulture, un autre Brézé dort le sommeil de la mort, sous une pierre moins fastueuse, mais qui émeut davantage un cœur français, car elle rappelle le courage de l'infatigable compagnon de Charles VII, toujours prêt à marcher contre les ennemis de la Patrie.

Comment ne pas s'arrêter à traduire toutes ces scènes des siècles écoulés, à se pénétrer de la noblesse des lignes de la nef, et du chœur ; de la richesse de l'escalier de la bibliothèque ; à étudier les vieilles tapisseries, parfois si naïves ; à contempler le superbe portail des *Libraires* et celui de la *Calende* qui offre plus d'une surprise ?

Poème de pierre, ce dernier réalise l'extase enflammée du prophète Isaïe s'écriant : « Les Séraphins étaient autour du Trône (de Dieu) : ils avaient chacun six ailes : deux dont ils voilaient leur face, deux dont ils voilaient leurs pieds et deux autres dont ils volaient. »

« Le maître tailleur de pierre », pour parler comme le faisaient simplement les artistes de l'époque, a lutté corps à corps avec les difficultés qu'il abordait si bravement, et une œuvre belle, pensée, vivante, est sortie de ses mains.

Saint-Ouen, justement reconnu comme « l'un des plus parfaits édifices gothiques de l'Europe entière », était l'église d'une abbaye riche, puissante, exerçant jadis dans la ville le droit de haute et basse justice et rivalisant d'autorité, non seulement avec les archevêques, mais avec les ducs, puis, plus tard, avec les rois.

De cette puissance, est issu le prodigieux monument où la grâce, la pureté de style, la majesté s'allient dans un si harmonieux ensemble que l'on ne saurait vanter l'une de ces qualités de préférence à l'autre.

Combien le jour s'épand, doucement atténué, par les innombrables fenêtres dont beaucoup sont encore ornées de leurs précieuses verrières! Combien la longue file de colonnes unies en faisceaux se poursuit noblement et s'incline, austère, quoique svelte, pour former le chevet! Combien radieuse s'élève la tour centrale dentelée sous sa triomphante couronne!

Le porche, moderne, n'est pas dépourvu de mérite. On le remarquerait même s'il n'avait le malheur de prétendre terminer un sublime chef-d'œuvre. Mieux vaudrait, en vérité, ne pas s'essayer à ces problèmes où, d'avance, le vainqueur, quoi qu'il fasse, est certain de perdre une partie de sa valeur.

L'Hôtel de ville attient à l'église; il occupe un emplacement du terrain circonscrit autrefois par les murs de l'abbaye. Il n'a rien de monumental, mais il est riche d'une curieuse bibliothèque et d'une précieuse collection de sceaux, de médailles, de monnaies anciennes, dont beaucoup sont en or.

Un beau jardin entoure le chevet de Saint-Ouen, et s'étend devant la façade intérieure de l'hôtel.

De vieux arbres et des eaux jaillissantes ajoutent au plaisir que l'on éprouve de pouvoir y contempler l'aspect extérieur de l'église.

Et si l'on croyait avoir épuisé toutes les formules admiratives, Saint-Maclou détromperait vite.

Quelle fête pour les yeux ! Jamais la pierre se prêta-t-elle avec une plus parfaite docilité aux caprices ailés d'une poétique imagination ! Cinq porches (1), se moulant sur une courbe doucement arrondie, laissent éclater de fines guirlandes, des aiguilles, des arabesques, des pinacles, surmontés de délicieuses statues.

Des flèches élancées parent la toiture et les tours.

Jean Goujon, affirme une tradition, cisela les portes, tradition admissible et dont la gloire du grand artiste ne peut qu'être fière.

L'escalier de l'orgue est encore une ravissante page sculpturale. Des verrières de prix éclairent l'intérieur.

Très voisin de ce précieux édifice, si voisin qu'il en a été, comme son nom l'indique, l'une des entrées, on trouve l'*Attre* (du mot latin *atrium*) ou vieux cimetière Saint-Maclou.

Hélas ! la rage brutale des démolisseurs s'est exercée complète sur les figures qui décoraient autrefois les colonnes des galeries de l'ossuaire. Pas une ne se voit intacte !!! Il a fallu la patience, l'érudition savante de H. Langlois, l'habile antiquaire, pour y reconstituer une *danse macabre* fort intéressante.

Mutilées aussi les pierres tombales relevées du champ mortuaire. Avec grand'peine déchiffre-t-on un mot, un signe !!! C'est à croire que la destruction fut de tout point systématique.

On n'éprouve pas moins une sorte d'apaisement à parcourir le vieux cimetière, car la pensée de la mort, si terrible pour un esprit vulgaire, porte toujours avec elle un germe consolant pour les cœurs « de bonne volonté ».

Rouen est riche encore de plusieurs autres beaux monuments ; la crypte gallo-romaine de Saint-Gervais dépendit longtemps de l'abbaye du même nom, où, après le siège de Mantes, vint mourir Guillaume le Conquérant. Abandonné par ses enfants et par ses principaux officiers, le roi puissant trouva à peine cet asile. Son cadavre, délaissé, ne dut qu'à la pitié d'un vieux serviteur le linceul nécessaire et des funérailles célébrées à Caen.

---

(1) Deux sont aveuglés.

Les verrières de Saint-Godard et de Saint-Vincent charmeraient pendant de longues heures ; mais on regrette que la vieille tour de l'ancienne église Saint-Laurent n'ait pas eu la fortune de la tour de l'église (disparue) de Saint-André, conservée au milieu d'un petit parterre, qui possède également la façade d'une jolie maison (du seizième siècle) en bois sculpté, dite : *maison de Diane de Poitiers*.

Continuons toujours notre marche.

Entrons dans l'Hôtel du Bourg-Théroulde, fâcheusement occupé par les bureaux d'une administration financière. N'était-il donc pas possible de faire du bel édifice un musée, mieux approprié, certainement, à cette destination, que la construction sans caractère élevée pour renfermer « les Beaux-Arts », comme il est inscrit sur son portail ? Par bonheur, on est facilement autorisé à visiter l'hôtel et l'on peut admirer les curieux bas-reliefs dont il est orné. Quant à la cour si gracieuse, à la façade sculptée et au perron d'accès, la vue en reste libre, le passage étant commun à plusieurs locataires.

Un autre monument date de la même époque : c'est le Palais de Normandie. Digne pendant des merveilles sculpturales de Saint-Maclou, sa façade s'épanouit en piliers, en trumeaux, en dais, en clochetons, en statuettes, en balustres, divisés par une tourelle de la plus suprême élégance.

Rien de gracieux, de riche comme l'aspect général, sinon la salle des Assises, avec son plafond à caissons en chêne, dorés et fouillés, du temps de Louis XII. L'immense salle des *Procureurs* possède aussi une admirable voûte en chêne, figurant la coque d'un navire renversé.

Tout cela, en vérité, dépasse de bien loin, en grandeur réelle, en magnificence, nos édifices modernes, pour la plupart si mesquins ou dénués d'un cachet spécial. Nos architectes ne manquent cependant pas de talent, on dépense beaucoup et les concours se multiplient à outrance. D'où vient donc le mal ? Ne serait-ce pas que l'on veut, surtout, bâtir vite et que personne, État, public ou particuliers, ne s'intéresse réellement à la création d'un style nouveau ?

La thèse serait trop facile à soutenir par les faits ; elle n'aurait qu'un tort : nous éloigner de notre sujet.

Trois autres débris du passé excitent fortement l'intérêt : la Tour de la Grosse Horloge, avec ses grandes croisées ogivales et sa voûte pittoresque, portant aux deux faces extérieures un large cadran, tandis que le tympan et les deux faces latérales de l'intérieur sont couverts de bas-reliefs des plus originaux. Tout bon Rouennais, attaché aux légendes de sa ville natale, soutiendra que ces scènes représentent Rouen, personnage fantastique, fondateur de la cité !

Rouen. — Palais de justice.

Le moindre coup d'œil prouve qu'il s'agit de la parabole du Bon Pasteur, gardant avec amour son troupeau. Le ciseau de l'artiste a finement fouillé la pierre et l'on contemple longtemps son œuvre avec plaisir.

La Grosse Horloge date de la fin du quatorzième siècle. Elle a conservé une cloche d'argent célèbre qui, chaque soir, tinte pendant un quart d'heure. Réminiscence poétique, dans une ville avant tout commerciale, « du bon vieux temps », où Guillaume le Conquérant édictait la loi du *couvre-feu* ! Alors, dès que sonnait la cloche impérieuse, les bourgeois étaient tenus de rentrer chez eux et, bientôt, toute lueur devait disparaître des châssis, sertis en plomb, pratiqués dans la devanture des maisons.

La Tour Jeanne d'Arc porte, semble-t-il, un nom usurpé. La prison où la sublime héroïne fut jetée aurait, pour cause de ruine, été démolie sous le premier Empire. Qu'importe !

Si Jeanne passa seulement une heure dans le donjon conservé ou si elle y subit son abominable captivité, ces murailles n'en gardent pas moins une empreinte sacrée et nous l'inscrirons aux dernières lignes de la relation de notre séjour à Rouen, car elle ne saurait supporter aucun autre voisinage..... Elle doit rester en nos cœurs comme un gage de foi, comme un germe d'espoir bien cher au milieu de la nuit cruelle où parut sombrer l'avenir de la Patrie !...

Et, maintenant, arrêtons-nous devant ce qui subsiste de l'ancien Palais des ducs de Normandie, autrefois baigné par la Seine, dont il est maintenant séparé de toute la largeur d'une rue et d'un beau quai.

Les vieilles écuries, transformées en entrepôt de douane, la voûte, deux ou trois salles, le tout remarquable par l'épaisseur des murs et la solidité, la massivité des charpentes, occupent moins cependant que la Basse-Vieille-Tour, sous le gracieux baldaquin de laquelle on arrive par une double rampe de quelques marches. Là, au premier étage, le jour de l'Ascension, avait lieu, chaque année, la délivrance d'un condamné à mort. La cérémonie remontait à l'épiscopat même de saint Romain.

La légende, nous le savons, porte qu'une affreuse *gargouille* désolant les faubourgs de la ville, le prélat se fit accompagner de deux criminels pris à la geôle des futurs suppliciés ; puis, ayant jeté son étole au cou du dragon, il commanda à ses compagnons, mourant de peur, de mener le monstre, ainsi lié, sur la principale place de la cité, où il fut brûlé aux grands applaudissements du peuple. Pour récompense de leur docilité, les prisonniers obtinrent grâce.

Les rois de France, après eux les ducs de Normandie et les rois d'Angleterre, voulurent consacrer la tradition par une faveur éclatante. Le chapitre, héritier des reliques de saint Romain, avait également succédé à son droit de délivrer annuellement un condamné. Mais, pour perpétuer la mémoire du prélat, une condition était imposée. En grande pompe, la pesante châsse contenant les restes de saint Romain était apportée au péristyle du premier étage de la Basse-Vieille-Tour. Les criminels, condamnés à mort, arrivaient sous bonne garde et chacun d'eux s'efforçait de soulever la *fierte* (1), tour de force nécessitant une grande solidité de muscles ; celui qui y réussissait était aussitôt délivré « en souvenir de Mgr saint Romain ».

Pendant plusieurs siècles, *la levée de la Fierte de saint Romain* eut lieu régulièrement, puis on s'avisa de remarquer que le plus fort d'entre les condamnés à mort ne se trouvait pas toujours être le plus digne de pitié.

Ce fut un pas dangereux vers la voie d'examen attentif de la cérémonie. De nos jours, elle n'est plus qu'une chronique originale dont on a plaisir à se remémorer les moindres incidents, aux lieux mêmes si souvent témoins de leurs curieux épisodes.

Pour ne rien oublier de cette rapide revue du passé, il faut parcourir les rues de la Tour-de-l'Horloge, de l'Épicerie, des Carmes, Grand-Pont, Saint-Patrice, des Juifs, de Saint-Romain, des Bons-Enfants, le Marché-aux-Balais et plusieurs autres pour retrouver quelques maisons ou curieuses ou célèbres. La façade de la maison natale de Corneille a été reconstruite au *Musée d'antiquités*. Inutile donc de la chercher rue de la Pie, mais on peut voir encore celles de Fontenelle, de Géricault, de Boïeldieu, de Dulong.

Malheureusement, beaucoup de ces vieilles maisons ont subi de fâcheuses transformations. Nous n'en voulons pour preuve que le pauvre Bureau des Finances (vis-à-vis de la cathédrale), tout honteux de voir ses balcons, ses fenêtres, sa physionomie enfin, disparaître sous les enseignes de négoces, estimables assurément, mais des plus anti-artistiques ! Cette charmante construction de la Renaissance, classée, croyons-nous, parmi les monuments historiques, mériterait bien d'être au plus vite délivrée.

Consolons-nous en nous hâtant de voir les trois belles fontaines gothiques dont Rouen est riche. L'une d'elles, nommée

---

(1) Vieux mot équivalant à celui de « châsse » et conservé encore à Rouen.

de la Croix de Pierre, fut érigée par le grand cardinal Georges d'Amboise. La fontaine de *la Crosse*, aux élégantes guirlandes de feuillage, est un peu plus ancienne, et la fontaine de *Lisieux* a été, avec raison, comme les deux autres, classée parmi les monuments historiques. Près d'elles, la fontaine dite de *Sainte-Marie*, réputée « chef-d'œuvre » par des touristes enthousiastes, descend soudain à un rang bien modeste.

Non que, pris à part, chacun des morceaux dont elle est composée ne mérite un certain éloge. La statue principale est même presque belle. Mais, réunis, ces morceaux semblent manquer de cohésion. Il y a trop de choses sur un espace relativement restreint et l'aspect général y gagne des lignes heurtées, fort peu agréables.

Avec d'aussi charmants modèles sous les yeux que la fontaine de *la Crosse*, pour ne citer que celle-là, l'erreur paraît plus grave, moins compréhensible.

C'est toujours l'étrange laisser-aller uni à l'ostentation dont nous parlions au sujet de monuments plus considérables. Nous voulons agir vite, et tout aussi bien, sinon mieux qu'autrefois; mais la persévérance n'est pas notre qualité dominante. Un grand effort lasse les esprits, la pondération des idées se voit reléguée à l'égal d'une chimère. Le résultat serait bien propre à diminuer notre orgueil, si nous avions le bon esprit de profiter de la leçon que nous nous donnons nous-mêmes.., sans y penser, à vrai dire!

CHAPITRE XXVII

ROUEN MODERNE

A toutes les époques de son existence, Rouen s'est distingué par son génie commercial et industriel. Les ressources si abondantes de ses campagnes privilégiées ne lui ont pas suffi. Une ambition bien compréhensible l'a porté à vouloir mettre en œuvre toute la fortune que lui promettait son excellente situation.

Le temps n'a jamais été oublié des Rouennais où leur *Ghilde* puissante fondait solidement un empire presque universel. Cet empire pacifique, bien des crises, beaucoup de circonstances terribles l'ébranlèrent, sans pouvoir le détruire complètement. Aujourd'hui, la belle ville se retrouve plus jeune, plus forte, plus active, plus industrieuse, plus déterminée à la lutte que ne le souhaiteraient nos voisins, si désireux d'anéantir le commerce français.

Toutes les branches d'industrie lui sont également familières. On sait à quel degré de perfection atteignent ses manufactures de cotonnade, de toiles blanches ou imprimées, de bonneteries, de couvertures. Les blanchisseries de tissus de lin ou de coton, de ses faubourgs et des environs, n'ont pas de rivales.

La teinture des étoffes de soie ou de laine et le cylindrage de ces mêmes étoffes occupent un grand nombre d'ouvriers.

En outre du coton, devenu en quelque sorte le monopole de Rouen, le commerce des laines y a pris une vaste extension, ainsi que celui des huiles, des graines oléagineuses et des savons.

Des forges, des fonderies, des papeteries, des faïenceries, des confiseries renommées, ajoutent à ce mouvement dont la seule énumération serait longue, si rien de ce qui la constitue n'était omis.

La régularisation du chenal maritime a développé cette continuelle progression. Actuellement, des navires calant plus de *six mètres et jaugeant près de trois mille tonneaux peuvent aborder aux quais rouennais, en une seule marée*. Le premier effet d'un tel avantage a été de constituer la ville en une sorte d'entrepôt du commerce d'exportation entre le Havre et Paris. Le tableau des douanes est la preuve la plus éloquente de la prospérité nouvelle.

Il ne faut pas perdre de vue que la marée se fait sentir jusqu'au delà de Pont-de-l'Arche (Eure), à près de vingt kilomètres en amont de Rouen. Le flux parcourt donc une distance totale d'environ *cent soixante-dix* kilomètres.

Dans les *grandes mers*, la Seine ne met pas plus de deux heures et demie pour monter à *sept mètres* de hauteur et le plus faible tirant de *morte-eau*, constaté en 1883, donnait encore une profondeur de *cinq mètres quarante-huit centimètres*.

Par contre, le reflux exige près de dix heures ; la pente du fleuve n'apportant d'ailleurs aucun obstacle dont on ne puisse avoir facilement raison, car elle est à peine, entre Rouen et la mer, de sept centimètres par kilomètre.

On comprend dès lors l'ardeur des Rouennais pour réclamer toutes les améliorations possibles dans le régime de la Seine maritime et l'empressement avec lequel la municipalité a poussé aux grands travaux permettant de faire de son port un des meilleurs que pût choisir le commerce international.

Les docks-entrepôts sont immenses ; les quais, très beaux, ont un développement de trois mille cinq cent trente-huit mètres, dont dix-neuf cent quarante mètres appartiennent à la rive droite ; l'outillage nécessaire aux chargements ou déchargements est très complet. Il va sans dire que les navires long-courriers et caboteurs sont certains de trouver tout ce que leur entretien ou leur armement exige.

La proportion ascendante suit, en conséquence, un cours régulier. En 1883, les navires entrants furent au nombre de 1 669, jaugeant 1 453 231 tonnes et portant, en charge effective, 1 289 667 tonnes de marchandises. Dans la même année, la voie fluviale transportait, *de ou pour Rouen*, un poids de 663 905 tonnes. Il est facile d'augurer que ce mouvement n'est pas près de prendre fin.

Nous l'avons dit, mais il faut le répéter, Rouen est une ville très agréable à parcourir. Son activité de bon aloi ne se fait pas morose et les exigences de son industrie commencent à marcher de pair avec une hygiène bien entendue.

Les vieux quartiers, jadis traversés à ciel ouvert par les petits cours d'eau tributaires de la Seine, ont été assainis.

Le pittoresque du coup d'œil y a perdu. Les maisons noires, luisantes, pourvues de ponceaux et cachées à demi derrière des étendoirs ou des perches soutenant des étoffes, des écheveaux de coton, de laine, aux couleurs multiples, ont elles-mêmes disparu ; ces masures offraient mille sujets d'étude à un peintre, seulement elles gardaient tous les miasmes avivés par les ruisseaux qui souillaient ces dispositions trop primitives.

Nul ne se plaindra de la transformation, car on ne saurait regretter que les choses vraiment belles, trop souvent sacrifiées ; en revanche, toute construction malsaine doit être proscrite, si elle n'est au moins améliorable.

Les promenades sont nombreuses à Rouen. L'une des plus attrayantes est le parcours des quais ; vient ensuite celle des beaux jardins publics. Les faubourgs ne forment pas la partie la moins charmante d'une excursion dans la riche ville.

Sans aller jusqu'à *La Bouille*, si renommée chez les Rouennais, que nombre d'entre eux appliqueraient à ce coteau le fameux dicton : « Voir Naples (lire *La Bouille*) et mourir ! » on peut se procurer facilement un spectacle, à notre avis, de beaucoup préférable.

Il suffit de gravir la colline de *Bon-Secours*, l'un des points culminants de la Seine-Inférieure, au sommet duquel est bâtie l'église d'un pèlerinage célèbre. Cette jolie construction gothique voit accourir une foule de fidèles.

Hélas ! cette affluence a causé une catastrophe imprévue. On a cherché à rendre l'église digne de sa réputation et tout l'intérieur en a été peint et doré, si bien peint, si bien doré, qu'il est presque dangereux de fixer les yeux sur cette affreuse... sur cette riche décoration, voulons-nous dire.

Heureusement, un panorama, comme il est peu donné d'en rencontrer, nous fera vite oublier cette déconvenue ; on en aperçoit déjà une grande partie du bas du cimetière, établi devant l'église sur la pente de la colline, mais, pour l'embrasser dans toute sa pompe, il faut suivre la route neuve, appelée « d'en haut », qui contourne les sommets et mène au point le plus favorable pour n'en perdre aucun détail.

La ville en entier se déploie, parée des précieux édifices dont les tours lui composent une royale couronne. Le fleuve, comme heureux de la baigner, se replie, s'endort ou coule, rapide, pour revenir sur lui-même avant de s'enfuir vers la mer, qui bientôt mêlera ses flots glauques aux vagues bleuâtres du captif.

De tous côtés, une ligne ondoyante reçoit l'impulsion de la brise apportée par le flux. Arbres exotiques des jardins, arbustes, arbres des champs et des bois verdoyant sur les collines, marient leurs exhalaisons salutaires.

Une opulente campagne couverte de fermes, de vergers, de moissons, de bétail, semble envahir jusqu'à l'espace où fument les cheminées des usines.

Le sifflet des voies ferrées répond à celui des machines de fabriques ou de navires.

L'horizon, largement ouvert et ondulé par les crêtes des coteaux, conduit le regard à des distances presque infinies.

Si le ciel est clair, on emporte une impression merveilleuse de souveraine beauté.

Et, si quelques nuages voilent l'éclat du jour, si toutes les vives couleurs finissent par revêtir une teinte plus calme... la douceur doublera la beauté ; l'œil aura peine à se détacher du cadre poétique, la pensée y reviendra souvent, ou, plutôt, ne l'oubliera jamais.

CHAPITRE XXVIII

QUELQUES GLOIRES ROUENNAISES

Il pourrait suffire au juste orgueil de Rouen de nommer PIERRE CORNEILLE.

Le fier génie qui sut prêter à ses héros les sentiments et les accents de demi-dieux reçut, en 1834, un hommage solennel des habitants de sa ville natale.

Une statue en bronze a été élevée sur le terre-plein du *Pont-de-Pierre*, au milieu d'une fraîche pelouse ombragée et fleurie. La place est bien choisie. Corneille, debout, s'abandonne à l'inspiration de son puissant cerveau, et son regard peut se reposer sur les premiers plans du beau paysage qu'il aima, de la tranquille contrée où il venait jouir d'une heure de repos si chèrement gagné !

Trop oublié, l'auteur de *Stilicon* et d'*Ariane*, THOMAS CORNEILLE, eût mérité, ne fût-ce que pour son affection dévouée, un médaillon sur le piédestal de la statue de son glorieux frère.

Autour du géant dramatique se groupe un faisceau de noms célèbres. Et, tout d'abord, convient-il, peut-être, de rappeler celui que l'on désigna comme *l'homme le plus universel de son siècle*, BERNARD LE BOVIER DE FONTENELLE (1657-1757), neveu, par sa mère, des deux Corneille. Si l'on n'accepte pas toutes les idées des *Dialogues des Morts*, du *Traité du Bonheur*, de la *Pluralité des Mondes* et de tant d'autres écrits subtils, il serait impossible de refuser à leur auteur l'esprit le plus vif, le plus rare, le plus charmant. Cet esprit, Fontenelle eut la fortune inouïe de le conserver jusqu'au dernier jour de son existence séculaire. Ce n'est pas le moindre fleuron de sa renommée.

Marc-Antoine Gérard de Saint-Amant (1594-1661), l'un des premiers membres de l'Académie française, ne méritait pas de se voir accablé comme il le fut par Boileau. Dans plus d'une de ses odes et dans nombre de passages de son *Moïse sauvé*, on retrouve la marque d'un vrai poète. Hélas! pour quelque cause, le « Régent du Parnasse » fut d'un avis contraire et le pauvre Saint-Amant, non seulement ne bénéficia pas de l'oubli, mais fut contraint à partager le ridicule attaché par l'impitoyable critique à :

Pradon (1632-1698). Ce dernier, rêvant de placer sa *Phèdre* et ses drames médiocres au-dessus des œuvres de Racine, justifia pour la cent millième fois la terrible prédiction : « Tel brille au second rang... »

Mais les lettres rouennaises se relèvent avec Jacques Basnage de Beauval (1653-1723), un vrai savant, un véritable écrivain, dont le grand titre d'honneur est d'avoir contribué à faire conclure, en 1717, un traité d'alliance entre la France et la Hollande.

Le frère de Basnage (1656-1720) fut, lui aussi, un écrivain et un savant de mérite,

Samuel Bochart (1599-1667), le plus grand orientaliste de son temps, possédait toutes les langues savantes asiatiques. C'est à lui que l'on doit un traité sur tous les animaux, plantes et minéraux, dont les Écritures font mention. On comprend sans peine que le patient érudit gagna à ces travaux l'innocente préoccupation de rattacher une origine hébraïque à toutes les langues, à toutes les sciences.

Le P. Daniel (1649-1728) a écrit une *Histoire de France* assez aride, mais exacte et qui obtint plus de succès que ses polémiques poursuivies, d'ailleurs, non sans verve et talent, contre Pascal et Descartes.

Le P. Sanadon (1673-1733) fut un latiniste élégant et pur. On sait avec quel soin, quel bonheur de recherches il a traduit *Horace*. Ses œuvres personnelles ne sont pas moins intéressantes.

Madame du Boccage (1710-1802) fut très louée en son temps, et elle n'eut rien moins, pour exalter ses travaux littéraires, que des amis comme Voltaire et Fontenelle. Beaucoup de partialité devait entrer dans ce favorable jugement, car il est difficile, aujourd'hui, de lire sans fatigue les *Amazones* ou même la *Colombiade*, son meilleur ouvrage.

Il en est tout autrement des écrits de Madame Leprince de Beaumont (1711-1780). A la vérité, l'auteur de tant de jolis contes borna son ambition et sut en faire passer la morale et la raison, grâce à un enjouement de bon aloi. Plus d'une génération enfantine lui est redevable de passe-temps joyeux.

Parmi nos contemporains se détachent les figures : d'Armand Carrel, talent vif et hardi comme son esprit;

De Louis Bouilhet, qui eut son heure de célébrité, justement gagnée, surtout par *Mœlenis*, par *Mme de Montarcy*, par *Hélène Peyron*... Il mourut trop tôt et sans avoir pu, croyons-nous, donner sa véritable mesure;

De Gustave Flaubert : Le brillant styliste restera plus longtemps en possession de sa renommée. Malheureusement, ses œuvres, si elles doivent être appréciées des lettrés, ont donné naissance à la plaie morale connue sous le nom de *réalisme*.

Cette prétendue découverte littéraire semble être encore en pleine vigueur. On lui devra d'avoir vu pénétrer librement dans les familles des livres qu'autrefois on eût à peine fait circuler sous le manteau.

Ce que la littérature y a gagné, l'histoire de notre temps aura peine à le reconnaître; mais, ce que les mœurs y ont perdu, chaque jour, hélas! les critiques les plus indulgents le constatent avec tristesse.

Par bonheur, Rouen nous présente d'autres noms sur lesquels il fait bon d'arrêter sa pensée.

Dans les arts, voici Jean Jouvenet (1647-1717) qui triomphe : au Louvre, avec son *Paralytique*, son *Esther*, sa *Pêche miraculeuse*, sa *Résurrection de Lazare*; à Notre-Dame de Paris, avec son *Magnificat*.

Jean Restout (1692-1768), son neveu et son élève, donna libre cours à sa vive imagination dans la décoration des palais de Fontainebleau et de Trianon.

Puis surgit un vrai grand peintre, un de ces artistes dont le nom peut, sans crainte, soutenir la comparaison avec les noms glorieux de n'importe quel pays : André Géricault (1781-1824) pensa et vécut, pour ainsi dire, ce *Radeau de la Méduse*, où sa main fiévreuse fait toucher aux dernières bornes du sublime le drame horrible qui retient, fascinés, les yeux épouvantés.

La même surabondance de pensée éclate dans son *Chasseur à cheval*, dans son *Cuirassier blessé*. Géricault devait mourir jeune, il se hâtait de lutter contre la vie et la lutte fut féconde, puisqu'elle nous a donné ces chefs-d'œuvre.

Dans les sciences, plus d'un Rouennais a su se créer une belle place.

Pierre-Louis Dulong (1785-1838), l'admirable physicien, ne crut pas trop payer par la perte d'un œil et d'un bras la découverte du *chlorure d'azote*. Ses travaux, avec Petit et François Arago, ont à jamais marqué sa place parmi les savants illustres que la France revendique avec orgueil.

Si Reims est la ville natale de Jean-Baptiste de la Salle, Rouen se souvint que le fondateur de l'*Institut des Frères de la Doctrine Chrétienne* établit chez elle, dans le monastère dit de *Saint-Yon*, la communauté destinée à fournir gratuitement des éducateurs aux enfants pauvres. Une statue lui a été élevée.

Ce serait faire preuve d'une étrange injustice que d'oublier dans cette énumération, si brève qu'elle doive être, le nom de :

Robert Cavelier de la Salle (1643 - 1687). L'intrépide, l'héroïque explorateur d'une partie de l'Amérique septentrionale, voulut établir solidement l'influence française dans sa vice-royauté de la Louisiane, qu'il rêvait de changer en la plus florissante colonie. Ses travaux tiennent du prodige, et à lui, bien à lui, revient la découverte de la détermination exacte du cours et des embouchures de l'immense Mississipi. Sa vie, si courte, fut généreusement employée. Elle est une de celles dont, Français, nous pouvons tirer une pure, une légitime gloire.

« Car en lui passa l'âme des grands découvreurs normands, des précurseurs de Colomb et de Gama. Génie fort et complet, patient, intrépide, généreux, avide de gloire, il nous a ouvert quinze cents lieues de pays dans les plus riches contrées américaines... et ne cessa de poursuivre son but et d'espérer que lorsqu'il tomba sous la balle d'un assassin.

« Les Américains ont placé son médaillon au Panthéon de Washington et donné son nom à l'un des comtés de l'Illinois (1)... »

Henri Joutel (1640-1735) fut le digne, le dévoué compagnon de Cavelier de la Salle. Il mérite une place près de son illustre chef.

Augustin Beaulieu (1589-1839) «... a fait, dans l'histoire, des apparitions de courte durée, mais assez brillantes pour que son nom mérite d'être consacré. Savant marin, fin diplomate, habile marchand, avisé, prudent et bon surtout, il représentait avec éclat ces grands capitaines de mer dieppois, comme lui fugitifs météores, qui ont illustré la première moitié de son siècle. »

Ses voyages, son expérience, son caractère lui méritèrent la confiance de Richelieu, qui l'employa d'abord à l'île de Ré, pendant les guerres contre les calvinistes, puis, ensuite, lui donna le commandement d'un navire pour aider le comte d'Harcourt dans l'attaque des îles Sainte-Marguerite et Saint-Honorat.

Quand il mourut, à peine âgé de cinquante ans, la marine française perdit l'un de ses meilleurs officiers.

François Cauche, né à Rouen en 1617, devint aussi, pour les intérêts de son négoce, un intrépide explorateur. L'Ile-de-France et Madagascar surtout, puis l'île Sainte-Marie, furent visitées presque en entier par lui. « Sa relation est écrite simplement, honnêtement et inspire toute confiance... Les nombreux renseignements qu'il donne sur les mœurs, les croyances des habitants, sur la faune et la flore de Madagascar ne sont pas

---

(1) Sur Cavelier de la Salle et sur les voyageurs qui suivent, nous avons parcouru les excellentes biographies consacrées à leur mémoire par M. Gabriel Gravier, Président honoraire et Secrétaire général de la *Société de géographie normande*. Nous aurions voulu puiser plus largement dans les intéressants travaux de M. Gravier, bien connu par ses recherches infatigables sur l'histoire des navigateurs normands ; ses opinions, aujourd'hui, sont généralement admises et sa compétence n'est pas discutée. Nous devons à notre savant correspondant les meilleurs remerciments et une réelle gratitude pour son obligeance si complète.

démentis, quoique Cauche eût fort peu d'instruction, ce que démontrent ses études sur la langue malgache. » Il n'en mérite pas moins, par son honnêteté et son patriotisme, d'être « mis au rang des hommes utiles, des grands citoyens. » On ignore la date de sa mort.

Fermand, conseiller au Parlement de Normandie ; Fauvel, sieur d'Oudeauville, maître des comptes de la même province : Beaudoin de Launay, également de Rouen (1630-1632), s'associèrent avec Stochove, sieur de Sainte-Catherine, gentilhomme flamand, pour visiter l'Italie, le Levant, l'Égypte, voyage offrant, à l'époque, de sérieux dangers ; aussi, dit avec raison M. Gravier, en louant la relation des explorateurs, « les jeunes gens qui en ont le temps et le moyen suivraient *avec fruit* les traces de nos vieux magistrats rouennais et du flamand, leur compagnon... »

Paulin ou Paul Lucas (1664-1757) réussit plusieurs missions qui lui furent données pour Constantinople et visita principalement la Grèce, Smyrne, l'Asie Mineure, où il trafiqua des pierres précieuses, après avoir été soldat et marin. Il s'occupa surtout d'antiquités. Le *Cabinet du Roi* reçut de lui, en 1696, une belle collection.

Voltaire l'a raillé pour sa facilité à « accueillir des fables »; mais Lucas était homme d'esprit et de savoir, et, s'il prenait la peine de relater des fables, c'est qu'elles peuvent souvent ouvrir des horizons à la vérité historique. Si la renommée du voyageur est de beaucoup inférieure à son mérite, on peut dire, avec son biographe, qu'il fait honneur à sa ville natale.

Jules Poret, baron de Blosseville (1802-1833), semblait appelé à parcourir la plus brillante carrière maritime. A vingt ans il se signalait dans le voyage autour du monde de *la Coquille*, commandée par Duperré, et plusieurs points découverts pendant ce voyage portent son nom. Une rencontre avec l'illustre et infortuné capitaine John Franklin décida du sort du jeune officier. Il souhaita ardemment d'explorer les régions polaires. Ce souhait fut exaucé. Le 9 juin 1833, il recevait le commandement de la canonnière-brick *la Lilloise*, et partait pour l'Islande. Vingt jours plus tard, il découvrait une dizaine de lieues de la côte orientale du Groënland, jusque-là inconnue de tout Européen, terres appelées aujourd'hui « de Blosseville ». Le 25 août, il fut encore aperçu par un navire, puis on n'eut plus de nouvelles du jeune et déjà célèbre officier. Vainement trois navires furent-ils envoyés à sa recherche : les glaces polaires ont gardé leur secret.

Nous voudrions pouvoir ne pas oublier un seul des noms dont Rouen s'honore, mais la liste est si heureusement chargée!

On sait ce que fut BOIS-GUILLEBERT, l'intègre lieutenant-général (neveu de Vauban), l'auteur du *Détail de la France sous Louis XIV :* un défenseur des opprimés, un soutien pour les malheureux.

DELARUE, dans les premières années du dix-huitième siècle, eut l'idée de faire filer le coton. C'était le point de départ d'une industrie qui allait créer des ressources nouvelles à la ville et contribuer si efficacement à sa fortune.

LEPECQ DE LA CLÔTURE (1736-1804) fut un grand médecin, et LOUIS BRUNE (1807-1843) un dévoué sauveteur. Deux rues portent ces noms respectés.

Une statue placée devant le *Théâtre des Arts* honore la mémoire de Boïeldieu (1775-1834), le chantre des pages délicieuses de *Jean de Paris*, du *Nouveau Seigneur du village*, du *Chaperon Rouge*, de la *Dame Blanche*, si jeune encore après plus de soixante ans de triomphes dans l'univers entier. Nous savons bien qu'il a été, qu'il est peut-être encore de mode de railler le style de Boïeldieu; mais quiconque aime la musique claire, gracieuse, douce, délicate, émouvante, revient et reviendra toujours à ces partitions poétiques, tendres, vraiment françaises, dont l'impression sur les âmes reste si nette, encore qu'elle ne ressemble pas à un effrayant problème algébrique!

Sur la tombe de FRÉDÉRIC BÉRAT, autre compositeur rouennais, on a gravé les dernières mesures de sa chanson la plus connue et devenue si populaire : *Ma Normandie!* La ville ne pouvait moins faire pour celui qui, si chaleureusement, affirmait son amour du sol natal.

Combien nous pouvons regretter encore d'omissions! Mais il faut bien l'avouer, nous attendions presque avec impatience le moment de tracer un autre nom qui, à Rouen, s'empare du cœur et s'impose à la pensée, avec une force à laquelle il serait presque sacrilége de se soustraire :

JEANNE D'ARC !!!

Ce nom, symbole d'une épopée *unique* dans l'histoire des peuples, on le suit à travers la voie douloureuse, commençant à Compiègne, pour aboutir aux flammes du bûcher élevé, ici, sur la place du Vieux-Marché.....

En même temps, de la profondeur des siècles viennent se ranger, près de la martyre, ses impuissants mais courageux défenseurs : JEAN LOHIER, le légiste rouennais, qui protesta si hautement, si intrépidement contre la violation des plus simples formes de la justice envers celle dont le crime avait été d'aimer son pays !!

Le bon huissier MASSIEU, qui appuya si efficacement la demande du religieux assistant la suppliciée, afin qu'on tint devant les yeux de Jeanne une croix apportée de l'église Saint-Sauveur.

Et ce religieux, « ce saint », comme le dit Michelet, frère ISAMBART DE LA PIERRE, qui, pendant tout le procès, fit preuve d'un entier dévouement à l'héroïne. Son témoignage ne saurait être récusé, car n'était-il pas prêt à le payer de sa vie !...

De quelle amertume et, pourtant, de quel réconfort on se sent pénétré en lisant, aux lieux où elles se passèrent, la relation de ces choses si incroyables, quoique si vraies !

La haine féroce, immonde ; la lâcheté dans ce qu'elle peut avoir de plus vil ; l'hypocrisie dans ce qu'elle a de plus odieux, près du patriotisme le plus saint, de la pureté la plus radieuse, de la résignation, du sacrifice surhumain !

Comment honorer une telle mémoire ! Comment ?

Rouen ne devrait pas hésiter à faire disparaître l'étrange statue qui est censée représenter Jeanne.

Puis, sur la place désormais consacrée, nous voudrions voir, sculptés dans le granit, un échafaud et un bûcher.

Le premier porterait l'effigie d'ALAIN BLANCHARD, la victime de Henri V d'Angleterre (lors du siège de 1419), disant aux soldats qui le traînaient à la mort :

« *Je n'ai pas de biens pour racheter ma vie comme les autres ;*

mais, quand j'aurais de quoi payer ma rançon, je ne voudrais pas racheter le roi anglais de son déshonneur ! »

Sur le bûcher, et serrant contre son cœur l'informe croix de bois liée à la hâte par un soldat anglais, Jeanne d'Arc, personnifiant le dévouement à la Patrie, rappellerait aux cœurs faibles que le droit, la vaillance peuvent succomber pour un temps, mais que l'heure de la justice sonne toujours, que nul crime ne reste impuni.

Le supplice de Jeanne, un Anglais, BEDFORD, l'ordonna pour venger son pays, humilié de succomber sous la main d'une femme !

Et il ne voyait pas que lui-même jetait une poignée de boue au front de l'Angleterre... une boue sanglante impossible à laver !!

La parole prophétique d'Alain Blanchard se réalisait.

Chaque fois qu'un vainqueur a déshonoré son triomphe, l'histoire, implacable, enregistre l'action honteuse et bientôt vient l'expiation.

Pourquoi réveiller ces cruels souvenirs ? dira-t-on, peut-être. Pourquoi ? Ne pouvons-nous y trouver un aliment à notre douleur, en même temps que le principe d'une force nécessaire à l'attente sage, mais en éveil ? Aux noms des martyrs d'autrefois, joignons les noms de nos martyrs d'hier, entourons-les d'un souvenir inaltérable !

L'échafaud d'Alain Blanchard nous apprendra comment on peut clouer un vainqueur au pilori !

Le bûcher de Jeanne d'Arc nous rendra la foi dans les destinées de notre pays, trop souvent près de périr, mais renaissant toujours plus grand !

Parle, sublime paysanne ! Pénètre nos cœurs, nos âmes, de cet amour de la France pour lequel, sans murmurer, tu accomplis ton cruel sacrifice !

Si nous aimons notre Patrie comme tu l'as aimée, elle réparera une fois de plus ses ruines ! Si nous assistons à son triomphe, notre récompense sera grande. Mais, si nous devions succomber en essayant la tâche sainte, inspire-nous ton courage.

Mourir pour la France, si l'on ne peut vivre pour elle, est préférable à l'infamie de douter de son honneur, de déserter son drapeau !.....

CHAPITRE XXIX

LA NAVIGATION DE LA SEINE. — PARIS PORT DE MER

Nous avons vu Le Havre travaillant sans relâche à améliorer son port, à étendre ses relations avec le monde entier. Les progrès et les nécessités de la marine moderne exigent impérieusement ces transformations incessantes. L'avenir paraît devoir être aux immenses steamers qui, depuis leur apparition, ont bouleversé toute l'économie ancienne de la navigation et réclament des conditions d'atterrage spéciales.

La profondeur d'un port en eau vive, la largeur d'un chenal, la sûreté d'évolution dans une rade, les facilités de déchargement à quai, la prompte dispersion des marchandises importées, la rapidité d'arrivage d'une cargaison, sont les principales sources de l'activité commerciale d'une place maritime. Sous peine de décadence, nous ne pouvons nous laisser devancer longtemps par nos concurrents anglais, belges, allemands.

Les premiers ne sont pas, à beaucoup près, aussi redoutables qu'ils semblent l'être. Notre position continentale reste un immense avantage et, nous le répétons, il nous suffirait de *vouloir sérieusement* pour acquérir une indiscutable influence.

Cette question préoccupe tous ceux qui ne se désintéressent pas, à la légère, de l'étude des efforts réalisés par nos voisins de Belgique et d'Allemagne.

Le premier de ces pays possède Anvers; le second Hambourg, deux ports admirablement situés, et plus admirablement encore aménagés.

Là, on ne s'est pas contenté de tirer parti des avantages locaux, on a tout fait, on continue de tout faire pour que des améliorations nouvelles viennent puissamment en aide à la diffusion des relations.

Chemins de fer, canaux et routes à bon marché complètent un système de fret intelligent, réduit, quant aux dépenses; supérieur, quant à la manière dont il est compris.

Il en résulte que les transactions augmentent chaque jour à Hambourg et à Anvers..... Pourquoi ne profiterions-nous pas de ces leçons ?

Nous pouvons faire mieux : hâtons-nous. Ce n'est pas de l'argent improductif, celui qui est prodigué pour mettre en œuvre les forces vives d'un pays.

Depuis longtemps, on réclame l'amélioration de la navigation de la Seine, mais des influences néfastes, avivées par des querelles de clocher, ont apporté des entraves à tous les projets présentés.

Le Havre croit lutter contre des mesures désastreuses. Rouen sait combien il lui importe d'obtenir une route d'eau toujours de plus en plus facile, sûre, directe. Les travaux accomplis et les résultats obtenus prouvent ce que l'on peut attendre de l'avenir.

Il ne faut pas oublier que la Seine coule entre deux chaînes de collines laissant peu de solutions de continuité. Les eaux, gênées par ces barrages naturels, ont dû se frayer un lit sinueux changeant brusquement, et à chaque instant, de direction.

C'est bien à elles que l'on pourrait appliquer le nom de *Méandre*. Ainsi, on compte à peine quatre-vingt-quatre kilomètres de Rouen au Havre, par la route de terre, mais la route fluviale présente un développement de *cent cinquante* kilomètres. Il y a donc avantage de près de la moitié du parcours, si l'on prend la voie de terre.

Mais, là n'existe pas l'obstacle le plus sérieux, quoiqu'il faille compter avec lui. Le vrai danger résulte des bancs de sable obstruant le lit du fleuve, bancs remués par chaque marée et qui ont causé un grand nombre de naufrages : *La Traverse* en témoigne.

On appelle ainsi la brusque déviation du cours du chenal canalisé qui, suivant la rive droite, depuis Caudebec jusqu'à la

Pierre-du-Poirier, se dirige subitement vers la rive gauche, et la longe sur un parcours dépassant le port de Quillebeuf (Eure).

Le chenal est, d'ailleurs, jalonné avec soin, mais plusieurs des balises et des bouées ont leur point d'attache sur les mâts et les carènes de navires depuis longtemps ensablés !...

La *barre*, enfin, accompagne toujours la mer montante. Elle ne devient guère tout à fait menaçante qu'aux marées équinoxiales, mais elle n'en constitue pas moins une cause de retard pour les navires, car cette énorme vague, formée des flots refoulés du fleuve, se dresse comme une muraille perpendiculaire, et roule souvent depuis l'embouchure de la Seine jusqu'à Rouen.

Une canalisation nouvelle s'impose donc si l'on ne veut voir, dans un avenir presque prochain, diminuer le trafic fluvial.

Pour commencer à remédier à une telle éventualité, un canal a été décidé, il ira du Havre à Tancarville, village riverain de la Seine, célèbre par les belles ruines de son vieux château-fort.

La distance est d'un peu plus de trente kilomètres.

Les avantages du projet sont très réels, puisque l'embouchure du fleuve pourra être évitée. Cependant, il va de soi que tout ne saurait se borner là, et que ce travail en appelle un autre, prolongé non pas seulement jusqu'à Rouen, mais jusqu'à Paris, sinon même au delà.

Cet espoir n'a rien de chimérique pour les ingénieurs. Il y a longtemps qu'un projet beaucoup plus grandiose encore sollicite leur attention. Déjà, on avait rêvé de faire de Paris un *port de mer*, en construisant des navires n'exigeant qu'un faible tirant d'eau.

Les Parisiens se souviennent du joli petit bâtiment *l'Esther*, appartenant au capitaine Le Barazer, et du *Frigorifique*, conception de M. Le Tellier. Ce dernier navire fit le voyage de la Plata et en rapporta des viandes conservées par le froid.

Mais la marine commerciale moderne ne s'accommode plus de dimensions aussi restreintes. Elle veut des moyens de transport équivalant à ses aspirations, et l'on est en train de rivaliser avec le *Great-Eastern*, de légendaire mémoire.

Certes, tous les steamers, non plus que les bâtiments de commerce, en général, ne seront point taillés sur un pareil gabarit; néanmoins, loin de se montrer disposé à réduire les proportions, on leur donnera plus d'ampleur. Le régime de la navigation fluviale doit donc pouvoir souffrir ces changements inévitables.

Un savant de grand mérite, un ingénieur des plus distingués, M. Bouquet de la Grye, répond à cette alternative en offrant de faire de Paris un véritable port *maritime*.

Preuves en mains, par le moyen du travail de l'auteur, nous assistons au couronnement d'une entreprise gigantesque et qui, pourtant, semble être presque simple.

La Seine élargie, approfondie, supporte des navires d'un fort tonnage. Ils viennent, sans escale, s'amarrer dans de vastes bassins creusés à Argenteuil, à Saint-Ouen..... La marée remonte jusqu'à la Villette...

Rêve ! disent les incrédules. Réalité possible ! affirment ceux qui prennent la peine de se pénétrer du beau travail de M. Bouquet de la Grye et qui désirent vivement le voir mettre à exécution, car il en résulterait, nous le croyons, un grand bien, non seulement pour le commerce de Paris, mais pour celui de la France entière.

La fortune est aux audacieux. Ne tremblons donc pas de beaucoup entreprendre. Multiplions les facilités commerciales et, d'elle-même, l'importance des transactions ira toujours grandissant.

CHAPITRE XXX

LA NAVIGATION DE PLAISANCE A PARIS

Après avoir parlé de *Paris port de mer*, il est naturel de dire quelques mots sur l'importance prise de jour en jour par sa navigation de plaisance.

De tout temps les Parisiens ont aimé ce qui se rapporte à la navigation. L'annonce de fêtes nautiques les met en joie, ils s'y intéressent vivement et ne les trouvent jamais trop multipliées.

Les régates étaient donc bien connues à Paris et dans la banlieue; il manquait, toutefois, une sorte de lien entre les sociétés, déjà anciennes, établies en province.

Ce lien, le YACHT-CLUB DE FRANCE l'a établi.

Cette association, aujourd'hui universellement connue et appréciée, fut fondée, en 1867, par vingt et un riches propriétaires, armateurs et marins; au nombre de ces derniers figuraient les vice-amiraux baron DUPERRÉ, baron LA RONCIÈRE LE NOURY et JURIEN LA GRAVIÈRE.

Le but et l'objet de la société sont nettement définis dans l'article II des statuts, portant que :

Le YACHT-CLUB DE FRANCE se propose :

1° De développer le goût de la navigation de plaisance maritime et de favoriser les progrès des constructions;

2° D'encourager les courses nautiques par des subventions et des prix, sans jamais donner de courses lui-même;

3° De concéder aux yachts français un pavillon spécial qui leur assure certains privilèges;

4° De créer un secrétariat à Paris, dans le but de recevoir toutes demandes et de faire toutes démarches intéressant les yachts des sociétaires et des concessionnaires de pavillon;

5° D'intervenir, à titre consultatif, auprès des ministères de la marine, des finances, de l'agriculture, du commerce et des travaux publics, dans les questions qui intéressent le Yachting français, aux termes des circulaires ministérielles;

6° D'ouvrir, tant à Paris que sur le littoral français, un lieu de réunion permanente pour les yacht's gentlemen et les personnes sympathiques au Yachting français.

Avec persévérance, le YACHT-CLUB DE FRANCE a poursuivi ce but, et, maintenant, son pavillon spécial est brigué par tous les propriétaires soucieux d'assurer à leurs yachts les avantages offerts aux membres de la grande association nautique.

Ils trouvent avec raison un gage de sécurité dans une administration qui compte pour Présidents, Vice-Présidents et membres du Conseil les noms chers à la marine du Vice-Amiral AMET, des Contre-Amiraux LAGÉ et VIGNES; des Capitaines de vaisseau en retraite PERRIER et DE MARIVAULT-EMÉRIAU; des Capitaines de frégate en retraite WEST, BALÉZEAUX, COMMUNAL.

La plupart des autres administrateurs habitent Paris.

Mais le conseil compte encore sept membres adjoints, résidant en province, sur le littoral entier.

Il résulte de cette sage administration que les listes du YACHT-CLUB DE FRANCE contiennent les noms de propriétaires de yachts de tous pays : Amérique, Angleterre, Hollande... Chacun de ces yachts correspond, par un signe distinctif, avec les sémaphores et, en outre de son pavillon particulier, porte le pavillon connu, maintenant, un peu partout, c'est-à-dire les *couleurs nationales, avec une étoile blanche à cinq rayons sur la bande bleue,* étoile répétée dans le guidon.

L'impulsion donnée par le YACHT-CLUB à la navigation de plaisance est incontestable, et les services qu'il a rendus, qu'il est appelé à rendre sont des plus précieux. Nous ne pouvons donc que souhaiter de voir son influence grandir encore.

Une autre société nautique, le CERCLE DE LA VOILE DE PARIS, s'occupe également avec succès de ces questions.

Son siège est à Paris et au Petit-Gennevilliers, près Argenteuil.

Il est vraiment désirable de voir la prépondérance de ces sociétés continuer à croître, car, en réalité, elles développent le goût de la marine et des constructions nautiques, goût bien utile en France, où l'étendue du littoral réclamerait un plus grand nombre encore de marins aguerris (1).

Ne l'oublions pas, tout ce qui, directement ou indirectement, favorise l'avenir de notre marine est utile au pays. Cette considération est assez puissante, croyons-nous, pour qu'elle soit toujours accueillie avec une vive sympathie.

(1) On trouvera dans le troisième volume un chapitre spécial et détaillé sur la navigation de plaisance.

CHAPITRE XXXI

HONFLEUR

Plus de cinq cents ans avant que l'on songeât aux avantages offerts par les bassins naturels du Havre, un duc de Normandie, Robert le Magnifique, fondait, en 1034, au sommet d'une colline élevée, située sur la rive gauche de l'embouchure de la Seine, un oratoire devenu immédiatement célèbre.

Notre-Dame-de-Grâce, tel était le nom donné par Robert à cette chapelle, et, certainement, il n'en pouvait guère trouver un meilleur pour la nombreuse population de marins au milieu de laquelle on l'élevait.

Mais si, tout de suite, nous nous rendions à Grâce, HONFLEUR perdrait de son prix à nos yeux; hâtons-nous donc de le visiter.

Malgré le voisinage du Havre, cette ville travaille activement et tire le meilleur parti possible de sa position. On y arme pour la pêche de la morue, de la baleine, des phoques...

La petite pêche du littoral n'est point oubliée. Dernièrement, de grandes améliorations ont été apportées au service de la navigation et, en dépit des vases, des galets, Honfleur se trouve en possession d'un vaste avant-port et de bassins à flot.

Quelques débris semblent indiquer l'emplacement de la forteresse élevée par Henri IV. On trouve encore de vieilles maisons dans la rue Basse.

Toutefois, ce que l'on visite avec le plus d'intérêt, c'est la vieille et très curieuse église Sainte-Catherine. Sa tour, bâtie en bois comme l'église, en est séparée par une rue; des poutres, recouvertes d'ardoises, l'étayent de tous côtés. Des sculptures et des tableaux achèvent de rendre digne d'attention cet antique monument.

Un souvenir qu'il est impossible d'oublier quand on parcourt Honfleur, c'est la bravoure déployée par ses marins, chaque fois que les nécessités de la guerre les ont appelés à combattre l'ennemi.

Honfleur. — Bassin Sainte-Catherine.

Lors des terribles épreuves subies par la France, sous le règne de Charles VI, devenu fou, les habitants de Honfleur coulèrent bas la flotte anglaise, commandée par l'amiral Hugues Spencer.

En 1795, ils contribuaient à la prise du fameux commodore Sidney Smith, et peut-être que, si on le leur avait laissé garder, l'habile marin ne se fût point échappé, et n'eût pu préparer le désastre subi, par notre armée d'Égypte, devant Saint-Jean-d'Acre, en 1799.

De patients chercheurs ont prétendu que, par l'examen de vieilles chroniques, on pouvait affirmer que les marins honfleurais abordèrent les *premiers* en Amérique.

Nous ne pouvons décider de cette prétention; mais, certainement, Honfleur suivait l'exemple de Dieppe, et engageait des navires dans les expéditions les plus aventureuses.

C'est de son port que le capitaine Denis partit pour Terre-Neuve, dont il prit possession au nom de la France.

Honfleur revendique l'honneur de compter parmi ses enfants le navigateur Binot Le Paulmier de Gonneville, premier explorateur des terres australes. Mais Harfleur résiste à cette prétention. Peut-être la synonymie d'appellation des deux villes a-t-elle causé quelque confusion pour les historiens.

Nulle incertitude, au contraire, en ce qui concerne le lieu de naissance de l'un des pères de la photographie moderne : Daguerre est bien Honfleurais.

L'entrée du port de Honfleur est protégée par deux phares : l'un, feu fixe rouge de quatrième ordre, se trouve à l'extrémité de la nouvelle jetée; le second, feu blanc fixe, de premier ordre, se trouve sur la jetée de l'Hôpital.

Côte de Grâce.

Lorsqu'on arrive dans la ville par la route de Caen, une avenue de plus de trois kilomètres de longueur donne aux touristes l'ombrage de ses arbres séculaires, et l'impression n'en est que meilleure pour se disposer à gravir la colline de Grâce.

Autrefois, il est vrai, la côte était infiniment plus abrupte. De nos jours, on en a adouci la pente, on a même poussé la prévenance jusqu'à y installer des bancs de repos.

Mais admettons une fatigue plus grande encore, le dédommagement est grand.

Un panorama ravissant se déroule devant leurs yeux, et le fond du tableau est formé par de charmantes collines couvertes d'une verdure touffue, parsemées de riches villas, de coquets chalets.

La mode a donc eu raison d'adopter Trouville. Mais une ombre ternit cette splendeur. La proximité de la ville avec Paris y amène, pendant l'été, une véritable foule, très élégante, qui veut, à la fois, profiter de l'air salubre et garder toutes les habitudes mondaines. On va au théâtre, aux courses.....

Cela répand beaucoup d'argent chez les habitants ; toutefois, les personnes souffrantes ou ayant besoin d'un véritable repos préfèrent une plage moins bruyante, et l'on en trouve lorsque l'on suit l'admirable côte qui va se déroulant de Trouville au delà de Cabourg.

Traversons la rivière qui a donné son nom à Touques. Nous voici dans la très élégante et très fréquentée DEAUVILLE, rivale de Trouville, plus aristocratique même que cette dernière.

Il y a trente ans, on ne songeait guère à la possibilité d'une semblable transformation. Les marais et les dunes occupaient en maîtres tout le terrain.

C'était le pays de la fièvre, peu habité, du reste.

Quand on voulait traverser le petit fleuve, on avait recours à un passeur, qui demandait cinq centimes pour prix de son labeur.

Aujourd'hui, on franchit la Touques sur un très beau pont, et, à la place des marécages, des sables arides, on trouve de magnifiques villas, des châteaux princiers.

Rien ne manque à la cité nouvelle qui possède une église, une mairie, un temple, des rues bien tracées..... Un hippodrome, très à la mode, voit chaque année des courses célèbres.

Nous qui aimons davantage la tranquillité, nous continuons vite notre route vers Dives.

D'abord assez plat, le sol ne tarde point à s'élever et, bientôt, les côtes se présentent rapides. Au sommet de la falaise, nous passons devant le hameau de BÉNERVILLE, dont l'humble chapelle, toute verdie de mousse, semble s'effondrer sous le poids de sa pauvre toiture..... Elle date du onzième siècle, cette église presque abandonnée, car le mouvement de la population se porte vers Deauville, d'un côté, et, de l'autre, vers le bourg, toujours grandissant, de Villers-sur-Mer.

De la hauteur où nous sommes parvenus, l'horizon est admirable.

Pourtant nous ne nous arrêterons pas longtemps, car, plus loin, nous verrons mieux encore. Chaque tour de roue de notre voiture nous conduira, désormais, vers les plus charmants paysages.

La côte franchie, le chemin devient facile jusqu'à Villers, hameau en 1852, et aujourd'hui station de bains très appréciée.

Peut-être, sous les ducs de Normandie, Villers était-il important. Ce qu'il y a de certain, c'est qu'on retrouve, près du beau château moderne, une motte ancienne marquant l'emplacement d'une demeure féodale. Puis, aussi, l'église est remarquable. Sa nef date du onzième siècle, et le chœur du treizième siècle. Une vieille tradition affirme qu'autrefois l'église se trouvait *au centre* de la paroisse qui, du côté de la terre, s'étend à plus de *quatre* grands kilomètres. La mer ayant beaucoup gagné sur la grève, trois cents mètres à peine la séparent du monument et, sans doute, elle emportera encore plus d'un lambeau de la jolie plage.

La générosité des nombreux baigneurs, venant chaque année passer la saison dans cette agréable station, a permis de restaurer avec soin l'intéressant édifice.

Ici, tout comme à Trouville, il y a beaucoup d'élégance. Les constructions nouvelles reculent de plus en plus les bornes de la petite ville. Ce ne sont que maisons et véritables châteaux bâtis avec un confortable, une richesse ne laissant rien à désirer.

La campagne y est extrêmement attrayante : ce sont de hautes collines boisées, des ravins rapides, couverts d'une herbe épaisse et animés par le bruit des ruisseaux ; des fermes annonçant l'aisance, de magnifiques prairies avec leur population de bœufs et de vaches dignes, souvent, de figurer dans les concours.

Quant à la plage, elle est toute de beau sable, et sa ligne d'horizon ne lasse jamais l'admiration des baigneurs.

Lorsque de Villers (1) on veut se diriger vers Dives, deux routes se présentent : celle qui permet l'emploi de la voiture, en faisant, à travers champs, un long détour aboutissant à Beuzeval; celle qui, accessible seulement aux piétons, passe sous les falaises d'Auberville, en côtoyant le banc de petites roches appelées les *Vaches Noires*.

Cette dernière est de beaucoup la plus agréable. La fatigue qu'elle peut occasionner trouve une compensation dans les mille aspects de la grève et les *découvertes* marines qu'il arrive de faire.

Car les falaises sont en argile bleue d'Oxford et elles renferment beaucoup de richesses géologiques, sans compter que les roches offrent des trésors pour les pêcheurs patients. Les varechs soutiennent des moules presque microscopiques, mais si délicates! Les anfractuosités des pierres servent de retraite aux crabes, le flot montant y amène beaucoup de crevettes et les oiseaux de mer s'y rencontrent nombreux.

Pour toutes ces raisons, il ne faut pas hésiter, lorsque l'on est bon marcheur, à passer devant les *Equerniats*..... Tel est le nom pittoresque donné aux groupes de falaises par les gens du pays.

Nous n'ajoutons point, la chose se comprenant d'elle-même, que la route de la plage ne peut être suivie qu'à mer basse.

Toujours en longeant la côte, dont beaucoup de points atteignent une hauteur de *cent mètres*, on arrive à Houlgate-Beuzeval.

Ces deux localités se touchent et, pourtant, on les croirait placées à une grande distance l'une de l'autre.

Houlgate possède de vrais châteaux, des parcs, des villas, des lacs, des pelouses, un temple..... remplaçant de beaux herbages ou des dunes de médiocre valeur.

Aujourd'hui, une colonie anglaise y a élu domicile, apportant avec elle le goût du *confortable* et de l'élégance britannique dans sa pureté intégrale.

---

(1) Où l'on arrive maintenant par un chemin de fer, qui se prolonge jusqu'à Dives et Cabourg.

A Beuzeval, par contre, on se croit plus en famille, moins obligé de sacrifier à la mode, de faire parade d'une grande fortune.

Et, chose à considérer, le pays y est aussi agréable, puisque, nous le répétons, les deux localités se touchent.

Lorsque l'on a pris son bain, on peut se donner le plaisir de longues promenades à travers une campagne souriante, accidentée, bien ombragée et bien arrosée.

Tout ce coin de la Normandie est vraiment superbe.

Ne quittons pas Beuzeval sans rappeler que, lors des guerres du premier Empire, un pilote de ce village eut le bonheur de se signaler par un grand acte de courage et de sang-froid.

Deux frégates, appelées *le Vésuve* et *la Confiance*, sortaient du port du Havre ; chassées par l'ennemi, elles s'efforçaient d'atteindre la petite rivière de Dives.

MAUGER, le pilote beuzevalais, rappelons hautement son nom, Mauger n'hésita point à commander une manœuvre hardie, qui força le succès. Le *Vésuve* fut sauvé par lui. La *Confiance*, moins bonne marcheuse, fut victime du feu de l'ennemi, mais l'équipage put gagner la grève de Houlgate.

Peut-être ce souvenir, et plusieurs autres du même genre, ajoutés à un fait historique d'une importance immense, dont nous nous occuperons tout à l'heure, ont-ils contribué à donner l'éveil sur les services que la rivière de Dives pourrait être appelée à rendre, dans la défense de cette partie du littoral français.

De nos jours, c'est par un excellent chemin, conquis sur la mer, que l'on se rend de Beuzeval à la ville de Dives ; mais les gens de la contrée se rappellent le temps où, pour accomplir ce trajet, il fallait attendre le bon plaisir du flot, si l'on ne préférait gravir péniblement le sommet de la côte.

Trop souvent même, quand on avait attendu, il fallait se résigner à la fatigue de l'ascension, parce que les vagues, dans leur effort, avaient enlevé ou fait écrouler une partie de la falaise.

Semblable accident se renouvelle encore assez fréquemment, malgré le minutieux entretien du chemin. C'est que les collines n'ont pas d'autre assise que l'argile. Des pluies prolongées aident l'action des flots, et il n'est pas rare d'assister, en un espace de temps très court, à la formation de galets considérables, dûs à l'action de l'eau salée sur cette argile (1).

Nous allions oublier, et c'eût été dommage, de mentionner l'un des plaisirs favoris des baigneurs et des habitants de la côte : *La pêche à l'équille.*

Le mot : pêche, n'est pas absolument exact, car, pour s'emparer du petit poisson, couleur d'argent, si exquis en friture, point n'est besoin de filets ni de barque.

Une fourche à branches aplaties et un panier suffisent.

L'*équille*, nommée *lançon* en Bretagne (2), ressemble beaucoup à une anguille, mais les plus longues ne dépassent guère vingt centimètres sur une grosseur de cinq à six centimètres. C'est alors un beau *brin*, disent les pêcheurs normands.

L'équille se cache dans le sable humide du rivage. A certains moments de fortes marées, on peut, disent toujours les bonnes gens du pays, *la prendre d'assis*, c'est-à-dire qu'elle est tellement abondante que les plus maladroits *pêcheurs*, ou *chasseurs*, comme on voudra, en capturent une grande quantité.

A ce jeu, il faut avoir les reins souples et une réelle vivacité de mouvements. On enfonce dans le sable la petite fourche dont on est muni, et on la relève, amenant à la surface, avec les tas de sablon mouillé, un ou plusieurs points brillants qu'il faut se dépêcher de saisir, car le museau pointu de l'équille rouvre, avec une rapidité surprenante, le chemin au pauvre petit poisson vers une retraite nouvelle.

De très loin, les cultivateurs viennent en partie de plaisir pêcher avec leur famille. Parents, enfants se portent des défis, et c'est un tableau des plus animés, des plus joyeux.

Les habiles y gagnent d'excellents changements à leur nourriture ordinaire et, parfois, leur garde-manger s'enrichit de conserves, l'équille supportant bien une salaison modérée.

---

(1) Au moment où nous terminions ce volume, les superbes travaux du chemin de fer qui relie Dives à Trouville, mettaient Beuzeval aussi à l'abri que *possible* des catastrophes causées par les grosses marees et les violents coups de mer toujours à craindre.

(2) L'équille fait partie de la classe des poissons *apodes*, c'est-à-dire qui ne possèdent pas de nageoires ventrales.

CHAPITRE XXXIII

DE DIVES A OUISTREHAM

Depuis quelques années, Dives, ville très ancienne, est reliée au grand réseau des chemins de fer de l'Ouest, par une ligne qui se raccorde à la station de Mézidon. Mais on n'a pas trouvé ce progrès suffisant ; et, à travers le sol accidenté de la vallée d'Auge, l'État poursuivit la construction d'une ligne nouvelle partant de Deauville. Les frais en furent lourds ; il a fallu établir beaucoup de viaducs et d'aqueducs, sans compter un pont très difficile à édifier à l'embouchure de la Dives, dont le lit est profond, presque mouvant.

On a triomphé certainement de ces difficultés, mais peut-être le port en souffrira-t-il...

Il est vrai que la nouvelle ligne ferrée rentre dans le plan stratégique des routes devant raccorder nos rivages entre eux.

En elle-même, l'idée est donc bonne ; toutefois, il est permis de regretter que l'on ne cherche pas à tirer meilleur parti d'une excellente position maritime. Si on le voulait, le port de Dives acquerrait bien vite une réelle notoriété et développerait, dans de grandes proportions, la prospérité de la contrée.

Nous nous souvenons que plusieurs historiens, Augustin Thierry, notamment, ont désigné Saint-Valery-sur-Somme comme point d'embarquement de Guillaume, duc de Normandie, futur fondateur du royaume d'Angleterre. Mais des recherches patientes ont démontré, jusqu'à l'évidence, l'erreur d'une telle assertion.

C'est à Dives que furent faits les préparatifs de l'expédition. C'est de la Dives que sortirent les vaisseaux du *Conquérant* (1).

(1) La ville a pris le nom de la rivière qui la baigne.

En souvenir de l'événement, une colonne en granit a été érigée (1861) sur le point culminant de la falaise de Caumont, regardant la rivière, et des tables de marbre, portant inscrits les noms des compagnons du duc normand, ont été placées dans l'église du bourg.

Les habitants disent : ville. L'aspect des lieux leur donne raison. On retrouve plus d'une trace de l'importance de Dives. Beaucoup de rues se dirigent au loin dans la campagne, témoignant que les maisons devaient être plus nombreuses. Les halles, fort anciennes (quatorzième et quinzième siècles), ne sont pas celles d'un village.

Encore bien moins l'église, vaste et bel édifice, dont quelques parties remontent au onzième siècle.

On a dit avec raison que ce monument prouverait, à lui seul, la prospérité dont, il y a huit siècles, jouissait la petite

Anciennes coiffes des femmes de Dives et de Deauville.

ville. Une simple bourgade n'avait pas besoin d'une église bâtie sur de pareilles proportions; mais les chevaliers de Guillaume devaient s'y sentir à l'aise.

On visite encore avec intérêt une maison bien conservée datant du dix-septième siècle, et une autre, plus vieille de cent ans, sinon davantage.

Cette dernière porte fièrement le nom d'*Hostellerie de Guillaume le Conquérant*. Une chronique prétend que la mer baignait alors les murailles du vieux logis. Cela se pourrait; la pointe de Cabourg n'existait pas encore. Elle ne s'est formée que peu à peu, sous l'effort des vagues, charriant d'immenses quantités de sable. L'embouchure de la rivière devait occuper une position plus à l'ouest de la gare actuelle du chemin de fer conduisant à Mézidon.

Une chose très certaine, c'est qu'il fallait trouver des ressources de toute sorte pour l'armée normande, composée de cinquante mille hommes. Plusieurs navires furent envoyés de Touques, à Dives, rejoindre l'expédition.

Aujourd'hui, la petite ville se consacre tout entière aux travaux de la paix. Elle possède une source de revenus importants

Dives. — Hostellerie de Guillaume-le-Conquérant.

dans la population, de plus en plus nombreuse, des baigneurs attirés par la beauté du pays.

Le samedi, un marché fort bien approvisionné réunit les petits propriétaires et les fermières, qui y apportent de magnifiques volailles, du beurre excellent, du fromage délicieux.

C'est le pays *du bon vivre*.

Le 9 septembre, une foire célèbre commence et dure trois jours. Autrefois, on pouvait y admirer les riches costumes normands. Maintenant, les modes modernes envahissent les campagnes les plus reculées. C'est fâcheux pour le coup d'œil, mais, naturellement, les affaires n'en souffrent pas.

Pour nous, simples voyageurs, nous ne quitterons pas la ville sans gravir le *Pavé*. Ainsi s'appelait une vieille route pavée, remplacée par une voie empierrée, allant rejoindre celle qui, de Trouville par Touques, conduit à Varaville et à Caen.

L'excursion n'a rien de très pénible, quoique la côte soit des plus rapides. Le fût-elle davantage, on oublierait bien vite ce léger inconvénient devant la splendeur du tableau dont on jouit avidement.

A droite, la côte se recourbe en un immense fer à cheval, jusqu'à la jetée du Havre, montrant dans ses replis les jolies constructions blanches des stations de bains, des bouquets de bois touffus, la ligne brillante des ruisseaux, des rivières et du grand fleuve : la Seine.

L'ondulation du sol dentelle les rivages de la verdure gaie des prairies ou du sable aride des dunes.

A gauche, c'est la plage coquette de Cabourg, puis une courbe nouvelle, et la pointe dessinée par les terres de l'embouchure de l'Orne ; sur la ligne d'horizon passent, nombreux, les navires et les barques ; à nos pieds, c'est un profond ravin tout frais, tout vert, baigné par la Dives.

Sous l'éclat du soleil, l'ensemble est prestigieux ; pourtant, à la nuit tombante, un charme plus séduisant ajoute à la magie de l'ensemble... Les phares font briller leur lumière protectrice, tantôt fixe et blanche, tantôt mouvante et colorée. On croirait que les étoiles de la pointe de la Hève s'avancent vers les feux de la pointe d'Ouistreham et toutes ces lueurs, se mêlant aux lueurs des habitations, jettent sur les vagues d'étincelantes traînées, où les nuances de la palette divine sont avivées par le mouvement perpétuel du flot.

Quand on a gravi la côte de Grâce, à Honfleur, et le *Pavé*, à Dives, on peut, sans exagération, dire que l'on a contemplé deux des plus beaux horizons de cette partie du littoral français.

Cabourg, station de bains toute moderne, paraît, ensuite, un peu moins agréable; mais rentrant ainsi dans les exigences de la vie ordinaire, on se trouve, inconsciemment, poussé à l'injustice.

Cabourg est devenu une véritable ville, élégante et simple à la fois, avec une admirable plage, de belles et fraîches avenues, un casino, des chalets gracieux.

Qu'il y a loin de ces richesses aux marécages de jadis, et comme la nouvelle église ressemble peu à l'antique chapelle, dédiée à saint Michel, dont se contentaient les pêcheurs habitant ces landes et ces terrains humides, si peu attrayants !

Chaque jour, cette station de bains prend plus d'extension, le chemin de fer rendant les communications très faciles.

Les transformations s'accomplissent vite sur ces belles plages normandes, devenues une sorte de banlieue de Paris, tellement l'habitude est prise d'y aller passer, dans la belle saison, un jour ou deux par semaine.

En voyant si pimpant le HOME-VARAVILLE, qui continue en quelque sorte le champ de courses renommé de Cabourg, on a peine à se souvenir du pauvre poste de douaniers occupant encore, il y a bien peu de temps, cette station de bains, déjà très suivie.

Nous nous y sommes arrêté un instant, très volontiers, et notre halte nous a valu d'entendre une histoire qui mérite de ne pas rester confinée dans des traditions locales trop peu souvent fouillées.

A une petite distance du Home, et faisant partie de la commune de MERVILLE, on trouve une vieille redoute, un fort, dont les gardiens devaient autrefois surveiller une assez vaste étendue de côte et particulièrement l'entrée du fleuve l'Orne.

Par malheur, on négligeait souvent de renouveler ces garnisons, et le moment vint où la redoute de MERVILLE ne compta plus qu'un *seul* défenseur.

Mais, dans le cœur de cet unique soldat, un grand courage s'alliait à l'amour de la Patrie : il en devait donner une preuve merveilleuse.

C'était en 1762. Nous nous trouvions en guerre avec l'Angleterre et, chaque jour, des tentatives nouvelles avaient lieu contre nos ports. Un après-midi, MICHEL CABIEU, ainsi se nommait le gardien de la redoute, s'aperçoit que des navires ennemis se dirigent vers l'embouchure de l'Orne, avec l'intention évidente d'y préparer un débarquement de troupes.

Une anxiété généreuse étreint l'âme de Cabieu. Que peut-il faire? Périr ou être emmené prisonnier... sans que sa propre perte soit utile à la Patrie. Le brave soldat ne se résigne pas à une telle alternative. L'esprit, le sang-froid, unis au courage, lui inspirent un plan bien simple.

Il sait que la redoute est à demi-cachée par les dunes de sable. Facilement, il épie toutes les manœuvres de l'ennemi, sans que ce dernier soit à même de se rendre compte du plus ou moins de force de la garnison française.

Cabieu profite de cette situation. S'emparant d'un tambour, il se hâte de battre une charge furieuse, en même temps qu'il crie, parle, donne des ordres à des soldats imaginaires, fait rouler des cailloux le long des murailles. Le tout sans relâche et avec un entrain extraordinaire.

Les Anglais s'étonnent... Auraient-ils été mal renseignés? Leur entreprise, si bien combinée, va-t-elle trouver un obstacle sérieux? Le tapage redoublant, la prudence l'emporte, les voiles sont déployées et les navires s'éloignent lentement.....

Cabieu n'ose encore croire à son triomphe. Il continue à faire tout le bruit possible; mais quand, enfin, vaincu par la fatigue, il tombe épuisé, son regard suit avec joie, dans l'ombre du soir, la silhouette, de moins en moins distincte, des bâtiments ennemis.

Au matin, l'air frais le ranime, mais nul danger ne menace plus ce point du pays : la mer est libre.....

Les habitants firent une ovation à Michel qui, désormais, fut connu sous la caractéristique appellation de : *Général Cabieu*.

Gaîment, il la porta jusqu'en 1804, époque de sa mort.

Elle était bien méritée... A soi, tout seul, disperser une flotte!

Les annales de nos provinces sont pleines de ces traits généreux que l'indifférence oublie, mais qu'il est bon de présenter parfois à notre souvenir, pour raviver en nous la grande image de la Patrie.

Les circonstances du beau *fait d'armes* de Cabieu se trouvent diversement relatées dans plusieurs documents authentiques; mais tous sont unanimes à louanger l'humble garde-côte.

Un Mémoire tiré du recueil de M. C. Hippeau, ancien professeur à la Faculté de Caen, Mémoire faisant partie des archives du château d'Harcourt, dit que... « Cabieu, sergent garde-côte de la paroisse d'Ouistreham, se mit à la tête de trois ou quatre gardes-côtes qu'il rencontra et marcha vers les Anglais : ses compagnons *l'abandonnèrent.* »

Une autre pièce est le récit fait à l'Assemblée constituante, le 4 septembre 1790, par M. Cussy, député du Calvados; il contient ce passage significatif : « *le seul tambour* de sa compagnie l'avait suivi, mais *ne tarda pas à le quitter...* »

Un rapport rédigé par Oudot et lu à la Convention nationale, le 25 thermidor an II (12 août 1794), dit expressément :

« Michel Cabieu se porte au-devant de l'ennemi... »

La seule différence dont nous devions tenir compte, c'est que la redoute défendue est celle d'Ouistreham, toutes les relations s'accordant à la placer sur la rive *gauche* de l'Orne, tandis que la station de Merville est située sur la rive *droite*.

Quoi qu'il en soit, le numéro du *Moniteur universel*, portant la date du 15 août 1794, contient un décret de la Convention donnant à Ouistreham le nom de *Cabieu*.

C'était dignement honorer le courageux soldat.

Pendant quelques années, le décret fut respecté et l'on trouve, toujours dans le *Moniteur*, le récit de plusieurs faits accomplis à *Cabieu;* une parenthèse sépare le nom nouveau du nom ancien, qui finit cependant par reprendre droit de cité.

Louis XV avait accordé à Cabieu une pension de cent livres. Le 4 septembre 1790 et le 12 août 1794, il fut de nouveau recommandé aux députés.

La Convention lui vota un secours de six cents livres, et nous venons de voir ce qu'elle fit pour sa réputation.

Né le 2 mars 1730, le *général* Michel Cabieu mourut le 4 décembre 1804.

Donnons un coup d'œil à Sallenelles, situé sur la rive droite de l'embouchure de l'Orne. Les plages du Home et de Cabourg ont un peu détrôné ce village où, autrefois, on allait très volontiers prendre les bains de mer. Cependant la mode pourra bien, un de ces jours, prendre Sallenelles sous sa protection et en faire une fort jolie station. Le pays y prête.

Si nous ne voulons pas franchir l'Orne en bateau, nous suivrons la rive du petit fleuve jusqu'au pont de Ranville, pont *tournant* qui a remplacé le bac incommode dont devaient, il y a peu de temps encore, se contenter les piétons et les voituriers.

Mais ce léger détour ne nous empêchera pas d'aller visiter OUISTREHAM ou OYESTREHAM.

Le nom seul de cette ville indique son origine saxonne, et l'orthographe en a été modifiée pour la rendre plus euphonique à nos oreilles et à nos yeux français.

Ouistreham fait un assez florissant commerce, dont le plus clair bénéfice provient de la mer et de tout ce qui s'y rattache.

Son port possède un beau chantier de construction pour les petits navires et un vaste bassin muni de *portes de flot* énormes, magnifiques, qui ont dû coûter bien des soins à leur entrepreneur.

Dans ce bassin même débouche *le Canal de Caen à la mer*, voie de quatorze kilomètres, extrêmement utile au commerce, car les passes naturelles de l'Orne sont d'un accès difficile et ont été trop souvent l'occasion d'abordages désastreux.

Le chenal de l'avant-port d'Ouistreham est éclairé, la nuit, par deux feux placés, l'un dans le clocher de l'église, l'autre dans la redoute défendant la petite cité, qui voit passer les navires chargés de grains, de farines, de sel, de houille, de fonte, d'acier, de fer, de vins, d'eaux-de-vie, de sapins du Nord, de denrées coloniales, d'huile, de machines : Caen, chef-lieu du département, étant très commerçant.

Ouistreham peut offrir plus d'un sujet d'études agréables.

L'église, maintenant classée parmi les monuments historiques, est presque tout entière de style roman. A son chevet, ou abside, de forme ronde, s'élève une grosse tour quadrangulaire supportant l'un des feux qui éclairent l'entrée du port.

La façade offre cette particularité que quatre des ordres d'architecture y sont superposés.

Un édifice aussi important prouve bien qu'autrefois Ouistreham fut un lieu renommé, beaucoup plus peuplé qu'il ne l'est à l'heure actuelle : Caen, par sa situation et son activité, lui ayant enlevé une notable partie des affaires commerciales, dues à la navigation de l'Orne.

Une seconde preuve de l'ancienneté et de l'intérêt que l'on

attachait à cette petite ville est marquée par les ruines intéressantes découvertes sur son territoire.

Les sculptures, très nombreuses, témoignent que de riches habitations et des temples y avaient été élevés.

Puis, on retrouve une voie romaine et un camp également construit par les soldats du conquérant des Gaules.

Enfin, si tous ces souvenirs paraissent être un peu trop sérieux, on se rend au bord de la mer soit pour se baigner, soit pour pêcher : la côte, quoique bien fouillée, donnant encore asile à une foule de petits poissons de rivage, sans compter les crevettes et les huîtres.

Aussi, pendant l'été, vient-on beaucoup aux bains de mer d'Ouistreham. Toutefois on fera bien de se méfier de certaines parties des grèves ; les courants constants, qui agitent ces immenses masses de sable, créant plus d'un danger sérieux.

On ne doit jamais oublier que si la mer offre de grandes séductions, elle est, par-dessus tout, capricieuse et terrible. La plus simple prudence commande donc de ne point s'exposer à subir le contre-coup de ses retours offensifs.

Il est impossible de venir à Ouistreham et de ne point aller visiter Caen, l'une des villes les plus industrielles du Calvados. Elle a, d'ailleurs, un véritable port formé par le confluent de l'Orne et de l'Odon et qui compte au nombre de ceux dont l'amélioration a été reconnue nécessaire.

CHAPITRE XXXIV

CAEN

Relativement à plusieurs autres cités du Calvados, Caen est une ville moderne.

Longtemps avant la conquête romaine, Bayeux était connu. De même, Lisieux comptait au nombre des forteresses gauloises.

Caen, cependant, ne pouvait tarder à obtenir la première place. Son avantageuse situation, au confluent d'une rivière et d'un petit fleuve, lui assurait la prépondérance sur toutes les villes voisines.

Huet, le célèbre évêque d'Avranches, qui dédia à Caen « sa chère patrie », l'ouvrage historique entrepris uniquement « pour elle », écrit que cette ville fut, en quelque sorte, « l'ouvrage du hasard » et cité le premier témoignage historique auquel on puisse avoir recours.

Il date de 1026, et porte le sceau de Richard II, duc de Normandie, qui alloue à l'abbaye de Fécamp, la dîme sur les douanes de la petite cité.

Néanmoins celle-ci devait alors commencer à sortir de son obscurité, puisque l'acte ducal mentionne l'église, le marché et le *port* de *Cathim* (1). Ainsi orthographiait-on le nom de la ville. Plus tard, on écrivit *Cathem* d'où, par contraction, est venue l'appellation moderne. Longtemps on a prononcé *Caën*.

Les ducs normands eurent le mérite de comprendre l'avantage offert par une semblable position, voisine de la mer et

---

(1) D'autres ont lu : *Cadon*, mot saxon qui signifierait : *ville de guerre*.

pouvant faire rayonner facilement ses relations sur une grande étendue de territoire.

Le fils de *Robert le Magnifique*, ou le *Diable*, Guillaume, futur souverain de l'Angleterre, alliait aux mérites du capitaine le génie d'un chef d'État. Il aima et protégea Caen, lui donnant, en toute occasion, des marques de sa munificence : témoin, la fondation des monastères dits : *Abbaye-aux-Hommes* et *Abbaye-aux-Dames*. Ces deux splendides joyaux furent construits par obéissance envers le pape Nicolas II qui, moyennant une telle soumission, levait la censure ecclésiastique dont était frappé le mariage de Guillaume avec sa cousine Mathilde de Flandre.

Ainsi qu'il arrive toujours, le duc s'attacha à son œuvre et la dota de façon royale, lui léguant, entre autres choses, sa couronne et son sceptre. L'*Abbaye-aux-Hommes* (Saint-Étienne) devint le lieu de sa sépulture, et l'*Abbaye-aux-Dames* (Sainte-Trinité) fut celle de la reine-duchesse Mathilde.

En même temps, Caen se fortifiait. On l'entourait de remparts et on lui donnait la protection d'un château.

Les successeurs de Guillaume imitèrent son exemple. L'un d'eux, pour améliorer le port, y fit dériver l'Orne, dont le cours était un peu différent de ce qu'il est aujourd'hui.

La prospérité de la ville croissait rapidement.

Jean-sans-Terre chercha à s'en faire une alliée et lui octroya une charte communale ; mais le monarque n'était pas plus aimé des bourgeois de Caen que de ses vassaux anglais, et Philippe-Auguste, son heureux rival, trouva la ville fort bien disposée pour une annexion à la France.

Cette fidélité ne se démentit pas, lorsque, après une période de plus d'un siècle, pendant laquelle Caen avait continué à étendre son influence, la puissante armée d'Édouard III, d'Angleterre, tout enflée des victoires remportées sur Philippe de Valois, vint mettre le siège devant ses murs.

On ne saurait croire, si les annales les plus authentiques n'étaient là pour l'affirmer, combien fut effréné le pillage qui punit les bourgeois de leur résistance héroïque.

Une *centaine* de navires emportèrent le butin !... Grand nombre d'habitants et de chevaliers furent emmenés prisonniers...

Sous le règne de Charles VI, pareil désastre se renouvela. Henri V, le monarque anglais, se montra digne successeur d'Édouard III. Tous les crimes furent commis par les soldats du vainqueur, et *deux mille* bourgeois périrent sur leurs murailles envahies...

C'en était trop, la malheureuse ville, écrasée, ne put essayer de travailler elle-même à son affranchissement et dut attendre dix-neuf années avant d'être secourue par Charles VII, en personne.

Elle se montra toujours reconnaissante de sa délivrance. En 1532, nous voyons Etienne Duval, riche marchand caennais, faire entrer des vivres dans Metz, assiégée par Charles-Quint.

De l'époque néfaste de la conquête, subsiste un seul souvenir qui, aux yeux des lettrés, peut légèrement atténuer la tyrannie odieuse des vainqueurs. Ils dotèrent Caen d'une Université : ce fut l'origine de la réputation littéraire bientôt obtenue par la ville. Les concours poétiques, désigné sous le nom de *Puy de Palinod*, et institués sur la proposition de l'avocat Jean le Mercier, étaient regardés avec faveur par les écrivains empressés à s'y distinguer.

Depuis lors, la nouvelle renommée créée brilla d'un vif éclat, et la liste est longue des poètes, ainsi que des prosateurs, inscrits sur les registres de la vieille Université. Il semblerait même que Caen préféra cette gloire à toute autre, du moins, on ne voit pas son nom se joindre aux noms des cités normandes profondément troublées par les guerres entre catholiques et protestants.

Les huguenots, néanmoins, y commirent plus d'un excès, qui atteignirent surtout les belles églises de Caen ; ils allèrent jusqu'à brûler les sépultures de Guillaume et de sa femme Mathilde.

Plus tard, la révocation de l'Édit de Nantes amena, par contre-coup, de nouvelles et très fâcheuses violences ; mais bientôt le calme de l'étude domina complètement.

Aujourd'hui, la ville a conquis une solide position commerciale. Le canal d'Ouistreham y a beaucoup aidé, en diminuant les difficultés de la navigation dans les bouches ensablées de l'Orne.

CAEN. — Vue générale.

L'activité du port va toujours grandissant, et les navires sortis de ses chantiers de construction sont très appréciés. Les nombreux produits naturels et agricoles du Calvados, l'un des plus riches départements français, alimentent largement l'exportation. De son côté, l'industrie fournit, dans une mesure assez importante, aux transactions commerciales. Parmi les objets les plus recherchés, figurent les dentelles de luxe et communes. Beaucoup de ces tissus peuvent rivaliser avec ce que le goût moderne a composé de plus charmant.

Le légendaire bonnet de coton normand a dû exercer une influence heureuse sur les fabriques bonnetières de la contrée, car leurs produits s'exportent un peu partout.

L'importation a surtout lieu pour les bois du Nord, les engrais, les fers, les aciers, la houille.

Toutes les nations commerciales ont, à Caen, un représentant.

Les navires entrant ou sortant donnent un total, toujours en progression, de plusieurs centaines de mille tonnes, et la population exclusivement maritime atteint un chiffre élevé. En un mot, Caen occupe, après Le Havre, Boulogne et Saint-Malo, une place au premier rang parmi les ports de la Manche. Cette place lui est maintenue par la facilité d'accès de ses quais, de ses bassins, et par un système fort bien entendu de remorquage, permettant de braver les vents contraires.

Dès le premier pas dans la ville, on s'aperçoit de la prospérité qui y règne. Située au milieu de superbes et grasses prairies, entourée de ravissantes promenades, baignée par les eaux de l'Odon et de l'Orne, elle est, de plus, fort bien bâtie. Ses rues sont suffisamment larges, aérées. Ses maisons, pour la plupart, ne ressemblent pas aux immenses casernes affectionnées par nos modernes architectes.

Peut-être la ville doit-elle ce bon goût aux nombreux monuments historiques qui lui conservent un si vif attrait.

Les églises Saint-Étienne et de la Sainte-Trinité (vocables des abbayes bâties par Guillaume et Mathilde) restent le legs le plus précieux du passé.

La première, fondation particulière du souverain, est justement regardée comme une œuvre splendide que, seule, dans la vieille province Normande, l'église rouennaise de Saint-Ouen surpasse en beauté.

Primitivement, une tour haute de cent vingt-quatre mètres, dominant la vaste construction, s'harmonisait avec deux autres tours, de forme octogonale, à la fois belles et gracieuses.

La façade si hardie, quoique sévère d'aspect, devait y gagner encore en majesté.

De nos jours, la tour centrale est veuve de sa flèche, mais elle reste entourée de gracieux clochetons marquant l'emplacement des transepts, le pourtour du chœur et l'extrémité de l'abside.

L'intérieur de l'édifice répond dignement à cet aspect si bien fait pour disposer les yeux.

La nef, en forme de croix latine, se profile, immense, sans rien perdre, dans aucune de ses parties, du caractère simple quoique majestueux de son style.

L'ornementation, très sobre, ne vient pas briser les lignes pures des demi-colonnes qui, tour à tour, soit en un bloc unique, soit par la réunion de trois fûts tronqués, soutiennent les voûtes ainsi que les arcades séparant les ailes du vaisseau central.

Le chœur, spacieux à cause du prolongement des collatéraux, renferme seize chapelles.

Mais depuis les mutilations qui, au seizième siècle, désolèrent Saint-Étienne, le riche tombeau de son fondateur a disparu. Plusieurs fois jetées au vent, c'est à peine si l'on a pu réunir quelques parcelles des cendres du Conquérant. Une dalle de marbre noir les recouvre.

Il était dans la destinée de Guillaume, le guerrier sans scrupules, de ne pouvoir « dormir » en paix « son dernier sommeil ».

Augustin Thierry raconte d'une façon saisissante la mort et les funérailles de celui qui avait eu tant de puissance.

Abandonné de tous, le cadavre du roi restait nu sur le plancher d'une des salles du château de Rouen. Ému de pitié, un vieux serviteur, Herluin, « simple gentilhomme de campagne, » entreprend de le faire transporter à Caen.

Là, dans cette riche *Abbaye-aux-Hommes*, sa fondation, il trouvera une sépulture honorable.

La cérémonie commence. Tout à coup, l'ancien cri de *Haro*

(celui par lequel les Northmen de Rollon imploraient sa justice) retentit.

Asselin, fils d'Arthur, vient de pénétrer dans les rangs des assistants.

— Le terrain sur lequel s'élève l'église est à moi, proteste-t-il. Guillaume me l'a pris sans me le payer. Je ne veux pas que son corps y repose !

Clergé et seigneurs convinrent de vérifier l'assertion d'Asselin. Il était dans son droit strict et, pour obtenir qu'il retirât sa plainte, on lui acheta, moyennant soixante sous d'or de l'époque, le terrain injustement pris... Puis la cérémonie continua.

Hélas ! une nouvelle infortune attendait les restes de Guillaume.

Quand il s'agit de les ensevelir, le caveau préparé se trouva trop étroit... On n'en tint compte et l'on chercha à y introduire le cadavre qui ne put résister à la pression... les entrailles en sortirent !!... Il fallut brusquer l'enterrement et déserter l'église, que l'on eut beaucoup de peine à désinfecter.

Une fois de plus, la mort se montrait ironique et cruelle...

Dans la sacristie de Saint-Étienne, on conserve un portrait, plus ou moins authentique, de celui dont l'audace heureuse devait exercer une si grande influence sur notre pays.

Les anciens bâtiments claustraux sont affectés à l'usage du lycée, qui se trouve être, par là, l'un des plus beaux de la France entière.

On ne se lasse pas d'admirer le grand escalier, si large, si hardi, non plus que l'ancienne salle du Chapitre et de la vieille construction de style ogival, où, selon la tradition, se tenaient les gardes du corps de Guillaume.

Saint-Étienne avait été autrefois fortifié, on retrouve encore quelques pans des murailles de son enceinte.

L'*Abbaye-aux-Dames*, actuellement église de la Trinité, est due à Mathilde de Flandre, qui y voulut avoir son tombeau.

Les mêmes actes de vandalisme qui profanèrent la sépulture de Guillaume, se répétèrent contre ce monument funèbre ; toutefois, on a pu le réparer, mais il renferme seulement d'infimes débris.

Comme Saint-Étienne, l'église de la Trinité témoigne de la

munificence de sa fondatrice. Les proportions en sont élégantes et la nef contient de belles galeries courant le long des travées.

En outre de la disposition du sanctuaire, formant un péristyle à double étage, surélevé par plusieurs rangées de degrés, il existe, sous le chœur, une admirable crypte, jadis destinée à l'inhumation des supérieures de l'abbaye.

La commission des monuments historiques prend souvent ses devoirs au sérieux. Quand cela n'arrive pas, c'est qu'on lui marchande les fonds indispensables. Elle rendra, on doit l'espérer, à la vieille église toute sa splendeur.

Après ces deux magnifiques spécimens de l'art au moyen âge, on croirait ne pouvoir s'intéresser à aucun autre souvenir du même genre ; mais, sous ce rapport, Caen est très riche.

Notre-Dame-Saint-Sauveur présente un curieux mélange de plusieurs styles et une bizarrerie peu commune. Deux nefs la composent ; elles se rejoignent sur le sens de leur largeur, et l'arc qui les lie constitue une véritable curiosité architecturale.

La fondation de *Saint-Pierre* remonte au huitième siècle. La tour actuelle date de 1308 ; sa flèche, d'une rare élégance, se dresse fièrement à une hauteur de 70 mètres. L'intérieur est tout brodé de sculptures aussi charmantes que riches ; mais plusieurs portent le cachet de l'époque où elles furent exécutées, et étalent une liberté naïve, une crudité d'allures peu en rapport avec la destination de l'édifice.

Saint-Jean est un assez beau monument de style ogival. D'ailleurs, pas une des églises, ni même des chapelles, très nombreuses à Caen, n'est en vain parcourue : toutes renferment des détails intéressants.

Il en est ainsi pour les vieux édifices civils.

L'hôtel des *Quatrans*, situé rue de Geôle, et tout bâti en bois, remonte à la fin du quatorzième siècle ; le beau logis d'*Écoville*, appelé aussi le *Valois*, date de 1538.

Le Tribunal de commerce et la Bourse imitent ces gracieuses constructions italiennes, où la beauté des sculptures le dispute à la richesse de l'ornementation.

La rue Saint-Pierre, la rue Saint-Jean, la rue Froide, possèdent encore de remarquables maisons anciennes, construites en bois ou en pierre.

Quand aux habitations historiques, elles sont en grand nombre. BERNARDIN DE SAINT-PIERRE, venu enfant à Caen, a vécu rue de l'Académie.

JEAN BERTAUD, l'un des fils de la ville, où il naquit en 1552, le poète aux vers purs et pleins de sentiment, qui a mérité d'être honorablement cité par Boileau, logea au carrefour Saint-Sauveur.

DANIEL HUET, le savant prélat, le travailleur infatigable, habita rue Saint-Jean.

FRANÇOIS DE MALHERBE, le critique de goût, le père de la poésie moderne, naquit rue Notre-Dame.

REGNAULD DE SEGRAIS, le charmant poète idyllique et pastoral, habita rue de l'Engannerie.

Là ne se termine pas, à beaucoup près, le défilé d'hommes célèbres dont Caen garde pieusement la mémoire.

JEAN MAROT, poète et historiographe, serait plus connu, si la gloire de son fils CLÉMENT ne l'avait éclipsé.

GRAINDORGE fabriqua, au seizième siècle, des figures sur toile ouvrée et donna ainsi l'idée des tapisseries de haute lice.

L'architecte HECTOR SOHIEN, dirigea l'établissement des voûtes du chœur et des chapelles de l'église Saint-Pierre. Il y prodigua toutes les ressources d'un talent aussi souple qu'élégant.

BOIS-ROBERT fut le familier de Richelieu et l'un des fondateurs de l'Académie française.

Les travaux du géomètre PIERRE VARIGNON sont estimés.

TANNEGUY LEFEBVRE, le savant philologue, eut pour fille la célèbre helléniste Madame DACIER.

MALFILATRE promettait de devenir un poète exquis.

A l'enseignement du compositeur CHORON se formèrent les plus grands artistes-chanteurs du premier tiers de ce siècle.

AUBER était son compatriote. Auber, dont la musique vive, gaie, si française par l'esprit et la clarté, contribuera longtemps encore à la fortune de nos scènes lyriques.

Le général DECAEN défendit pendant *huit ans* nos colonies des îles de France et de Bourbon contre les Anglais,

Mais c'est nous attarder trop dans une nomenclature forcément aride.

Caen, ville littéraire, et, autrefois, siège des cours souveraines de Normandie, a toujours brillé d'un grand éclat dans les lettres, ainsi que dans l'étude plus sévère du droit. Elle se montre jalouse de sa renommée.

Tant mieux, cela compense un peu l'indifférence générale du pays qui, en dépit d'un luxe véritable de statues, oublie ceux dont le génie a formé sa gloire multiple.

Les places de Caen sont, en général, jolies. La plus remarquable est la place Royale, jadis ornée d'une belle statue de Louis XIV (1).

Devant l'Université s'élèvent les statues de Malherbe et de LAPLACE. L'illustre astronome était né à Beaumont-en-Auge, riche bourg situé à 38 kilomètres de Caen.

En passant de nouveau rue Saint-Jean, nous n'oublierons pas qu'au numéro 148 habita celle que Lamartine, avec une étrange emphase, appela *l'Ange de l'Assassinat* : CHARLOTTE CORDAY.

Les ruines militaires de la ville consistent presque tout entières dans le château, ou plutôt dans l'enceinte du château bâti par Guillaume.

Il était situé sur un petit monticule dominant le nord de la ville. Mais, des constructions, il reste seulement les murailles extérieures et un donjon carré, accosté de tours rondes, à l'usage des réserves de l'artillerie. Ce n'est pas très imposant et, çà et là, deux ou trois autres vieilles tours ne se présentent pas, non plus, sous un aspect bien formidable.

Laissons donc ces souvenirs guerriers qui, ici, rappellent les plus tristes époques de l'histoire de la ville, et parcourons les attrayantes promenades des faubourgs.

Les *Cours* ont été plantés vers la fin du dix-septième siècle. Ils encadrent royalement la vaste prairie, contenant l'hippodrome renommé. Lorsque vient l'époque des courses, on peut y comparer entre elles les races chevalines étrangères et françaises.

Nous ne nous piquons pas d'être bien profond connaisseur en cette matière. Mais, dût notre franchise prouver une réelle

---

(1) On a enlevé cette œuvre d'art... Est-ce vraiment avoir fait preuve de sens et de goût ?

ignorance, nous avouons donner le prix aux belles races françaises.

Que leur manque-t-il ? Ce n'est, à coup sûr, ni l'élégance d'ensemble, ni la générosité du sang, ni l'ampleur des formes, ni le fond, ni le courage.....

Mais, depuis qu'il est de mode de tout sacrifier à une vitesse stérile, aux dépens de la solidité et du fond, on prise moins les qualités de nos chevaux, et, sous prétexte d'amélioration, on est en train, croyons-nous, de diminuer la valeur réelle de ces excellents animaux.

Il ne nous appartient pas de pousser plus loin ces critiques ; nous avons seulement voulu effleurer un des côtés du caractère français.

Trop souvent, nous donnons l'étonnant spectacle du mépris de nos véritables richesses, pour nous jeter dans l'engouement de pauvretés exotiques.

Les étrangers profitent de cette folie, puis, à beaux deniers comptants, nous viennent revendre ce qu'ils nous ont acheté à un prix très modeste...

Quand donc, en *tout*, serons-nous *d'abord* Français ?

Le panorama des courses caennaises est on ne peut plus séduisant. La beauté du paysage où elles se passent, l'intérêt particulier, la curiosité intelligente dont elles sont l'objet, ajoutent beaucoup à leur propre attrait.

Il y a là tel riche propriétaire-cultivateur, modestement vêtu d'une solide blouse en toile ou d'une petite veste en gros drap, qui, d'un coup d'œil, juge en maître les concurrents.

Puis il fait bon voir onduler cette population normande, fraîche, vigoureuse, bien tenue, respirant l'aisance et même le contentement.

Après ce tableau, vient celui du port et des bassins où le travail règne en maître : bâtiments long-coursiers, bâtiments caboteurs, petits navires ou barques s'y succèdent presque sans interruption, et, en cherchant bien, il ne serait peut-être pas impossible de retrouver un vieux pêcheur fidèle au costume que son père portait il y a cinquante ans.

Ainsi qu'il est facile de le comprendre, la pêche côtière tient une assez large place dans le commerce local : les huîtres de

Courseulles y trouvent un excellent débouché : l'Orne et l'Odon y apportent leur tribut en poissons.

A certaines époques, la ville entière paraît vouloir se livrer au plaisir de la pêche. Chacun va se poster sur les bords du fleuve et, beaucoup, sans le secours de filets ni de lignes, réalisent cependant une *récolte* magnifique.

C'est le moment de la *montée*.

Alors, un banc de menu fretin d'anguillules arrive en masses compactes, suivant le flux marin. On plonge à même dans l'épaisseur de la marée animée, qui, un panier, qui, un engin plus primitif encore.

Nous devons l'avouer, l'aspect du résidu de la *montée* ne nous a pas toujours semblé très engageant. Dans bien des cas, il a l'apparence d'une sorte de gelée frétillante dont nous n'aurions pas volontiers pris notre part.

Cependant, un plat de *montée* frite est, disent les amateurs, quelque chose de fort délicat.

Cela nous rappelle les minuscules anguilles de la Loire, nommées, si notre mémoire ne nous trompe, *civelles*, par les Nantais.

Au nombre des excursions préférées par les touristes vient d'abord celle du hameau de Calix, où l'on admire la Maison des Gendarmes, construction des premières années du seizième siècle, élevée par Gérard de Nollent, qui en voulut faire, à la fois, un manoir d'agrément et un château capable de subir un siège.

Il y réussit à souhait. Sa demeure participe de ce double caractère : maison de plaisance et forteresse. Le nom, qui a prévalu sur celui du fondateur, provient de l'ornementation de la tour occidentale du château.

Deux statues en pierre dominent la plate-forme de cette tour. Elles représentent deux soldats, ou *gens d'armes,* de l'époque à laquelle vivait Gérard de Nollent. L'un se dispose à croiser la hallebarde dont il est armé, l'autre s'apprête à se servir de son arc. Symbole parlant de la vigilance des défenseurs de la place.

On revit un moment dans le passé, en parcourant ce gracieux logis féodal, et l'on ne se trouve que mieux disposé pour visiter la superbe église romane de Saint-Contest ; les délicieux ombrages de LOUVIGNY ; la belle tour des IFS et le très intéressant château de FONTAINE, bâti sous Louis XI.

Si tout cela n'a pas encore fatigué notre attention, nous nous rendrons dans les divers musées de Caen. La Société d'archéologie a réuni de curieux débris, et le musée d'histoire naturelle a eu l'heureuse fortune d'hériter des riches collections de DUMONT-D'URVILLE.

C'est, du reste, justice, l'illustre contre-amiral était enfant du pays, et Caen, mieux que sa petite ville natale, CONDÉ-SUR-NOIREAU, pouvant donner un cadre convenable au résumé de ses gigantesques travaux.

Nous quitterons Caen par la voie d'eau, afin de saisir l'occasion de nous rendre un compte exact de son importance. Des navires et embarcations de tout genre croisent notre bateau. Il faut souhaiter que l'on continue à améliorer ce beau canal, artère précieuse pour le commerce de cette partie de la province : pas un des petits ports du Calvados ne pouvant primer le port du chef-lieu.

La ville doit, en conséquence, ne pas craindre de lui consacrer la plus grande partie de ses ressources. Elle y gagnera une augmentation de trafic, et par suite, ses revenus croîtront rapidement.

CHAPITRE XXXV

DE CAEN A PORT-EN-BESSIN

Nous revenons vers la côte, que nous suivrons, et nous allons trouver un grand nombre de petites stations, toutes attrayantes pour divers motifs.

Nous nous rendrons, d'abord, à COLLEVILLE-SUR-ORNE, fière, à juste titre, de son église, dont quelques parties remontent au onzième et au douzième siècles. On visite aussi, avec beaucoup d'intérêt, un beau *tumulus*, c'est-à-dire une de ces constructions en pierre et terre, affectant l'apparence d'un cône, que les anciens peuples aimaient à édifier sur les tombeaux des personnages renommés parmi eux. Nous aurons occasion, en Bretagne, d'admirer plusieurs de ces étranges monuments, qui figurent de véritables collines.

LION-SUR-MER continue la série des charmantes plages normandes qui, chaque jour, deviennent plus appréciées, parce qu'elles offrent, à la fois, proximité avec Paris, beau paysage et grève de sable fin.

Nous sommes en pleine manufacture de dentelles ou, pour nous exprimer plus correctement, les ouvrières qui se consacrent à la fabrication des dentelles commencent à devenir nombreuses. Pourtant ce genre de travail est très peu rétribué; mais les laborieuses ménagères de tant de jolis villages aiment à y employer leurs loisirs, et c'est merveille de les voir, sur le seuil des maisons, agiter avec une vélocité inouïe les nombreux petits fuseaux qui chargés de coton, de fil ou de soie, formeront des tissus plus ou moins précieux.

Ici, encore, l'église est fort belle et une promenade à un joli château, datant du quinzième siècle, complétera l'excursion.

Luc-sur-Mer a des pêcheries et des fabriques de salaisons en pleine prospérité. Vraisemblablement, ce petit bourg a dû avoir quelque importance, car son église est vaste et la tour qui la termine se couronne d'une plate-forme crénelée, remontant au seizième siècle. Les touristes ne peuvent oublier de voir la croix de pierre érigée vis-à-vis du portail : elle date de 1662.

Tout près de Luc, mais un peu plus avancé dans les terres que ce bourg, et touchant presque Douvres, le chef-lieu du canton (doté d'un beau clocher construit au douzième siècle, classé parmi les monuments historiques), existe un pèlerinage célèbre : *Notre-Dame-de-la-Délivrande* (altération du mot : *Délivrance*).

L'origine de cette chapelle se confond avec l'histoire de

Ancienne coiffure des femmes de la Délivrande.

l'évêque Regnobert, qui la bâtit au *septième* siècle pour recevoir une statue, bientôt visitée par un concours incessant de pèlerins.

Les ducs de Normandie, puis les rois de France enrichirent *Notre-Dame-de-bonne-Délivrande*, ainsi que l'appellent les gens du pays.

Reconstruite en 1050, l'église reçut, en 1473, la visite de Louis XI. L'intérieur du monument répond à la magnificence de son extérieur.

Si l'on n'allait à Langrune pour prendre les bains, on voudrait cependant y passer quelques heures ; d'abord pour admirer l'église, monument historique, datant du treizième siècle, dont la flèche élégante est l'un des *amers* de la côte ; ensuite on se hasarderait jusqu'au *Raz*, écueil appelé aussi : *les Essarts*, qui forme une des pointes de la longue ligne de hauts-fonds découverte à chaque marée, et régnant à peu près de Courseulles à Arromanches, puis, de cette localité, à Colleville-sur-Mer.

Rien ne vaut mieux, pour graver un fait historique dans la mémoire, qu'une visite aux lieux mêmes où il s'accomplit. Remontons donc un instant vers le passé.

Vers la fin du seizième siècle (en 1588), Philippe II, roi d'Espagne, ayant déclaré la guerre à Élisabeth, reine d'Angleterre, sa belle-sœur, équipa contre elle une formidable armée navale, ne comprenant pas moins de *cent trente-cinq vaisseaux*. Fort orgueilleux et persuadé qu'il remporterait des victoires extraordinaires, le souverain espagnol nomma lui-même sa flotte : *l'Invincible Armada* (1).

Peu de jours plus tard, toute cette brillante armée était anéantie. Une violente tempête l'ayant assaillie dans la Manche, grand nombre de vaisseaux furent jetés sur les rochers.

L'un d'eux, *le Calvados*, vint s'entrouvrir sur un rocher situé un peu en avant des hauts-fonds qui commandent la côte de Langrune à Arromanches. C'est depuis ce naufrage que le nom de *Calvados* fait partie de notre langue. D'abord donné à l'écueil, cause de la perte du vaisseau, il fut étendu, plus tard, à l'un des cinq départements formés par l'ancienne province de Normandie.

Nous ne pouvons passer sous silence que des recherches consciencieuses ont fait mettre en doute l'exactitude du nom donné au vaisseau naufragé. Une erreur de lecteur ou de copiste aurait tout fait, dit Malte-Brun. L'amiral espagnol montait le *San-Salvador* (le *Saint-Sauveur*). Ce dernier mot, mal orthographié, serait devenu, par une interversion de lettres : le *Calvados*, nom sans signification et que, du reste, aucun des bâtiments de la flotte de Philippe II ne portait. Mais l'erreur a prévalu : c'est trop souvent son habitude (2).

---

(1) Le mot *Armada* signifie : flotte de vaisseaux de *guerre*.

(2) C'est une erreur, également, que de donner 24 kilomètres de longueur au rocher le *Calvados*. Le banc d'écueils qui possède semblables dimensions est *attenant* aux falaises et *reste découvert à chaque marée*. Mais le roc du Calvados, proprement dit, est situé *à un kilomètre de la côte*. Il gît sur environ mille mètres de longueur et cinq cents mètres de largeur. Le mouillage appelé : *Fosse d'Espagne*, sans doute en souvenir du désastre de l'*Armada*, s'étend entre lui, Saint-Côme-Fresné et Asnelles.

Les débris de l'*Invincible Armada* furent poursuivis et coulés par l'amiral anglais François Drake, célèbre navigateur, qui se rendit si redoutable aux colonies espagnoles de l'époque.

De tous les exploits de Drake, nous ne voulons retenir qu'un fait ayant eu grande influence sur le bien-être de l'humanité. On s'accorde à lui attribuer l'importation, en Europe, de la *pomme de terre*, qu'il aurait découverte à *Santa-Fé* du Mexique.

Remarquons, en passant, combien il faut de temps pour qu'une chose même excellente, ou précieuse, soit estimée à sa juste valeur. Nous ne cultivons sérieusement, nous Français, la pomme de terre que depuis la fin du dix-huitième siècle, et il a été nécessaire que le roi Louis XVI couvrît d'une protection obstinée les efforts philanthropiques du savant baron Augustin Parmentier.

La jolie plage de SAINT-AUBIN a donné bon nombre de médailles romaines aux antiquaires.

BERNIÈRES possède une église dont la tour, haute de 67 mètres, est de la construction la plus élégante. Elle date du treizième siècle.

Nous voici à COURSEULLES, le pays aux parcs marins, garnis d'huîtres renommées ; elles y prennent un embonpoint remarquable et un goût délicieux. De plus, les habitants font en grand la pêche du hareng, du maquereau, de la morue ; ils possèdent un entrepôt de sel, leur navigation de cabotage est très active ; les bains de mer y sont très fréquentés. Avec de pareils éléments de prospérité, on comprend que Courseulles respire l'aisance et soit fort bien peuplé.

Un assez beau château, style Louis XIII, domine la partie la plus élevée de ce riche bourg et achève de lui donner un grand air. A différentes reprises, on a découvert des débris datant de l'époque où l'art gaulois se modifia au contact de l'art romain. Une grande quantité de médailles ont aussi été remises au jour.

Un feu fixe est établi à la tête de la jetée, d'où l'on aperçoit l'embouchure du petit fleuve la *Seulles*, qui a donné son nom à la localité, et les rochers de hauts-fonds régnant sur le reste de la côte.

Ils ont une longueur d'environ vingt-quatre kilomètres. A marée basse, leurs crêtes noires, devenues abordables, laissent à sec tout un monde de petits ou gros poissons, prisonniers dans leurs cavités; de coquillages, de crevettes, de homards. Mais il faut se hâter de faire la récolte, car la mer revient vite, et elle est trop souvent fatale aux barques engagées parmi ces défilés aux arêtes aiguës.

La ligne de récifs franchie, elle s'étale, paisible, sur les grèves sablonneuses et, rarement, s'y montre très formidable.

Aux longues marées d'équinoxe, l'écueil *le Calvados* est presque tout entier découvert. Mieux vaut, cependant, ne jamais se confier à sa seule prudence pour l'explorer. Ce n'est pas trop que de s'en rapporter aux vaillants pêcheurs du pays.

VER-SUR-MER, entre GRAYE et MEUVAINES, possède un feu fixe de troisième ordre, établi sur la pointe extrême de son territoire. Les archéologues y ont découvert beaucoup d'antiquités romaines; ils y admirent la nef et la tour de l'église (treizième siècle); une belle grange aux dîmes, datant du quatorzième siècle, ainsi que diverses parties d'une ferme. L'origine de ces dernières constructions pourrait bien se rattacher à un manoir féodal.

C'est à Ver que s'embarqua, le 20 août 1793, l'abbé Edgeworth de Firmont, confesseur de Louis XVI.

Un petit village, ASNELLES, se présente fier de la ceinture de sable jaune, si doux, que la mer lui a faite. Les baigneurs ont ratifié la bonne opinion des villageois en adjoignant au nom de la localité un compliment. Asnelles est devenu : *la Belle-Plage;* épithète vraiment glorieuse, quand on pense à toutes ces charmantes grèves déjà parcourues; mais, chose rare, elle est méritée.

ARROMANCHES, distant à peine d'une demi-lieue, en prend quelque jalousie. C'est à tort. Les bains de mer de ce petit port sont toujours fréquentés, et l'on y accourrait, ne fût-ce que pour visiter ses belles falaises. Car le sol commence à changer de base; le roc dispute la place aux dunes de sable, et, tout à l'heure, nous allons voir un bien curieux spécimen de ces transformations.

Il se trouve en face de LONGUES, bourg visité par des familles désireuses d'échapper aux élégances des plages mondaines. On s'installe vite et l'on va faire un pèlerinage aux ruines de l'antique abbaye de Sainte-Marie, dont la fondation remonte à 1168. Les archéologues en font beaucoup d'éloges, mérités, du reste, par les beaux débris de la chapelle.

Puis on visite des carrières de pierre de taille, de marbre... et l'on arrive à une grotte toute couverte de congélations ou dépôts accumulés par les eaux, dans lesquels l'imagination peut voir mille figures bizarres. Enfin l'on se prépare à saluer la *Demoiselle de Fontenailles,* reine de toute cette partie de la côte.

Il se dresse isolé, le superbe monolithe; ses flancs sont taillés comme en degrés, battu qu'il est sans relâche par le flot destructeur des falaises et des écueils voisins.

« Il existait, autrefois, trois roches à peu près semblables, désignées sous le nom de *Sœurs* ou *Demoiselles de Fontenailles.* On ne sait à quelle époque s'est écroulée la première. La seconde existait encore en 1834; elle tomba peu de temps après, car une seule *demoiselle* figure sur un tableau de Gudin, composé en 1838 et conservé au musée de Caen. Les bases des deux roches, aujourd'hui détruites, sont encore visibles, à l'est et au nord-est de la roche actuelle, avec laquelle elles formaient un triangle.

« Ces trois roches faisaient, en 1745, partie intégrante de la côte, ainsi qu'il résulte de documents du temps. L'action de la mer, en rongeant peu à peu les falaises, les en a détachées et a continué à miner leur base, jusqu'à ce qu'elles s'écroulassent d'elles-mêmes.

« Des travaux de consolidation, entrepris en 1880, retarderont sans doute la ruine de celle qui subsiste encore aujourd'hui. Un poteau indicateur, placé au pied de la falaise, porte l'inscription suivante :

« Le 27 août 1880, la Société d'agriculture, sciences, arts et
« belles-lettres de Bayeux a constaté que la roche dite :
« *Demoiselle de Fontenailles,* la seule aujourd'hui des trois sem-
« blables roches, ayant, en 1745, fait partie de la terre ferme,
« est située à 60 mètres du pied de la falaise. »

Cette inscription a pour but de constater, d'une manière certaine, l'envahissement de la mer sur les côtes de cette partie du Calvados; elle montre que, durant les cent dernières années, la mer s'est avancée d'environ 60 mètres, soit un peu plus *d'un mètre* en deux ans.

« La *Demoiselle de Fontenailles* a une forme singulière. Au-

La Demoiselle de Fontenailles.

dessus d'une base de 5 mètres environ de hauteur, s'élève une roche de calcaire jaunâtre (comme la partie correspondante des falaises); cette roche, renflée au milieu, et amincie à ses deux extrémités, présente, vue de l'ouest, l'aspect d'une tête à profil grec, coiffée d'une sorte de casque pointu, avec un large couvre-nuque. Sur les autres faces, le profil de la roche est fort irrégulier. La hauteur totale du monolithe peut être évaluée à 30 mètres (1). »

Le village voisin s'appelle également Fontenailles ou, plutôt, son nom a servi à désigner la roche pittoresque. Dans sa vieille église, aujourd'hui fermée, était jadis une des plus anciennes cloches connues. Coulée en bronze, elle porte la date authentique de 1202. On la conserve au musée de Bayeux.

Si l'on dispose d'un peu de temps, quelque vieillard complaisant ne se refusera pas à raconter la légende des anciens seigneurs du pays, et, avec un sérieux mêlé de bonhomie narquoise, ajoutera que la roche de la grève « renferme » la dépouille d'une des filles du dernier châtelain ! Il en était ainsi encore pour les monolithes, dont les chercheurs de pittoresque regrettent la perte.

Figureront, pour compléter le récit, des fiançailles tragiques, des colères terribles, des trahisons, des vengeances affreuses... Bref, l'accompagnement obligé de toute sombre légende qui se respecte !

Revenons et, poursuivant notre route, entrons dans PORT-EN-BESSIN, bourg d'une très antique origine, comptant environ douze cents habitants. Les ruines gallo-romaines que l'on y a trouvées indiquent l'importance de sa position.

Port est situé au point terminal des ruisseaux arrosant la vallée tout entière. La Dromme avec l'Aure, dont elle est un affluent, après s'être perdues, comme nous le verrons, dans les *Fosses du Soucy*, reparaissent bientôt, réunies à plusieurs autres petites sources souterraines et aux eaux pluviales filtrant si facilement dans le sol perméable de la vallée. Partout, ici, les falaises, les grèves laissent jaillir ces eaux. Elles avaient nécessité la construction d'un pont justement admiré par les

---

(1) Nous devons ces détails à l'obligeance de M. Charles Garnier, avocat à Bayeux. Le dessin est également son œuvre. Nous lui devons encore le plan des Fosses du Soucy, la description qui s'y rattache, les vues de PORT et de GRAND-CAMP, ainsi que plusieurs autres détails sur le pays Bessin. Nous sommes heureux de lui adresser, ici, nos meilleurs et reconnaissants remerciements.

ingénieurs qui savent apprécier les difficultés surmontées, et par les voyageurs, qui louaient le bel aspect des sept arches en plein cintre. Mais les travaux nouveaux ont, par malheur, fait disparaître ce vieux monument de l'industrie de nos pères.

Port-en-Bessin prit part à la conquête de l'Angleterre. C'est dans ses chantiers que l'évêque de Bayeux, Eudes, frère de Guillaume, fit construire quarante navires, qu'il envoya rejoindre la flotte rassemblée par les ordres du belliqueux duc normand.

Un des successeurs d'Eudes, Louis de Harcourt, améliora beaucoup le port et le dota d'un bassin soigneusement muni de parapets et de vannes. Le pont soutenait les vannes destinées à établir ou à fermer la communication entre le port et une vaste retenue qui contenait les eaux de la vallée, chargées de pourvoir, lors du reflux, au bon entretien du bassin. Les derniers vestiges de ces travaux seront bientôt effacés.

Aujourd'hui, le port a beaucoup de mouvement. Depuis une trentaine d'années, on s'est occupé de l'améliorer et il le sera encore : il possède un bel avant-port et un second bassin est en voie d'achèvement. La pêche côtière, le cabotage, la construction des barques et des petits navires, telles sont les principales sources de l'aisance des habitants. Les bains de mer attirent aussi quelques voyageurs.

Les rivages sont très pittoresques, les sites variés, l'air pur, et l'on peut faire une excursion pleine d'intérêt à la vieille ville de BAYEUX, autrefois capitale du pays *Bessin*.

Une distance de neuf kilomètres seulement la sépare de Port. Sur la route, une merveille naturelle se présente, et Bayeux conserve une merveille artistique, toutes deux se rattachant au sujet qui nous occupe. Le détour que nous allons faire se trouve donc des mieux justifié.

CHAPITRE XXXVI

LES FOSSES DU SOUCY. — BAYEUX. — LA TAPISSERIE DE LA REINE MATHILDE

Tout le territoire du pays Bessin est arrosé de petits fleuves, de petites rivières, de ruisseaux contribuant à la fertilité de ses campagnes. Mais il en résulte un danger pour les côtes qui, lentement fouillées par le passage des eaux douces, reçoivent encore le choc incessant des flots de la mer.

Trop souvent, de grandes portions de falaises s'écroulent, ainsi que nous l'avons déjà constaté plus d'une fois sur le littoral normand.

Un curieux phénomène, produit par cette action naturelle de l'eau sur la terre, se rencontre à trois kilomètres de Port-en-Bessin. On l'appelle *les fosses du Soucy*.

Un peu en avant de ce point, deux rivières se rencontrent : la Dromme et l'Aure *supérieure*, cette dernière ainsi qualifiée pour la distinguer d'un autre cours d'eau portant le même nom, et qui est affluent de la Vire.

La Dromme n'a que soixante kilomètres de longueur et l'Aure supérieure quarante kilomètres, mais elles traversent les plus riches, les plus charmantes vallées, avant de venir confondre leurs eaux et de les rouler ainsi vers la mer.

Seulement... sur leur passage se trouvent les *Fosses,* au nombre de quatre, toutes situées sur la commune de Maisons, dans la vallée que traverse l'Aure.

Cette jolie rivière prend sa source à Livry, passe à Bayeux et continue à couler vers le nord, mais les collines qui bordent sa rive droite se réunissent bientôt en plateau et viennent fermer sa route. Les eaux, obligées à de nombreux méandres, se divisent en deux bras. Il en est de même pour la Dromme qui, coulant parallèlement à l'Aure, se dédouble près de l'église de Maisons. Ces divers bras finissent par se confondre à des distances variant de 200 à 400 mètres. Ils enserrent de vastes prairies qui prolongent une sorte de col existant entre le mont d'Escures, élevé de 72 mètres, et le mont Cauvin, haut de 63 mètres. La partie la plus basse du col domine de 16 mètres les prairies. La pente en est escarpée ; les *Fosses* touchent à ses premières assises.

« La rivière y rencontre un terrain spongieux et marneux, crevassé d'innombrables fissures, qu'un épais limon cache aux regards. Ces fissures règnent tout le long du coteau, sur une largeur totale de 700 mètres, et dans toute la partie correspondante de la vallée, ce qui cause la diminution progressive des eaux. »

Celles-ci, poursuivant leur route capricieuse, coulent tantôt au nord, tantôt à l'ouest, tantôt au sud-est. Un des courants du bras oriental vient s'engloutir dans la *Fosse Tourneresse*, entonnoir creusé autour d'un îlot boisé et dont les parois sont criblées de fentes nommées *bétories*. Le nom du gouffre vient de cette circonstance que l'eau y glisse, en tournoyant, avant de disparaître complètement.

Le second courant est absorbé, peu à peu, par le terrain marneux situé au pied des collines ; il finit également par se perdre dans le dédale couvert d'herbes et de broussailles de la *Fosse Grippesulais*.

Les eaux de ces réservoirs naturels suivent des canaux souterrains et viennent former, sur le rivage de Port-en-Bessin, de nombreuses sources potables appelées : *Droues*, par les habitants. Le bras occidental fait mouvoir le *Moulin de la Fosse*, et entoure une petite île marécageuse, extrêmement basse, qui, en hiver, ou lorsque la rivière grossit à la suite de pluies prolongées, se trouve recouverte, mais absorbe avec facilité la majeure partie du courant ; aussi l'appelle-t-on : *Grande Fosse*, nom mérité, car elle a plus de 100 mètres de longueur.

Dès lors, la rivière, affaiblie, coule plus lentement, puis, rencontrant la *Petite Fosse*, nouvel entonnoir bordé d'arbres, de ronces et tapissé d'herbes aquatiques, elle semble s'y vaporiser, tellement la chute, soudaine, se fait calme, sans même soulever un flocon d'écume, ni produire aucun bouillonnement.

Moins d'un kilomètre plus loin, elle reparait, large de douze mètres, s'épanche quelques instants, et s'engouffre encore sous une longueur de 238 mètres ; mais, enfin en possession d'un lit plus résistant, elle reprend sa place au soleil et forme l'*Aure inférieure*, qui va se jeter dans la Vire à Isigny.

L'absorption ne se présente pas toujours avec cette régularité. Pendant les hivers pluvieux, l'Aure débordant, impétueuse, envahit la vallée et inonde toutes les prairies de Maisons à Isigny.

Le paysage qui entoure les *Fosses du Soucy* est charmant. Ses pâturages, bordés de beaux arbres, sont couverts de bestiaux ; du côté du sud, le terrain s'élève en pente douce et les clôtures plantées, séparant les propriétés, lui donnent l'aspect d'une forêt continue.

Du côté du nord, l'escarpement des Fosses est tout boisé. Si le sommet du coteau est moins verdoyant, si le mont Cauvin est nu, le mont d'Escures, couronné par un joli bois, domine le pays entier. La vallée de l'Aure inférieure n'est qu'une suite de belles et riches prairies, bien plantées, nourrissant les bestiaux magnifiques, source par excellence du célèbre beurre d'Isigny.

Même après les aspects curieux de la côte, il faut voir les Fosses : on ne regrettera pas la petite promenade pédestre qu'elles nécessitent.

A propos de ce phénomène, M. Garnier nous a envoyé un nouveau et bien intéressant renseignement. Voici sa note :

« Le 17 avril 1883, je revoyais les Fosses du Soucy en compagnie d'un ami. Depuis trois semaines environ, la sécheresse était absolue. Rien de particulier ne signalait les Fosses *Tourneresse* et *Grippesulais*. Leurs eaux avaient simplement un niveau très bas ; mais la *Petite Fosse* était entièrement à sec. Si bien à sec que nous pûmes, mon ami et moi, nous promener sur le terrain de vase consolidée qui en formait le fond.

« Nous sommes remontés ainsi dans le lit même du ruisseau qui porte, d'ordinaire, les eaux à la *Petite Fosse*. Arrivés dans la *Grande Fosse,* nous la trouvâmes également sèche. Son bras Nord ne contenait pas le moindre filet d'eau ; mais, à peu près vers le milieu du bras Sud, nous avons retrouvé le ruisseau et contemplé cette *Fosse* sous un aspect des plus curieux, telle que jamais je ne l'avais vue. A cet endroit (au milieu du bras Sud), existe un *trou* de 40 centimètres de diamètre environ. Les eaux s'y engouffrent comme dans une bouche d'égout. Ordinairement, la nappe de la rivière recouvre ce trou et le surplus coule jusqu'à la *Petite Fosse;* mais, ce jour là, il suffisait à recevoir toute l'eau, et ce que j'y ai trouvé d'étrange, c'est, qu'en cet endroit, l'eau ne disparaît pas *par absorption,* comme dans les autres Fosses, mais par un véritable *engloutissement.*

« J'ai pensé que ce détail nouveau intéresserait d'autant plus qu'il modifie un peu les renseignements déjà donnés. Ce spectacle, d'ailleurs, doit être fort rare; je n'avais, pour ma part, jamais vu les Fosses ainsi à sec. Mais il est certain que, même au temps où elles sont pleines, une partie des eaux tombe dans le gouffre voilé sous la nappe de la rivière. »

BAYEUX est une ville d'origine très antique. Elle avait une grande réputation parmi nos ancêtres. Les Gaulois et les Druides, disent les traditions, y possédaient un collège renommé.

La pauvre cité eut beaucoup à souffrir des invasions sans nombre qui se succédèrent pendant tant de siècles. Les Gaulois y luttèrent contre les Romains, d'abord; plus tard, contre les Francs, puis ceux-ci durent défendre le territoire contre les Normands, qui, enfin, restèrent maîtres du pays. Ce ne fut pas encore fini pour Bayeux.

Après la conquête de l'Angleterre, les rivalités commencèrent entre la couronne française et la couronne anglaise. Il n'est donc pas surprenant que, de tant de maux, une ruine complète fût la suite. On chercherait vainement les vieilles murailles et la citadelle. Toutefois il reste assez d'autres édifices de mérite pour que l'on ne regrette pas du tout ces spécimens de l'art de la guerre.

Beaucoup de maisons du quinzième siècle fixent d'abord l'attention. Il en est, parmi elles, que l'on contemple avec un véritable plaisir. Sous ce rapport, la rue Saint-Nicolas satisfait pleinement les artistes. Elle renferme de nobles hôtels, tous du plus beau style et de la plus majestueuse apparence, entre autres l'hôtel de la *La Tour du Pin*. Viennent ensuite, dans

Bayeux. — Vieille maison.

plusieurs autres rues, la *Maison du Gouverneur*, le *Manoir de la Caillerie*, la *Maison Saint-Manvieu* et une grande maison en bois, toute brodée de magnifiques sculptures, de statues de saints, de corniches. Cette dernière habitation, si remarquable, se trouve rue Saint-Malo.

La cathédrale, splendide monument historique, possède un chœur admirable dont, autrefois, une centaine de superbes stalles, en bois sculpté, rehaussaient l'harmonie.

Une partie de ce riche trésor lui a été enlevée, mais elle possède encore son magnifique retable, de l'époque de Louis XIII. Deux belles tours surmontent l'édifice, qui repose sur une très curieuse crypte bâtie, croit-on, au onzième siècle.

Il faut encore voir la superbe Salle du chapitre, sa mosaïque et les derniers débris du Trésor.

Dans l'église Saint-Exupère, des travaux de réparation firent découvrir plusieurs tombeaux taillés, chacun, au milieu d'un bloc de pierre. Ce sont des sarcophages en forme de cercueils.

Les voyageurs que l'architecture intéresse visitent la chapelle du séminaire, rangée, elle aussi, parmi les monuments historiques, la jolie tour de l'église Saint-Patrice, l'évêché...

Mais n'oublions pas que nous sommes venus à Bayeux pour étudier une œuvre universellement renommée, et qui, à son mérite, ajoute ce don précieux d'être *unique* au monde.

Il s'agit de la *Tapisserie de la Reine Mathilde*, travail extraordinaire, reproduisant, sur une toile de lin *haute* de *cinquante centimètres* et *longue* de *soixante-dix mètres*, l'histoire des guerres entre Bretons et Normands et la conquête de l'Angleterre, conquête due à l'époux de Mathilde, Guillaume, souverain de la Normandie.

Cette tapisserie est divisée en *cinquante-cinq tableaux*, dans lesquels revivent toutes les phases du grand événement historique dont le résultat allait changer la face de l'Europe. Rien n'y a été oublié. En contemplant ce travail merveilleux, on vit, pendant quelques instants, de l'existence même des compagnons de Guillaume (1).

Chevaliers, écuyers, hommes d'armes, marins, pilotes, paysans, bourgeois sont là, devant nous, agissant, parlant, pour ainsi dire, et nous initiant à leurs mœurs. L'historien, le savant,

---

(1) Cette tapisserie est notre seul document sur les navires de cette époque dans la Manche.

le romancier, le marin, le simple curieux, sont intéressés et voudraient bien que la tapisserie pût se déployer sur une ligne droite. L'aspect en serait plus saisissant encore.

On ne peut s'arracher aux idées éveillées par la vue d'un monde oublié, renaissant si pleinement à nos yeux.

En tête de presque tous les panneaux, est inscrite une légende latine explicative.

L'artiste, ou les artistes, ont pris soin de relater dans leur œuvre l'origine même de la conquête.

On assiste à la mort du roi Édouard le Confesseur; à l'apparition d'une étoile qui, en Angleterre, comme autrefois en Orient, prédit à des *mages* les grands événements prochains; on voit Harold se disposant à repousser l'invasion des Normands...

Mais, où l'intérêt redouble, c'est devant les tableaux consacrés aux préparatifs de l'expédition. Voici les bûcherons abattant les arbres destinés à la construction des navires; voici les charpentiers et les calfats assemblant, jointoyant chaque pièce; les voiliers et les cordiers qui ajustent les engins de manœuvres.

Les embarcations, d'ailleurs, sont dignes de recevoir un souverain, sa cour et ses chevaliers. Leur proue, richement ornée, porte soit des chevaux marins, soit le dragon des farouches *hommes du Nord*, dont les descendants vont renouveler les exploits de leurs ancêtres.

Certainement, il ne faut pas chercher dans la célèbre tapisserie la régularité du dessin, l'exactitude de la perspective, la finesse d'exécution.

Les monuments y sont représentés avec de moindres proportions que les gens. Tel personnage, à tête minuscule, va coiffer un casque où il pourrait se perdre tout entier; les figures d'animaux rappellent les naïfs ouvrages des sabotiers de la forêt Noire... Le plaisir et l'intérêt n'en subsistent pas moins; on n'en fait pas moins profit des renseignements ainsi conservés sur cette époque lointaine.

Nous savons bien qu'une discussion fort érudite détruit la légende attribuant ce travail à Mathilde. Il a été plus ou moins prouvé que la tapisserie de Bayeux ne pouvait remonter au delà de la fin du treizième siècle. Tout cela est possible, mais les artistes qui la créèrent avaient bien gardé les traditions de l'époque de la conquête.

Ainsi, il était arrivé que plusieurs parties du travail, notamment ce qui concerne les navires, avaient été suspectées de fantaisie. Un événement imprévu a justifié cette œuvre de colossale patience.

Il y a quelques années, on a découvert, enfoncée dans une crique norvégienne, une de ces barques familières aux *Rois de mer*, qui s'en servaient pour leurs expéditions, si funestes à notre pays, jusqu'à ce que la faiblesse du roi Charles III, *le Simple*, leur abandonnât la possession de la riche Neustrie, maintenant Normandie.

BAYEUX. — Fragment de la tapisserie dite de la reine Mathilde.

La barque trouvée ressemblait exactement aux barques représentées sur la tapisserie (1).

Notre excursion à Bayeux rentrait donc bien dans le cadre que nous nous étions tracé. Nous sommes venus assister au départ de l'expédition navale, entreprise en vue de la conquête de l'Angleterre, et, grâce à la tapisserie merveilleuse, notre but a été pleinement atteint.

Cependant, nous serions inexcusable si nous quittions la ville sans donner un regard aux autres objets de mérite renfermés à la bibliothèque. Nous y trouvons le sceau de Lothaire Ier, roi de France et empereur d'Allemagne; le sceau de Guillaume

---

(1) Le modèle de cette barque est au *Musée de Marine*.

le Conquérant, dont le nom revient constamment à la mémoire, lorsque l'on parcourt le vieux duché normand. On voit encore une cloche très curieuse : celle de l'église de Fontenailles, une des plus anciennes connues et portant, nous le savons, la date authentique de 1202 ; enfin, des bas-reliefs, des médailles fort belles, des antiquités de plusieurs époques.

Nous saluerons également d'un souvenir les grands hommes nés à Bayeux : Alain CHARTIER, le fameux poète (1386-1458), surnommé le *Père de l'éloquence française;* Jean CHARTIER, son frère, religieux de la célèbre abbaye de Saint-Denis, auquel on doit une *Histoire de Charles VII* et la publication des *Grandes Chroniques* de France; le maréchal de France, duc de COIGNY, qui remporta, en 1734, les victoires de Parme et de Guastalla.

On ne peut, davantage, oublier l'activité déployée par les habitants. Les admirables *dentelles* de Bayeux reprendront, il faut l'espérer, le rang qu'elles méritent si bien.

L'industrie des blondes, des tulles, de la toile y est encore prospère ; celle de la porcelaine progresse beaucoup.

Mais où la ville triomphe, c'est en tout ce qui concerne les produits agricoles : chevaux, bétail, volaille, beurre, blé...

Ainsi que la *vallée d'Auge* (1), la vallée *d'Aure* pourrait, sans exagération, porter le nom de *Pays de Cocagne.*

(1) Nous avons visité une partie de la riche vallée du *pays d'Auge,* en allant de Trouville à Cabourg; et l'on appelle : *vallée d'Aure,* le territoire arrosé par les rivières portant ce nom. L'*Aure supérieure* passe à Bayeux et l'*Aure inférieure* à Isigny.

CHAPITRE XXXVII

DE SAINTE-HONORINE A LA BAIE DES VEYS

Quittant Bayeux, nous reprenons notre exploration du littoral et, tout près de Port-en-Bessin, nous nous arrêtons à SAINTE-HONORINE-DES-PERTES, non pas que la localité soit très importante, mais on y visite une source pétrifiante.

A différentes reprises, les eaux de cette source ont produit des blocs de travertin (1) véritablement considérables. Au reste, les couches calcaires abondent sur les rivages normands, et nous nous souvenons que les roches si curieuses d'Orcher sont dues à la même cause.

Traversant cette commune, ainsi que le territoire de SAINT-LAURENT-SUR-MER et de COLLEVILLE-SUR-MER on trouve :

LA VOIE DU ROI GUILLAUME,

sorte de petit chemin creux, rocailleux, à moitié couvert par les haies, dont les branches s'enchevêtrent au-dessus de lui.

Ce sentier court, dans la direction de l'ouest à l'est, à égale distance, à peu près, de la mer et de la route d'Isigny à Arromanches. Il est connu dans le pays sous le nom de *Voie du Roi Guillaume.*

La tradition rapporte qu'il vit passer le futur *Conquérant,* en 1047, lors de sa fuite précipitée de Valognes à Falaise.

Un pauvre fou, natif de Bayeux, était venu le prévenir que

---

(1) Pierre grisâtre formée par le dépôt de chaux dont les sources pétrifiantes sont saturées.

les barons normands voulaient s'emparer de lui pour le mettre à mort.

Guillaume, effrayé, monte à cheval au milieu de la nuit, passe à gué la baie des Veys, de Sainte-Marie-du-Mont à Saint-Clément, s'arrête dans l'église de Saint-Clément, puis se décide à poursuivre jusqu'à Ryes (1).

Hubert de Ryes le reçut fort bien, lui donna ses trois fils pour escorte et dépista, par de fausses indications, les chevaliers normands lancés à sa poursuite.

M. de Caumont, dans sa statistique ripuaire (*Annuaire de Normandie*, 1859), donne les vers si intéressants composés par Robert WACE sur cet épisode.

Quant à la *Voie du Roi Guillaume*, que l'on devrait plutôt appeler *Voie du duc*, puisque dix-neuf années séparaient encore le souverain normand de l'heure de la conquête, elle doit remonter à une très ancienne origine, et elle parcourt bien l'itinéraire suivi par le prince.

Évidemment, personne ne peut assurer que Guillaume y ait passé, la tradition n'en reste pas moins curieuse. De plus, l'aspect des lieux se prête admirablement à la scène émouvante racontée par Robert Wace (2).

Les *dix* étages de la superbe tour romane de COLLEVILLE-SUR-MER complètent majestueusement une église très remarquable, mise, avec justice, sous la protection de la Commission des monuments historiques.

Les preuves de l'occupation romaine sont nombreuses dans cette localité, comme, du reste, sur tout le littoral nord-ouest de la France (3).

Nous allons faire encore une petite excursion plus avant dans les terres. Il est impossible, en effet, de passer si près du bourg de FORMIGNY, sans aller saluer le champ où se livra la bataille du 5 avril 1450.

Ce jour-là, Arthur de RICHEMONT, connétable de France, plus

---

(1) A huit kilomètres de Bayeux.
(2) Note due à M. Charles Garnier.
(3) Il ne faut pas confondre Colleville-sur-Mer avec Colleville-sur-Orne, voisine d'Ouistreham. La première de ces communes est située entre Sainte-Honorine-des-Pertes et Saint-Laurent-sur-Mer.

tard duc de Bretagne sous le nom d'Arthur III, eut l'honneur d'achever son œuvre. Infatigable combattant des Anglais, qui, depuis tant d'années, se croyaient maîtres absolus en France, il couronna la série de ses exploits par l'éclatante victoire de Formigny. Désormais la vieille Neustrie, devenue sous Charles III le Simple, la proie des Normands, faisait retour à la patrie française.

Trente-six ans plus tard, en 1486, le comte Jean de CLERMONT, lieutenant-général du roi Charles VII, voulut perpétuer, par la construction d'une chapelle, la mémoire de ce glorieux fait d'armes.

Malgré sa vétusté, le petit édifice restait un souvenir précieux, aussi la restauration en a-t-elle été faite avec soin.

Un second monument consacre la date du 5 avril 1450. C'est une borne érigée, en 1834, par M. de CAUMONT, l'infatigable et zélé archéologue normand.

Le bourg possède encore un édifice digne d'attirer l'attention : son église paroissiale, dont une des portes conserve avec fierté une très belle statue équestre de saint Martin.

Nous dépassons VIERVILLE, puis SAINT-PIERRE-DU-MONT.

Voici GRAND-CAMP, industrieux petit port de pêche côtière, éclairé par un phare de quatrième ordre. Voici MAISY, avec sa haute et belle tour. Les environs sont parsemés de débris romains et les écueils défendant la côte, écueils dits : *Roches de Maisy*, n'ont pu, autrefois, empêcher les terribles incursions des farouches *Northmen*.

Les traditions rapportent que, là même, leurs navires abordèrent pour la première fois. Personne n'a oublié comment se terminèrent ces envahissements successifs, et la nécessité où se trouva le malheureux roi Charles III d'accepter les conditions posées par Rollon, chef des *Hommes du Nord*.

Les gens du pays s'inquiètent peu de ces vieux souvenirs. Ils ne semblent pas davantage se rappeler que la prospérité de leurs rivages date à peine de trente ans. Cela est vrai, pourtant.

Les nombreuses stations de bains que nous venons de parcourir, la superbe ligne de côtes qui, sur une longueur de cent vingt kilomètres, va de Honfleur à l'embouchure de la Vire, n'étaient ni visitées ni appréciées comme elles le sont de nos jours. C'est, maintenant, une source de richesse, chaque année plus abondante, pour le département du Calvados.

Il nous reste à parcourir Isigny, la petite ville que son beurre a rendue célèbre.

Elle est située au fond d'un golfe de huit kilomètres, à l'embouchure de la Vire et de l'Aure inférieure ; cette dernière rivière la traverse. Son port possède deux autres phares, et l'on se rendra compte de son commerce quand on saura qu'il se chiffre chaque année, pour le beurre *seulement*, par une somme de *deux millions au moins*. Ajoutons-y le produit de ses cidres, de ses poteries, de ses volailles, de ses bois, de son bétail, de ses grains, de ses colzas...

Nous n'en finirions pas d'énumérer toutes les branches d'industrie de cette belle vallée d'Aure, digne rivale, par sa fécondité, de la plantureuse vallée d'Auge, à laquelle, déjà, nous l'avons comparée.

La mairie d'Isigny a été établie dans un vaste château, bâti vers le milieu du dix-huitième siècle. Elle a vraiment très bon air, avec sa grande cour ouvrant, à la fois, sur le port et sur la principale rue de la ville.

Une curiosité, ou plutôt un chef-d'œuvre de tenacité et de travail patient, avoisine Isigny. C'est le pont *du Vey* (1), construit sur la Vire. Il se complète par des *portes de flot* qui, maintes fois, furent au moment d'être abandonnées ; car la baie dite : *des Veys* reste fort envasée, et les vagues du large viennent y battre avec violence.

La persévérance eut raison de tous les obstacles. Plusieurs millions y passèrent, mais les portes se trouvèrent, enfin, établies pour le plus grand bien de la navigation du golfe de la Vire.

Nous sommes arrivés à la limite maritime des départements du Calvados et de la Manche, limite formée par la baie qui tire son nom du banc des *Grands Veys*.

Cette baie présente une assez vaste étendue, allant, en réalité, de l'embouchure de la *Vire* à l'embouchure de la

---

(1) Ce nom est un souvenir des passages *à gué*, autrefois pratiqués dans la baie. Deux gués existaient : le grand et le petit. Ils offraient plus d'un danger.

Taute. Ces deux rivières sont, en outre, réunies par un canal d'environ douze kilomètres, portant leurs noms, ce qui facilite beaucoup la navigation et le commerce.

Toute la grève de la baie se trouve recouverte à marée haute, et plusieurs autres petits cours d'eau y serpentent à marée basse.

Le sol reste, comme nous l'avons déjà remarqué, très exposé aux infiltrations produites par de nombreuses sources. Les plages n'y sont pas toujours d'une sécurité absolue; mais nous aurons bientôt à explorer des sables mille fois plus dangereux encore, lorsque nous mettrons le pied sur la terrible côte du Mont Saint-Michel.

Donnons un dernier regard au flot qui moutonne autour des écueils, jetant une frange brillante sur l'azur de la mer, puis entrons dans le département de la Manche.

CHAPITRE XXXVIII

CARENTAN. — SAINT-VAAST-DE-LA-HOUGUE. — BARFLEUR

Les sables qui encombrent les bouches de la Vire et de la Taute règnent sur la plus grande partie du rivage oriental du département de la Manche.

Ils cèdent, vers le nord, la place à des roches dures, très élevées; puis, insensiblement, ils reparaissent sur la côte occidentale pour s'étaler bientôt en grèves immenses et trop souvent mobiles.

Un travail de M. Alexandre Chèvremont (travail couronné en 1879 par l'Académie des sciences) conclut à l'affaissement de nos rivages, à l'empiètement de la mer.

Le fait est vrai, au moins pour la côte nord bretonne et la côte ouest du Cotentin.

Des traditions, que l'aspect du pays est bien fait pour accréditer, montrent les îles anglaises de Jersey, Guernesey, Aurigny, ainsi que le groupe français des îles Chausey, réunis au continent.

Tout le dédale d'écueils qui va du cap Blanchard, en face d'Aurigny, jusqu'aux *Sept-Iles*, en face de Tréguier, dans les Côtes-du-Nord, serait le squelette d'une terre disparue. Ces profonds enfoncements de la baie du Mont Saint-Michel et de la baie de Saint-Brieuc seraient le témoignage des colères de l'Océan.

Peu à peu, ou par des tempêtes violentes, les flots ont miné tout ce qui n'était pas formé de rochers les plus durs, et la nappe houleuse recouvre des forêts épaisses, des terres émiettées, des blocs désagrégés.

Un voyage le long des trois cent trente kilomètres de la ligne marine du département de la Manche n'est pas fait pour démentir le savant travail de M. Chèvremont.

Partout il faut lutter contre la vague; néanmoins, plusieurs excellentes rades naturelles et le port de Cherbourg, ainsi que de nombreux petits ports caboteurs, secondent l'activité de la population, car la configuration même de cette région de la Normandie devait porter, presque exclusivement vers la mer l'attention des habitants.

Formé de l'Avranchin et du Cotentin, le département s'avance, semblable à une longue presqu'île, dans la direction des côtes anglaises. Sa pointe extrême n'est guère qu'à 80 kilomètres de la Grande-Bretagne. Cherbourg, notre seul port militaire sur la Manche, n'en est pas à plus de 100 kilomètres.

Il a donné beaucoup d'intrépides marins et les noms de plusieurs de ses enfants sont célèbres.

La côte toute entière fournit maint sujet d'études intéressantes; cependant nous ne nous arrêterons pas, désormais, ainsi que nous venons de le faire, à chaque station de bains de mer.

Cette méthode avait sa raison d'être en Calvados.

Nous ne nous serions pas rendu compte de la physionomie de ces beaux rivages, si nous n'avions, en quelque sorte, assisté à leur transformation.

Mais, à présent, un port de guerre, creusé de main d'homme, et un édifice unique au monde nous attirent. Il faut bien négliger tout ce qui n'offre pas un réel intérêt, soit au point de vue historique, soit au point de vue de l'importance commerciale.

Nous voici à Carentan, antique place de guerre, fortifiée par la reine Blanche de Castille, régente du royaume pendant la minorité de son fils Louis IX.

Cette petite ville, aujourd'hui si paisible, a subi plusieurs sièges meurtriers et des pillages affreux. Son château forme un spécimen très intéressant de l'architecture militaire au douzième et au quatorzième siècles. Par malheur, le donjon a dû être démoli vers l'année 1800 et les vieilles murailles ont suivi le donjon. Mais Carentan n'a pas, pour cela, perdu toute importance. Situé à deux kilomètres de son enceinte, se trouve le fort des *Ponts d'Ouve*.

Il est construit en plein pays de marais presque mouvants, et sa position est si avantageuse qu'il peut défendre une grande partie du Cotentin.

On ne saurait, non plus, ne pas visiter la belle église, monument historique, possédant une tour élégante, une superbe

Tourville.

flèche, de très gracieuses tourelles, des clochetons et une balustrade présentant des détails de sculpture ravissants.

Carentan s'élève au bord d'une petite rivière appelée tantôt *Douve*, tantôt *Ouve*, dont l'embouchure se lie à celle de la Taute. C'est aussi dans le port de la ville que vient aboutir le canal de Vire-et-Taute. Il en résulte une réelle activité industrielle et commerciale.

Carentan exporte des eaux-de-vie, des bestiaux, du cidre, et son cabotage donne au port beaucoup d'animation. Sa pêche côtière est des plus productives, des plus suivies.

Notre seconde station rappellera, hélas! une défaite navale.

Jacques II Stuart, roi d'Angleterre, détrôné par son gendre, Guillaume Ier d'Orange, vint chercher asile près de Louis XIV, qui, non content d'accueillir le monarque malheureux, lui accorda des secours pour tenter une expédition contre l'usurpateur.

Une flotte de soixante-cinq vaisseaux devait protéger le débarquement d'une armée de vingt mille hommes. Mais, au dernier moment, une partie de ces navires manquèrent, et TOURVILLE, l'illustre chef d'escadre, ne put en réunir que QUARANTE-QUATRE, avec lesquels il sortit de Brest, car l'ordre venait de lui parvenir de chercher l'ennemi, *sans tenir compte de sa force.*

Cet ordre, joint aux informations que croyait posséder le roi Jacques, devait causer un désastre. Les flottes combinées des Anglais et des Hollandais venaient de s'unir. Tourville les rencontra, le 29 mai 1692, à l'extrémité de la pointe du Cotentin, qui forme, maintenant, la majeure partie du département de la Manche.

Il se trouvait avoir juste *moitié moins* de vaisseaux; mais l'ordre d'attaquer étant formel, il dut braver le nombre, le vent, la mer!....

De dix heures du matin jusqu'à dix heures du soir, le combat dura sans qu'un *seul* des navires français amenât son pavillon. Plusieurs, pourtant, et principalement le *Soleil-Royal,* monté par Tourville, se virent obligés de lutter contre *quatre* vaisseaux à la fois, sans préjudice des brûlots qu'il leur fallait écarter!!!

Cependant, force fut de chercher des ports d'abri et de se disperser. Parmi les bâtiments qui accompagnèrent Tourville, quelques-uns, plus maltraités, ne purent se dérober assez vite à la poursuite. *Treize* d'entre eux furent brûlés dans les rades ouvertes de la Hougue et de Cherbourg, ces derniers sous les yeux du roi Jacques, impuissant à les défendre, et qui vit, ainsi, se dissiper sa dernière espérance.....

De ce combat, si glorieux pour la valeur française, il faut retenir le dernier épisode, non moins touchant.

Vingt-deux des navires chassés avaient pu arriver à la hauteur de Saint-Malo. Mais les passes de la rade étaient alors d'un accès très difficile. Les autorités décidèrent d'envoyer des barques pour sauver les équipages, puis, ensuite, de faire mettre le feu aux carènes, afin d'empêcher l'ennemi de capturer ces débris.

Un simple pilote, embarqué par Tourville pour les besoins de sa flotte, Hervé Riel, originaire du Croisic, s'élevant contre la dernière partie de cette résolution, demanda avec instance à être chargé du sauvetage des bâtiments, et se porta fort de les guider *tous* à travers les périls de l'entrée de la rade.

On hésitait. Riel redouble de prières et parvient à vaincre les préventions qui, bien justement, l'accueillent; puis, indomptable de courage et d'audace mêlée de prudence, il sait terminer heureusement son extraordinaire entreprise.

Enthousiasmés, les Malouins voulurent voter une magnifique récompense à ce merveilleux pilote. Mais, aussi modeste après la réussite qu'il s'était montré hardi pour en obtenir la responsabilité, il demanda… son congé!!!

Quel plus bel exemple de générosité, de patriotisme vrai ?

Hervé Riel, le héros obscur dont le nom est à peine cité dans quelques chroniques rarement feuilletées, mérite plus qu'un chaleureux souvenir, qu'un mot reconnaissant…

Il y a dix ans, nous publiions le récit de son héroïque action dans un travail sur la Bretagne intitulé : *Les Pays oubliés*.

Au mois d'août 1882, nous retrouvions son nom dans un article signé : James Darmesteter, et publié par le journal *le Parlement*.

Avec surprise, mais aussi avec une joie profonde, nous apprenions qu'un Anglais, le poète Robert Browning (mari de cette admirable femme : Elisabeth Browning, poète comme lui), a consacré à Hervé Riel une superbe pièce de vers dont le prix fut versé dans la caisse de secours organisée à Londres, après nos désastres de 1870.

Sincère ami de la France, Browning a exalté Riel, l'humble pilote, le *vrai* français qui ne voulut pas laisser tomber aux mains ennemies les navires, débris d'un combat si glorieux, quoique malheureux.

Le cœur tressaille quand, ainsi, sont remises en pleine lumière les gloires nationales, et nous voudrions voir proclamer bien haut les noms signalés à la gratitude de la France par des actes faits pour ranimer son courage !

La Hogue, La Hougue, ou plutôt Saint-Vaast-de-la-Hougue, est une petite ville assez peuplée, possédant un port sûr, commode, qui peut recevoir de grands navires, et une très belle rade, protégée par une jetée, de l'extrémité de laquelle le panorama découvert se présente imposant.

L'île de Tatihou commande la rade, avec sa haute tour du guet, construite en 1694, sans doute pour empêcher un nouveau désastre comme celui qui venait de se produire. Une autre tour, également belle et élevée, fut bâtie à la même époque sur l'île de La Hougue.

Enfin, les îles Saint-Marcouf complètent la défense de la baie. Elles sont fortifiées et toujours occupées par une garnison, car elles offrent un point de relâche des plus commodes entre Cherbourg et le Havre.

Ces deux petites îles, rocheuses et escarpées, gisent à environ huit kilomètres de la côte, commandant l'entrée de la baie des Veys, entre Grand-Camp et La Hougue.

Les Anglais, savants appréciateurs des positions stratégiques, s'en emparèrent en 1795. Le fort construit sur l'une d'elles fut occupé par un de leurs détachements, sous les ordres du commandant Rice.

Des récits authentiques parlent de débarquements opérés, pendant la nuit, à la pointe de la Percée, sur le territoire de Louvières. En cet endroit, la falaise s'élève à une hauteur verticale de *quarante* mètres.

On suppléait aux difficultés par un système de cordages et de poulies. Les débarquements avaient lieu sous la protection d'une croisière de navires anglais commandés par la frégate *Diamond*, ayant à son bord le commodore Sydney-Smith.

Lors de la paix avec l'Angleterre, les îles Saint-Marcouf revinrent à la France. Depuis cette époque, la garnison de Saint-Lô fournit, chaque mois, les détachements nécessaires à la sûreté du fort, où commande un capitaine.

Toutes les industries nécessaires à la navigation sont prospères à Saint-Vaast. Les seuls parc huîtriers occupent plusieurs hectares.

On construit des navires, on arme pour la pêche de la morue et du hareng. En un mot, les habitants savent tirer parti de l'heureuse position de leur ville.

Saint-Vaast est situé dans le canton de Quettehou, renommé pour ses bains de mer, et se trouve voisin d'un autre petit port, d'origine très ancienne : Barfleur.

Jadis extrêmement florissante, cette dernière ville a beaucoup souffert des guerres diverses soutenues par la France contre l'Angleterre. Elle n'a plus rien de son antique splendeur, mais sa position lui a valu l'établissement d'un beau phare de première classe sur le cap dit : de Gatteville.

Barfleur se console, par le travail, de sa déchéance. Ses huîtrières, entre autres, sont vastes et renommées.

Plusieurs historiens relatent que Guillaume prépara ici sa fameuse expédition. Quoi qu'il en ait été, Barfleur reçut souvent la visite des nouveaux rois d'Angleterre.

Le troisième fils de Guillaume *le Conquérant*, Henri, surnommé *Beauclerc*, à cause de son goût pour les lettres, avait réussi à succéder à son frère Guillaume *le Roux*, au détriment de leur aîné commun : Robert *Courte-Heuse* (1), duc de Normandie.

Plusieurs fois, il vint à Barfleur, et c'est de ce port qu'il aimait à s'embarquer pour regagner ses États insulaires.

En 1130, une flotte superbe l'y reçut : ses deux fils l'accompagnaient. On partit joyeux, car le roi venait de gagner de grandes victoires en Normandie.....

Un des vaisseaux : *la Blanche-Nef*, portait les jeunes princes, fils de Henri, ses nièces et plusieurs chevaliers avec leurs femmes.

Quelques instants plus tard, *la Blanche-Nef* touchait un écueil, s'entr'ouvrait et s'abîmait avec ses passagers... Le malheureux roi pleurait ses enfants !... Un seul homme échappa au désastre, c'était un boucher de Rouen.

La cruelle défaite de Crécy devint le signal de la décadence de Barfleur.

1) *Courte-cuisse*, ou encore : *court-haut-de-chausse*.

Sous le règne glorieux de Philippe II, *Auguste*, la Normandie était redevenue province française. Mais la guerre entre les souverains français et les souverains anglais se renouvelait fréquemment.

Édouard III en suscita une terrible, par sa prétention à régner à la place de Philippe VI *de Valois*. Lorsqu'il eut gagné la victoire de Crécy, l'instant lui parut favorable pour désoler les ports normands. Barfleur fut une des principales victimes. Jamais la pauvre ville ne s'est tout à fait remise de cette ruine absolue.

Oublions ces mauvais souvenirs, en allant contempler, du haut du phare de Gatteville, la belle perspective étendue sous nos yeux.

La mer, calme, se joue doucement sur le rivage, le ciel est bleu.... Nous pouvons sans crainte continuer notre route vers Cherbourg, le grand port militaire de la Manche.

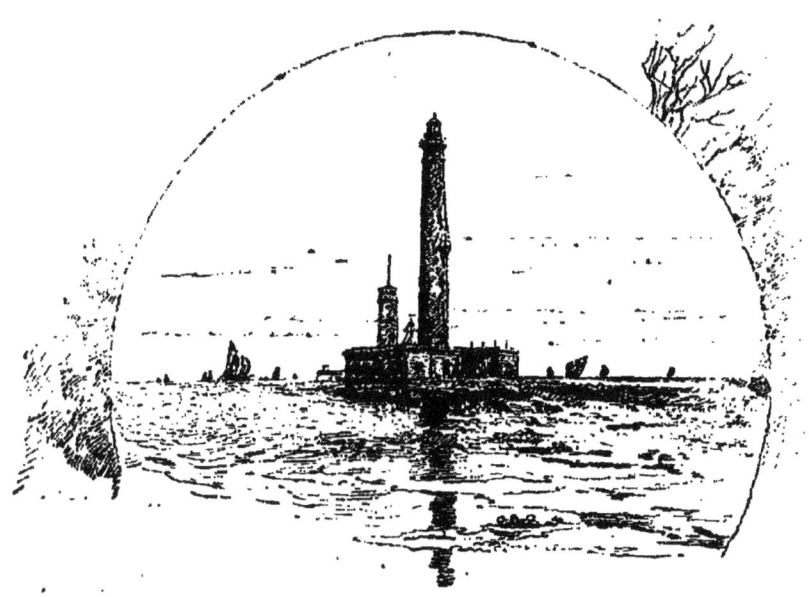

Phare de Gatteville.

CHAPITRE XXXIX

CHERBOURG

Tous les documents du moyen âge reculent la fondation de Cherbourg à l'époque où le conquérant des Gaules s'occupait activement du soin d'assurer la sécurité de ses légions.

Cæsaris Burgus, portent les chartes; des médailles à l'effigie de Jules César ont semblé confirmer cette étymologie.

Mais l'importance du *Bourg de César* fut longtemps très secondaire, puisqu'il n'est pas mentionné avant le onzième siècle. Cependant, il devait compter au nombre des places fortes du *Pays de Constantia* (1), puisque Guillaume Ier fit réparer son château et dota la petite ville, bâtie sous la protection de ses murailles, d'un hôpital ainsi que d'une église.

Cette libéralité était, peut-être, la conséquence du souvenir de la bravoure déployée par un *comte de Cherbourg*, lors de la sanglante bataille d'Hastings.

En 1145, dit une légende, la petite-fille du conquérant, Mathilde, impératrice d'Allemagne et reine d'Angleterre, revenait en Normandie, quand un violent orage fondit sur la flotte royale. Les pilotes, eux-mêmes, tremblaient et n'espéraient pas pouvoir conjurer le danger.

Domptant sa terreur, la reine s'écrie :

« Vierge Marie, sauve-nous ! je promets de faire construire une chapelle en ton honneur, et, dès que nous apercevrons la terre, je chanterai l'un de tes plus beaux cantiques. »

(1) Sauf les arrondissements d'Avranches et de Mortain, le département, au temps des derniers empereurs, était connu sous le nom de *Pagus Constantinensis*, en l'honneur de l'empereur Constance Chlore, fondateur de Coutances. Plus tard, par contraction, est venue l'appellation de *Cotentin*.

Soudain, les flots s'apaisent, le vent, si violent, se change en une brise favorable, qui pousse vers le rivage les navires désemparés.

Émerveillés, les pilotes, à leur tour, s'écrient :

Chante ! Royne, voici la terre !

Et la voix suave de Mathilde, dominant la voix des personnes de sa suite, module le cantique promis.

La flotte aborda dans la baie d'Equeurdreville, à trois kilomètres du Cherbourg moderne. L'anse où elle toucha fait partie du port et a gardé le nom de : *Chantereyne*. Sans retard, la souveraine fit commencer la construction promise, qu'elle appela *Notre-Dame-du-Vœu*. Non contente de cette première libéralité, Mathilde y ajouta une abbaye, dont les bâtiments, qui subsistent encore, ont été transformés en hôpital maritime.

La bienveillance de Guillaume et de sa petite-fille ne devait pas rencontrer beaucoup d'imitateurs. Les guerres continuelles éclatant, pendant une si longue période de siècles, entre l'Angleterre et la France, ruinèrent plusieurs fois Cherbourg et l'empêchèrent, ainsi, de prendre aucune importance.

Devenue possession du roi de Navarre, Charles le Mauvais, puis rendue à Charles V, roi de France, la ville retomba, par trahison, après la cruelle défaite d'Azincourt, aux mains anglaises, sous le joug desquelles il lui fallut rester jusqu'en 1450, époque où Charles VII la délivra.

Une étrange faute, commise par Louis XIV, devait retarder pour longtemps encore le développement de la cité. Malgré les conseils de Vauban, qui était parvenu à faire commencer des fortifications protectrices et avait tracé un plan de port militaire, Cherbourg, non seulement fut abandonné, mais on poussa l'aveuglement jusqu'à détruire les nouveaux travaux. Or comme, pour ces travaux, les vieilles murailles avaient dû tomber, port et ville se trouvèrent sans défense efficace !...

Le général anglais Bligh profita de cette incurie. Il vint, en 1758, rançonner Cherbourg de la manière la plus odieuse, anéantissant tout : navires, travaux maritimes et ne négligeant pas de se faire allouer une grosse somme pour ces exploits !...

Enfin, la longue période d'attente se termina. Le plan de Vauban fut repris.

L'illustre maréchal l'avait, lui-même, qualifié « *d'audacieux* ». Deux hommes se chargèrent de le réaliser : Dumouriez, que l'on ne s'attendait pas à trouver en telle affaire, et le capitaine de vaisseau La Bretonnière. Ce dernier se livra à une longue étude de la côte tout entière. Aucune difficulté ne le rebuta et, grâce à lui, la rade de la Hougue fut négligée.

Pourtant, à Cherbourg, on devait compter avec un ennemi infatigable : la mer. Il s'agissait de former de toutes pièces une rade, ainsi qu'un port, sur un rivage encombré de récifs et battu avec violence par les vagues.

C'eût été, peut-être, le cas de se souvenir, selon la belle expression de M. Chèvremont : « que tout travail public ou privé, entrepris sur les côtes occidentales de la France, doit être fait non en vue des besoins de quelques générations, mais en vue des siècles futurs. »

Nous n'avons ni la compétence ni l'autorité nécessaires pour trancher une semblable question, mais il nous sera permis de dire que, très vraisemblablement, la position territoriale de Cherbourg influa plus que n'importe quelle autre raison en sa faveur.

Des travaux cyclopéens commencèrent.

Avant tout, il fallait songer à fermer, contre le flot venant du large, l'emplacement du futur port. Un ingénieur, M. de Cessart, crut avoir trouvé le meilleur moyen d'arriver vite et sûrement à la solution du problème.

On fabrique, de nos jours, d'immenses blocs de béton que l'on coule à l'aide de très simples appareils. Ces blocs, formés par la réunion de ciments à prise instantanée et à prise lente, durcissant au contact de l'eau, ne tardent pas à faire, en quelque sorte, partie inhérente du sol sur lequel ils reposent. Leur résistance, loin de diminuer avec le temps, va croissant. C'est encore le rempart le plus efficace à opposer aux efforts de la mer.

Les premiers de ces blocs sont dus à M. Poirel qui, en 1835, les employa à Alger. Depuis, cette invention est arrivée à des résultats prodigieux ; ainsi, à Port-Saïd, les ingénieurs de la

Compagnie du Canal de Suez ont construit des blocs de 40 000 kilos avec le sable du désert.

Mais M. de Cessart inventa autre chose. D'après ses ordres et sous sa surveillance, on se mit à construire d'énormes cônes en bois, cerclés de fer et cimentés, que l'on remplissait de pierres.

On a peine à comprendre l'enthousiasme dont ce travail fut l'objet. Il ne devait pourtant pas manquer d'ingénieurs doués d'assez de jugement pour en faire observer les défauts, car le simple bon sens suggérait la réflexion que les bois des cônes allaient être livrés à deux causes immédiates de destruction : gonflement et, par suite, désagrégation ; attaques des animalcules dont fourmille la mer.

Personne, néanmoins, n'y songea ou bien les craintes furent étouffées, puisque le roi Louis XVI vint, en personne, féliciter l'ingénieur. Il assista à l'immersion de l'un des cônes et la relation du voyage dit que « Sa Majesté voulut rester pendant quelques instants au sommet de l'une des parties de la digue future. »

On ne tarda guère à rabattre de la confiance mise en la méthode de M. de Cessart. Bientôt, on dut se résigner à couler tout bonnement des blocs de pierre sur la limite extrême de l'emplacement assigné à la digue. C'était encore bien insuffisant ; mais on suivit ce seul procédé pendant une longue suite d'années.

Arrive le premier Empire. Le génie guerrier de Napoléon s'attache à la réalisation d'un plan qui devait contribuer, en une si large mesure, à seconder ses projets. Cherbourg lui doit sa véritable existence et tous les développements, les améliorations dont il a été doté, sont la conséquence naturelle de la sollicitude de l'empereur.

La ville acquittait donc une simple dette de reconnaissance, quand elle éleva, au conquérant déchu, la statue symbolique dont le bras étendu semble, à la fois, désigner l'ennemie naturelle : la mer, et l'amie..... possible : l'Angleterre.

Seulement, partout où passe Napoléon, sa volonté tyrannique s'impose sans souci des obstacles. Il décrète l'achèvement de la digue tout comme il eût décrété la mobilisation d'un corps d'armée, laissant un *maximum* de *deux années* aux ingénieurs pour compléter leur œuvre...

Obéissants, les praticiens poussent activement les travailleurs. Au jour désigné, la digue est *livrée* et, ainsi que l'avait ordonné l'empereur, une batterie s'élève à son centre.

Le triomphe fut de courte durée. Au mois de février 1808, la mer, bouleversée par une épouvantable tempête, se rue contre cet écueil nouveau..... En une nuit, elle disperse sans peine les constructions de la batterie, et *trois cents* hommes, tant ouvriers que soldats, trouvent la mort dans la tourmente, emportés qu'ils sont au loin par les flots tumultueux !

Que ne peuvent la tenacité, l'industrie, la patience, le labeur humains ?

Une rade de mille hectares d'étendue, ainsi qu'un port, ont été créés à Cherbourg et forcent l'admiration des plus indifférents.

Toutefois, ces merveilles ne s'obtinrent pas sans traverses nouvelles (le port militaire date de 1803), et c'est, en réalité, presque de nos jours (1858) qu'elles ont été terminées.

Nous disons « terminées » quant à l'ensemble, car on comprend bien le soin, la vigilance dont restent l'objet ces travaux destinés à lutter contre le plus indomptable des ennemis, et l'on se souvient aussi que, tout dernièrement, on y a apporté de grandes améliorations.

Rade et port n'existent que grâce à la *digue*, jetée artificielle de près de *quatre mille* mètres (1), établie en talus fortement incliné, sur une base de *deux cents mètres* de largeur, avec un sommet de *soixante mètres*.

Ce n'était pas assez. La jetée proprement dite de la digue ne dépasse point le niveau de la marée basse, et on devait modérer l'effet du flot venant, à marée haute, s'engouffrer dans la rade.

La *muraille* fut alors décidée. Elle forme la seconde partie de la construction maritime et s'élève, enracinée sur la partie supérieure de la jetée, à *neuf mètres vingt-huit centimètres au-dessus de la basse mer*. Un parapet de *un mètre soixante-six centimètres* de hauteur la termine.

---

(1) Trois mille sept cent quatre-vingts mètres.

Ce chef-d'œuvre des constructeurs modernes, a été combiné de telle sorte que toutes les parties en sont soudées exactement comme se présentent les parties minuscules d'un bloc de pierre. On croirait voir un gigantesque monolithe naturel, taillé par la main de l'homme. La gloire en revient à M. REIBELL, qui termina la digue et construisit la muraille.

Et combien on a dû dépenser de patiente énergie pour arriver à triompher de la mer! La mer qui peut se jouer des plus redoutables barrières.

On y est parvenu... Sauf à se tenir prêt, si de nouvelles tempêtes menaçaient l'obstacle opposé à leur force aveugle.

Le mouvement de la ville entière se concentre sur le port militaire, quoiqu'elle possède aussi un port marchand.

Ce dernier est situé à l'embouchure d'un humble petit fleuve : *La Divette,* et d'un gros ruisseau : *Le Trottebec.* Afin de permettre aux navires d'y flotter constamment, une grande écluse retient l'eau nécessaire. On n'a pas manqué de rendre le chenal plus accessible et les bassins plus profonds. Là, encore, des digues en granit et des murs protecteurs ferment le passage aux envahissements intempestifs de la mer.

Sans une telle prévoyance, ce quartier dit : *Les Mielles,* ne tarderait guère à être ravagé par les flots.

Rien dans le port de commerce, non plus que dans le port militaire, n'est dû à la bonne configuration naturelle des lieux. Partout il a fallu, au contraire, vaincre des obstacles en apparence insurmontables, et, cependant, les marins y trouvent des aménagements excellents : cales à radouber les navires, bassins profonds bien dragués, quais commodes, chantiers de construction.

Un tirant d'eau de $5^m,70$ est assuré ; on travaille à l'augmenter encore, ainsi que la profondeur du bassin à flot.

Toutefois, le commerce international, gêné par les indispensables servitudes militaires, ne peut y prendre un très grand développement, quoique les produits agricoles du pays forment l'objet de transactions assez actives.

Une partie de sa prospérité vient encore de l'escale que les steamers français ou étrangers sont dans l'habitude d'y faire maintenant.

Mais il existe une chose dont nos armateurs et nos compagnies maritimes feraient bien de se préoccuper davantage.

Les relations avec l'Angleterre s'accroissent constamment ; néanmoins, presque toutes les lignes de paquebots sont aux mains de nos voisins.

Avec une apathie fâcheuse, nous assistons à cette conquête... pacifique, soit ! mais, en somme, aussi préjudiciable à nos intérêts qu'à notre légitime influence.

Possédant tous les éléments de prospérité, nous nous laissons devancer sur le champ commercial du monde entier !...

Cela est triste et ne fait honneur ni à notre sagacité ni, certainement, à notre patriotisme.

Le port militaire de Cherbourg se compose de trois parties distinctes.

Un avant-port, creusé de 1803 à 1813, et de l'emplacement duquel furent retirées des roches jaugeant un ensemble de plus d'*un million de mètres cubes ;* ces roches servirent à la continuation de la digue.

Le bassin à flot, creusé de 1813 à 1829, a fourni environ le même cube de matériaux, également utilisés.

Enfin, *l'arrière-bassin* complète ces travaux. Il avait été mentionné dans le décret de 1803, mais les événements politiques ne permirent pas de l'entreprendre avant 1836.

Vingt-deux longues années furent employées à cette belle œuvre, dont l'inauguration eut lieu, le 7 août 1858, par Napoléon III, en présence de la reine d'Angleterre et du prince Albert.

Sept forts protègent les passes de la rade ; deux autres forts défendent l'accès du port militaire : Voilà pour la conservation des travaux de géants exécutés à Cherbourg.

En ce qui touche la navigation proprement dite, il n'a pas fallu élever moins de six phares, dont les couleurs diverses : blanche, verte, rouge, et la lueur tantôt fixe, tantôt à éclats, marquent la route avec certitude.

L'extrême importance de Cherbourg, au point de vue militaire, a dû, nécessairement, faire converger sur les dépendances du port de guerre toute la sollicitude administrative.

Les forts, les batteries sont constamment en état. L'*Arsenal* est superbe. Considérablement agrandi, ou plutôt rebâti, on l'a pourvu de tout ce qui convient à sa destination. Il peut suffire à l'armement complet des plus grands vaisseaux.

Une des vives attractions de l'Arsenal, pour qui n'est pas familiarisé avec les choses de la mer, c'est l'aspect de l'immense drague cuirassée : *Le Tonnerre*. Le bruit qu'elle fait en accomplissant sa besogne, justifie amplement son nom.

C'est encore la vue des vieux vaisseaux transformés en pontons.

Le Tonnerre (drague cuirassée)

On appelle ainsi, d'ordinaire, des chalands, avec pont, très solides et assez élevés sur l'eau, quoique de faible tirant. Ils servent à des travaux difficiles et exigeant une certaine force de résistance, par exemple à *renflouer* un navire, c'est-à dire à le remettre à flot, quand un accident l'a jeté sur un écueil ou sur la côte, ou, encore, à le retirer de la mer, s'il a coulé bas.

Mais on trouve, parfois, avantage à se servir de vaisseaux rayés du cadre de la flotte. Quoique ne pouvant plus tenir leur rang, ils sont excellents pour une telle destination. On les y approprie en rasant leur mâture et en faisant les changements nécessaires dans leur installation intérieure.

Ce même nom de *pontons* est donné à des bâtiments déclassés où l'on interne des prisonniers de guerre.

Nos marins n'ont pas perdu le souvenir de ce que furent, pour leurs devanciers, les pontons anglais et espagnols!!

Hâtons-nous d'oublier ces fâcheuses réminiscences, en parcourant les chantiers de construction.

CHAPITRE XL

LES CHANTIERS. — VISITE AUX NAVIRES EN CONSTRUCTION

LE SALUT

Les chantiers sont toujours fort animés, car les modèles les plus divers de navires y sont construits.

On y trouve toujours, en outre des travaux courants, des cuirassés destinés à faire partie d'une escadre, et plusieurs des constructions cherbourgeoises sont célèbres : telles *le Furieux*, *le Vauban*. C'est encore de Cherbourg que sortent le croiseur à barbettes : *le Dubourdieux*; le croiseur à bastingages : *le Roland*; l'aviso : *le Météore*; la canonnière : *la Comète*; l'aviso à roues : *la Mésange*. Une liste complète serait longue et, en somme, un peu fastidieuse.

Les yeux restent stupéfaits devant les proportions données aux vaisseaux cuirassés. Non seulement la vieille langue maritime est à peu près transformée; mais, encore, les types ou gabarits modernes s'éloignent de plus en plus des modèles anciens. On a quelque peine à se reconnaître au milieu de ces nouveaux venus.

Il n'en faut pas moins essayer de se rendre compte de ce que nous voyons. Pour les vaisseaux cuirassés, cela est encore assez simple. On comprend de suite qu'une armure protectectrice recouvre la carène et les murailles, afin de les mettre, dans une certaine mesure, à l'abri des boulets, soit d'une flotte ennemie, soit des forts chargés de défendre l'accès d'une baie. Les différences essentielles résident donc dans l'aménagement intérieur, dans l'installation des hélices et des machines à vapeur, qui ont absolument changé les conditions de la voilure.

Pour les noms d'*avisos* et de *croiseurs*, ils s'appliquent, avec des modifications plus grandes, à des navires chargés de services spéciaux. En thèse générale, un aviso est un léger bâtiment de guerre, bon voilier, destiné à porter des ordres. Aussi une corvette ou un brick peuvent-ils le remplacer. Voilà pourquoi, dans de vieilles relations maritimes, on trouve ces mots corvette-aviso, brick-aviso. A présent, la dernière qualification est seule conservée.

Nous avons vu, au Havre, des navires à vapeur construits d'après les deux systèmes à roues et à hélice. On comprend donc, sur-le-champ, le type adopté pour l'aviso : *la Mésange*.

Le nom de *croiseur* correspond, lui aussi, à des transformations reconnues nécessaires. Il en existe, nous venons de le voir, à *barbettes* et à *bastingages*.

Le premier de ces termes signifie que l'artillerie du vaisseau n'est point renfermée dans des batteries, mais placée sur le pont même, de manière à faire porter ses coups *par-dessus* les plats-bords.

Autrefois, les bastingages étaient des filets, doublés en toile peinte, régnant autour d'un bâtiment et se recouvrant, selon les nécessités du jour, par une seconde toile peinte. Leur installation permettait d'y placer les hamacs des matelots, qui, ainsi, n'encombraient pas, pendant le jour, l'enceinte intérieure du navire et subissaient une aération nécessaire.

Aujourd'hui, la plupart des bastingages sont en bois et toile, mais construits de façon à ne pas gêner les manœuvres. Lors d'un combat naval, cette muraille, si légère qu'elle puisse être, devient une protection pour l'équipage, moins exposé à souffrir de tout ce qui n'est pas projectile d'une grosse artillerie.

Remarquons, en passant, la tendance de plus en plus prononcée à donner à nos vaisseaux des noms ou lugubres ou terribles. Nous avons une *Dévastation*, un *Furieux*, un *Tonnant*, un *Fulminant*. Il existe une *Vipère*, un *Scorpion*.....

Tous ces vocables, d'ailleurs, sont bien appropriés au rôle

Pont d'un vaisseau cuirassé.

que peuvent jouer les *canonnières*, les *torpilleurs*, les cuirassés à *éperon*.

Le *Fulminant* est de ce dernier type. Monstre en fer, se mouvant sans l'aide d'aucune voilure et entre deux eaux, comme un énorme crocodile, il ne laisse guère apercevoir que sa tour, agencée sur plate-forme à pivot, et abritant deux canons de dimensions gigantesques. Vienne l'ennemi, la tour

Ancien vaisseau de ligne, avec le perroquet de fougue sur le mât.

s'ébranle, les canons, en un instant, peuvent menacer n'importe quel point de l'horizon!

Il fait plus encore, un éperon d'acier est fixé sur son avant. Au choc du terrible engin, les cuirasses cèdent, les murailles en bois qu'elles protègent s'entr'ouvrent, le navire frappé coulera.

A la mer, maintenant, comme à terre, la victoire n'est plus au courage, à l'énergie, à l'adresse, elle appartient aux gros bataillons; elle se fait acheter non en gloire, mais à coups de millions.

Les vieux marins déplorent cet état de choses. Adieu aux héroïques combats navals des Jean Bart, des Duquesne, des Tourville, des Duguay-Trouin ! Tout, ou à peu près, devient question de construction et d'artillerie.

Eh bien ! sans s'arrêter aux critiques inutiles, nous devons, non pas seulement suivre le courant, mais le devancer, le maîtriser, et continuer à rendre notre flotte assez forte, assez bien équilibrée pour que nulle autre ne puisse lui disputer la suprématie.

On a dit de la France qu'elle était assez riche pour payer sa gloire. Il est encore plus vrai de dire qu'elle peut être assez riche, assez résolue, pour se faire respecter.

Cherbourg étant l'un des ports d'attache des vaisseaux cuirassés, il est rare que la rade n'offre pas le spectacle d'une de ces prodigieuses masses flottantes qui, par leurs proportions, ressemblent à des îlots. Près d'eux, les frégates même paraissent s'abîmer dans les flots, et les chaloupes ne sont plus que des points imperceptibles.

Ils sont dignes, au reste, du paysage entourant la rade, paysage vraiment imposant avec ses belles montagnes qui, du côté de l'est, se profilent jusqu'à la pointe de Gatteville-Barfleur, et, du côté de l'ouest, jusqu'au cap de la Hague ou de la Hougue (1).

C'est, justement, dans la profonde échancrure existant au milieu de la ligne marine contenue entre les deux pointes, que Cherbourg a été fondé.

Creusé en plein roc, le fond du port a fourni une grande partie des matériaux de la digue qui, elle-même, ferme artificiellement les mille hectares de la rade.

Les grands cuirassés peuvent occuper jusqu'à près du tiers de cette surface, et l'on améliorera encore les endroits rendus inaccessibles par des rochers sous-marins.

Ici nous pouvons facilement comprendre la signification de ces mots usuels de la marine militaire : *vaisseau, frégate, corvette ;* en même temps, quelques-unes des belles manœuvres nous deviendront familières.

(1) Il ne faut pas confondre ce cap avec la rade de la Hougue, que nous avons déjà visitée : cette dernière se trouve entre Carentan et Barfleur.

Dans l'ancienne marine de guerre, le mot : Vaisseau, correspondait à une construction navale ayant une ou plusieurs batteries d'artillerie couvertes et munies de quatre-vingts à cent vingt canons.

Ce dernier type était connu sous le nom de *Vaisseau à trois ponts* ou, généralement, un *tiers-pont*, ou encore, *Vaisseau de premier rang*.

Celui de second rang n'avait plus que cent canons, celui de troisième quatre-vingt-dix, et celui de quatrième rang quatre-vingts canons.

Il arrivait parfois, il peut toujours arriver, que des défectuosités de construction rendent un vaisseau impropre à un bon service dans la classe où on l'a rangé.

Il n'est pas, pour cela, hors d'usage. Une de ses batteries étant jugée superflue, on la *rase*, et l'ensemble du bâtiment gagnant en légèreté, la marche ainsi que la facilité des manœuvres acquièrent des qualités réelles. Voilà pourquoi les mots de : *vaisseau rasé* ne veulent pas toujours dire : vaisseau hors d'usage, mais bien : *vaisseau transformé*.

Les anciens bâtiments n'avaient généralement pas les dimensions données à nos vaisseaux, même avant l'adoption du type cuirassé. Beaucoup étaient extrêmement petits. Plusieurs n'avaient que cinquante pièces d'artillerie, d'autres en portaient soixante-quatorze. On les range dans les classes modernes desquelles ils se rapprochent le plus.

On dit, en parlant d'un navire, qu'il court *vent largue*, au moment où ses voiles se trouvant frappées par un vent favorable, on leur laisse la facilité d'y donner prise en relâchant les cordages qui les maintiennent aux mâts.

On dit, aussi, que des pièces de canon viennent d'exécuter le *Salut*. Il y a, pour un vaisseau, plusieurs occasions de *Saluer*. Par exemple, en croisant des bâtiments de nations amies, en arrivant devant un fort, ou en recevant la visite d'un personnage important. Suivant les pays, le nombre de coups de canon varie. Généralement, il est échelonné de 3 à 21 coups.

Mais il est des cas où le simple Salut devient une *Salve*. Alors, toutes les pièces d'artillerie tirent ensemble une, deux ou trois fois. Dans les grandes revues d'apparat, cette sorte de simulacre de combat est d'un effet prodigieux.

Les bâtiments de commerce étant dépourvus d'artillerie, saluent en *amenant* (1) leurs voiles les plus élevées, ou en faisant flotter plus largement l'une même de ces voiles.

Quelques-uns, autrefois, faisaient davantage : ils *amenaient*

Ancienne frégate au plus près du vent.

et *hissaient* successivement leur pavillon. Mais on a condamné avec force une telle pratique.

Le drapeau d'un pays ne saurait être employé ainsi. Sa seule place est la place d'honneur ; il y doit flotter constamment, et, s'il en descend, il faut que ce soit par suite d'un accident imprévu ou après un combat dans lequel la victoire aura trahi le courage.

On ne trouverait plus, croyons-nous, de capitaine marchand disposé à donner une semblable marque de soumission absolue.

Combien de fois la question du Salut n'engendra-t-elle point de querelles !

(1) **Synonyme** de : *descendre*.

L'excellent dictionnaire de marine *Bonnefous et Pâris* donne, à ce sujet, de curieux renseignements.

« Autrefois, lisons-nous, et jusqu'au dix-huitième siècle, le Salut, à bord, consistait non seulement, comme aujourd'hui, en un certain nombre de coups de canon, mais aussi dans l'obligation d'amener, dans certains cas, ou de ferler (1) son pavillon, d'amener les voiles hautes et de prendre le dessous du vent (2).

« Ces obligations dénotaient, alors, une grande soumission ; elles étaient imposées aux plus faibles sans admettre de réciprocité, et quelques nations voulant l'exiger des bâtiments de guerre d'autres nations, il en résulta plus d'une fois des refus, rixes, batailles.

« C'est ainsi qu'en 1688 les amiraux français et espagnol *Tourville* et *Papachin* se livrèrent un rude combat, par la seule raison que *Papachin* avait refusé le Salut exigé.

« Aujourd'hui, le Salut n'est plus un signe de domination ou de soumission, mais simplement un échange de courtoisie et de bons procédés qui, toutefois, présente tant de cas d'application, qu'il demande du tact, du discernement et, souvent, un sentiment élevé des convenances.

« Entre étrangers, c'est le pavillon ou l'État, représenté par le pavillon, que l'on Salue. Celui qui arrive, Salue le premier d'un certain nombre de coups de canon, et, quelle que soit la force relative du bâtiment ou du fort qui Salue, il doit y être répondu par un nombre égal.

« Entre nationaux, c'est ordinairement le grade des commandants des bâtiments ou la dignité des personnes qui s'y trouvent que l'on Salue, et l'inférieur qui arrive doit, s'il y a lieu, Saluer le premier. Le nombre de coups de canon qu'il tire alors et celui qui est rendu sont réglés par une disposition ministérielle. »

Nous comprenons maintenant l'importance de cette manœuvre, en apparence si simple et presque insignifiante.

Également, on *Salue à la voix*, c'est-à-dire que l'équipage.

---

(1) Synonyme de : *relever, plier* le long d'un mât, d'un cordage.

(2) Se mettre sous la ligne de vent d'un autre bâtiment et, par conséquent, sous sa dépendance.

répète le cri indiqué par le commandant, d'après les règlements. Nous venons de voir les différents cas exigeant le *Salut*.

Lorsqu'il s'agit de *Saluer à la voix*, les hommes de l'équipage vont se poster du côté où passe, soit le bâtiment, soit le personnage auquel il faut faire honneur.

Puis, tous les matelots étant montés dans les haubans (1) et sur les vergues (2), profèrent, à leur tour, le cri ordonné.

Les grandes solennités maritimes rassemblent souvent les différents genres du Salut simultanément exécutés.

Pavoisés et brillants sous leurs fraîches peintures, les vaisseaux font feu de leur robuste artillerie, pendant qu'en tenue de parade, l'équipage lance aux échos ses formidables hourras.

Rien, à notre avis, ne surpasse ces solennités : la mer encadrant le tableau d'une poésie pénétrante et l'ensemble d'une flotte ayant des aspects mobiles du plus piquant imprévu.

Maintenant, nous entendons dire qu'un vaisseau est placé *en panne*.

Cette attitude peut correspondre à plus d'un incident. Tout d'abord, si le vent pousse vers un point où l'on ne veut pas jeter l'ancre. Un homme tombe à la mer ; si le navire conservait son allure, il n'y aurait nulle espérance de sauver le naufragé ; mais en neutralisant autant que possible l'effet de la voilure, on gagne du temps et les canots mis à flot opèrent le sauvetage.

On met en panne de plusieurs façons différentes ; mais toutes arrivent à ce résultat de disposer les voiles en un sens gênant pour les mouvements de la quille et opposé, par conséquent, autant que possible, à la marche en avant ou en arrière. Le gouvernail aide à la manœuvre.

Nous ne pouvons entrer dans des développements qui réclameraient l'emploi de termes techniques nombreux. Toutefois, remarquons, en nous souvenant de l'étude faite au Havre sur les bâtiments de commerce, que les voiles de hune, le petit foc et la brigantine jouent le rôle principal dans la manœuvre de *mettre en panne*.

Les frégates modernes portent de 40 à 60 canons ; leur rang

---

(1) *Haubans*, cordages importants servant à soutenir et à assujettir les mâts.
(2) *Vergues*, pièces de bois croisant sur les mâts et supportant les voiles.

est gradué de dix en dix pièces d'artillerie, celles de 40 appartiennent au troisième rang, et ainsi de suite. Toutes n'ont qu'une batterie couverte : c'est ce qui les distingue des vaisseaux.

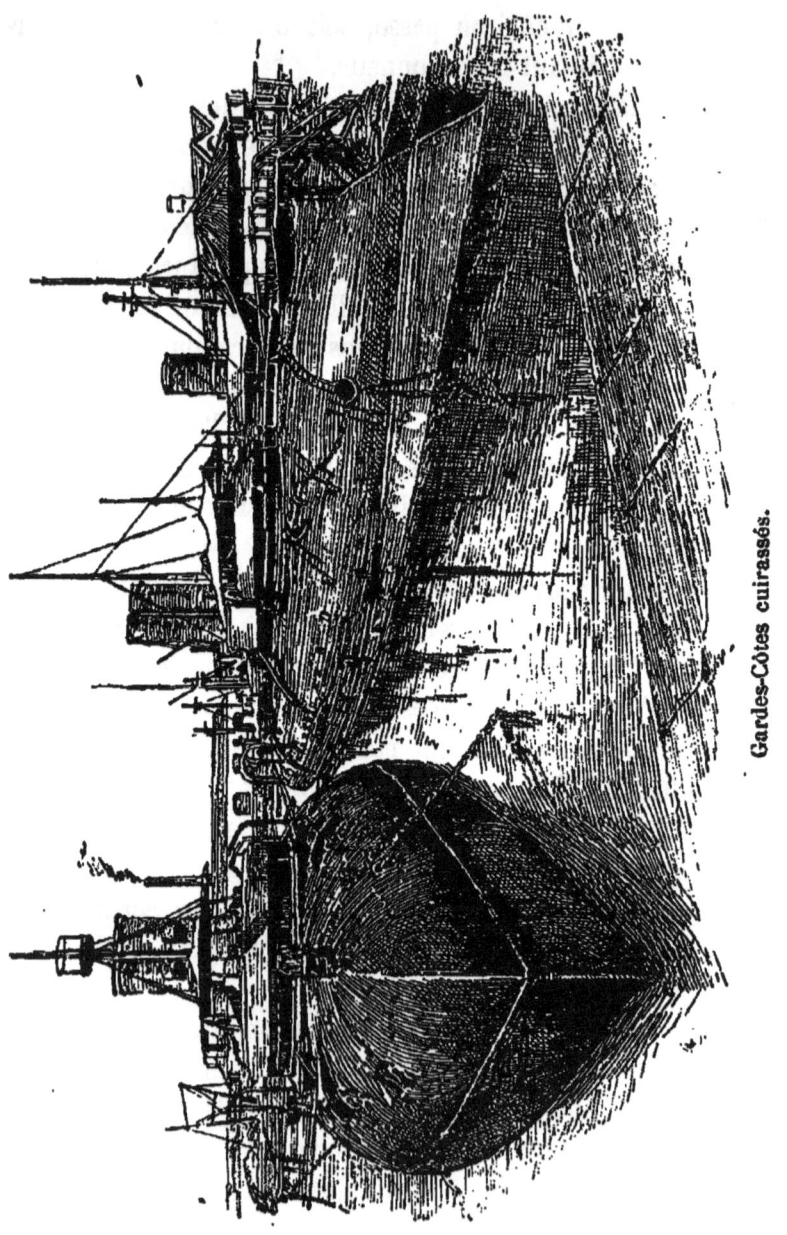

Gardes-Côtes cuirassés.

Elles en diffèrent encore, d'ailleurs, par leur aspect plus élancé, plus léger, par la rapidité de leurs allures. Rien de plus gracieux qu'une frégate sous voiles...

Les flots semblent s'ouvrir sans effort sous sa carène et le vent paraît lui obéir.

En temps de guerre, ce sont les meilleurs bâtiments de croisière.

Une frégate est superbe à voir quand elle marche à l'allure du *plus près*, ce qui signifie qu'elle veut promptement *gagner* ou avancer dans la direction d'où souffle le vent.

La *corvette* prend rang après la frégate. Pontée bas, élancée et possédant une excellente voilure, elle est un admirable éclaireur; mais, de nos jours, on lui donne de beaucoup plus grandes dimensions qu'elle n'en avait, même vers la fin du dix-huitième siècle.

Ainsi, nos corvettes de premier rang portent 30 canons et ont une batterie couverte; elles correspondent aux frégates de guerre du temps de Louis XVI.

Les corvettes de second rang portent de 20 à 24 canons, établis en « batterie barbette », comme nous l'avons vu précédemment.

Vaisseaux, frégates et corvettes sont pourvus de trois mâts. Dans ce nombre de mâts, le *beaupré* ne compte jamais (1).

Vient ensuite, toujours par rang de force, le *brick* ou *brig* de guerre, sensiblement plus petit et n'ayant que deux mâts.

La marine militaire classe les bricks selon l'importance de leur artillerie. Il y a des bricks-avisos qui, dans une escadre, jouent le rôle d'un véritable bateau-poste; d'autres sont employés au service côtier.

Parmi les bâtiments destinés à protéger nos rivages, il faut encore citer les *gardes-côtes cuirassés*. Ce nom indique suffisamment le but que l'on a voulu atteindre; trop longtemps les navires gardes-côtes ayant été laissés dans un état d'impuissance absolue, quant aux services que l'on réclamait d'eux.

Enfin, les *canonnières* font partie de toute cette catégorie d'engins guerriers nouveaux : monitors, batteries flottantes..... car leurs proportions et leur armement sont bien faits pour bouleverser les vieilles classifications.

---

(1) Nous l'avons déjà expliqué à l'article : Havre.

CHAPITRE XLI

ARMEMENT ET LANCEMENT D'UN VAISSEAU

Port militaire avant tout, Cherbourg, nécessairement, doit abriter une nombreuse population n'ayant pour objectif que la marine de guerre ou ce qui y confine.

Le tiers des habitants, a-t-on dit, vit des travaux du port.

Cela doit être. Il faut beaucoup de bras pour suffire aux besoins de l'arsenal, des chantiers de construction, de la manutention, des corderies……, en un mot, de cette immense entreprise qui s'appelle l'armement d'un vaisseau.

Tout y est prévu, puisque le vaisseau représente une forteresse flottante qui, à un moment donné, peut se trouver réduite à ses seules ressources.

Le vaisseau se tiendra en garde non seulement contre les caprices de la mer, mais l'existence tranquille de chaque jour de paix, comme les nécessités de chaque minute de la terrible phase d'un combat naval doivent y être assurées.

Ce n'est pas tout encore. Il devient le gardien de l'honneur de la patrie. Le pavillon déployé dans sa mâture lui rappelle que, par une extension touchante, son pont représente une fraction du sol natal qu'il est chargé de faire respecter, et ne peut céder avant d'avoir franchi la limite de l'impossible…..

De là le profond sentiment de dignité dont se pénètrent les officiers et les marins de la flotte.

Le temps n'est pas encore très éloigné où les équipages du commerce avaient à peine le droit de revendiquer devant eux l'humble qualité de matelots. C'était pis, même, quand il s'agissait de l'armée de terre ou de l'infanterie de marine.

Heureusement, les rivalités ou n'existent plus ou s'effacent avec rapidité.

La marine militaire, on l'a compris, c'est le droit dans sa force fière, puissante, protégeant et servant les nobles causes.

L'infanterie, qui lui doit son nom, c'est l'auxiliaire indispensable de nos escadres, la vaillante gardienne de nos colonies.

La marine marchande c'est le travail, l'activité de la nation, contribuant à la conquête de sa fortune, au développement de son génie.

Nous serons peut-être dans le vrai, si nous avançons que l'introduction de la vapeur à bord des bâtiments de guerre a beaucoup aidé à ce résultat.

Le système naval tout entier se transforme constamment.

Jadis si difficile à acquérir, l'expérience nautique se montre moins hérissée d'obstacles. Non pas que nos officiers soient inférieurs à leurs prédécesseurs, mais l'occasion est souvent rare, pour eux, de mettre à profit leurs patientes études.

Les périlleuses traversées exigeant autrefois plusieurs mois, s'accomplissent maintenant en quelques semaines, et celles qui réclamaient de longues semaines, s'effectuent en quelques jours.

La navigation mixte simplifie l'étude des manœuvres de voilures et l'on compte à présent, affirment les pessimistes, « nos vieux loups de mer ».

Lamentations bien exagérées, ce nous semble. Mais si nous devions rechercher la vraie source de la pénurie d'excellents et solides équipages, il faudrait entrer dans des développements et des considérations que notre travail ne saurait admettre.

Répétons seulement combien il importe qu'une protection efficace remédie aux maux dont souffrent nos pêcheurs. La pêche, on ne saurait trop le redire, est la pépinière de notre marine de guerre ; tout ce qui se fera pour elle sera, par contre-coup, fait pour notre flotte : ne l'oublions jamais....

Un des plus grandioses événements auxquels on puisse assister dans un port militaire, c'est le lancement d'un vaisseau.

Le Havre construit des steamers immenses, cependant la mise à l'eau d'un cuirassé émeut encore davantage. Si l'on n'a pas vu le chantier où repose un de ces géants, on ne saurait se faire

CHERBOURG. — Vue générale de la rade.

la moindre idée des audaces auxquelles sont arrivés nos ingénieurs.

La cale immense qui le contient est absolument bondée, du sol à la toiture, par la masse de la coque, quoique les poutres d'étais soient enlevées.

Il ne se trouve plus maintenu que par les *coittes,* énormes pièces de bois placées de chaque côté. Ce soutien l'empêchera de pencher avant qu'il ait atteint l'eau du bassin, sa future résidence, en attendant le moment où, l'armement se trouvant complété, sa carrière maritime commencera.

Le *ber* est tout prêt. Ce lit de madriers et de cordages va permettre au nouveau vaisseau de glisser doucement sur le plan incliné de la cale.

L'art moderne a perfectionné le lancement comme il a révolutionné les règles de la construction ancienne.

C'était jadis une opération redoutable, celle de mettre un navire à la mer. Au dernier moment, un homme devait aller, sous la quille, frapper à coups de hache les étais la soutenant encore.

Il lui fallait se maintenir sur un plancher déclive, avoir le regard assez juste pour frapper là seulement où c'était nécessaire, le bras assez fort pour ne pas se reprendre trop longtemps, et le pied assez agile pour éviter le choc fatal de la masse entière brusquement ébranlée.

Plus d'une fois la mort fut la récompense de tant d'audace, mais il arriva aussi que des condamnés, ayant subi victorieusement cette redoutable épreuve, obtinrent la grâce méritée par leur courage.

De nos jours les accidents sont rares, justement en raison de la simplification de la manœuvre.

C'est au moment où la marée montante a rempli le bassin confinant le chantier, que le vaisseau, tout enguirlandé et pavoisé, est admis à prendre possession de son nouveau domaine.

Le glissement d'un semblable poids sur les poutres du bord détermine une élévation de température, qui se traduit par des étincelles, prélude d'incendie. Mais on a obvié à ce danger.

L'eau ruisselle de toutes parts, inondant les madriers et les rendant d'autant plus glissants. Sans cesse renouvelée, elle ne peut se vaporiser complètement.

Enfin une sorte de détonation retentit : la mer a reçu son hôte et, comme si elle reconnaissait en lui un futur dominateur, elle gonfle ses vagues autour de la carène, l'inondant de son écume en signe de protestation...

Pourtant il lui faut se soumettre, quitte, plus tard, à prendre une cruelle revanche...

Le lancement est toujours l'occasion d'une véritable affluence d'étrangers dans la ville. Aussi, est-ce le moment le plus favorable pour passer une rapide revue des différents costumes maritimes.

Voici un *yachtman* anglais. Il est venu se rendre compte des progrès de la science nautique chez ses voisins. Quelquefois même, en dépit de la simplicité de ses allures, il est le propriétaire richissime d'un beau yacht entré au port depuis la veille.

Voici nos alertes petits marins, discutant avec feu les qualités du nouveau vaisseau qu'ils seront peut-être appelés à monter.

Les flammes, les guidons, les pavillons flottent aux mâts.

Les hommes circulent en simple tricot de travail ou en grande tenue.

Des soldats d'infanterie de marine viennent voir la prison flottante sur laquelle ils seront transportés aux colonies lointaines... et sur laquelle peu, hélas ! reviendront au port !

Ainsi que pour les douaniers et les canonniers gardes-côtes, l'uniforme de ces excellents soldats a été considérablement modifié ; sauf la couleur du drap, il ressemble à celui de notre infanterie de ligne.

Les panaches, les lourds shakos, les sabres traînants, les immenses fusils, les habits sanglés du temps de Napoléon Ier ont, Dieu merci ! disparu ; les troupes y gagnent une plus grande agilité, une moindre déperdition de forces.

Fendant les groupes, passent graves, imposants, les officiers. Leur bel uniforme a, lui aussi, subi d'heureuses modifications et fait, le plus avantageusement du monde, ressortir les mâles physionomies, les regards énergiques, les nobles allures.

A la fois riche et seyant, sévère et gracieux, on comprend qu'il soit estimé très haut par nos marins et ne puisse supporter, à leurs yeux, aucune comparaison...

CHAPITRE XLII

UNE DATE CHERBOURGEOISE. — LES ENVIRONS DE LA VILLE. NOTES BIOGRAPHIQUES

Cherbourg, qui a élevé une statue au véritable créateur de son port, reçut sa dépouille quand, la tradition napoléonienne suffisamment embellie, on obtint de l'Angleterre la restitution du cercueil du prisonnier de Sainte-Hélène.

La *Belle-Poule*, sous les ordres du prince de Joinville, vint stationner en rade où le transbordement eut lieu.

Un tableau de M. Morel-Fatio garde le souvenir de cette cérémonie. Elle pourrait fournir l'occasion de plus d'une remarque philosophique, si on la rapprochait de la fête d'inauguration de l'obélisque érigé (1817) en l'honneur du duc de Berry, et de l'éclat rayonnant de la fête où, en 1858, Napoléon III se montrait aux côtés de la souveraine de la Grande-Bretagne...

Mais les méditations de ce genre menant rarement à une conclusion satisfaisante, nous préférons terminer par une ascension à la montagne du *Roule*, notre séjour ici.

Du sommet, on jouit de l'un des plus admirables points de vue avoisinant Cherbourg. La ville, le port, la rade, encadrés par un vaste horizon, se découvrent dans leurs moindres détails.

Une citadelle couronne le plateau élevé de cent dix mètres; elle fait partie du puissant système de fortifications qui protège l'unique refuge, sur la Manche, de nos flottes de guerre.

Voisines de la citadelle, s'émiettent les ruines d'un antique petit ermitage, qui jadis dominait triomphant une grotte appelée des *Fées*, située au pied de la montagne.

Ce nom, appliqué à la grotte, n'étonne pas lorsque l'on a pris la peine de parcourir la campagne cherbourgeoise.

Les monuments druidiques y sont nombreux, et le peuple n'a jamais hésité à attribuer à des causes surnaturelles ces témoignages de l'industrie des premiers habitants de notre pays.

On ne peut toutefois quitter Cherbourg sans aller saluer le buste en bronze érigé au comte DE BRIQUEVILLE. Né en 1785, à Bretteville, banlieue du port, il fit vaillamment la campagne de France et, sous les murs de Paris, après avoir taillé en pièces un corps de cavalerie prussienne, résista jusqu'à ce qu'il eût reçu une grave blessure.

Le colonel de Briqueville s'était déjà illustré à Ligny. Si ses conseils avaient été écoutés, nous n'eussions point eu à inscrire le nom de Waterloo parmi nos désastres... Le sort de la France s'en fût amélioré.

Rentré dans la vie privée après la signature de la paix, le brillant soldat mourut en 1844.

L'abbé DE BEAUVAIS, qui, dans l'oraison funèbre de Louis XV, prononça la phrase fameuse : « Le silence du peuple est la leçon des rois », était né à Cherbourg.

Madame DE MIRBEL, la célèbre miniaturiste, naquit aussi dans cette ville. On sait les qualités de modelé et de couleur par lesquels ses travaux se distinguent. Elle eut l'inspiration d'abandonner le *pointillé* en usage pour la miniature. Ce genre de peinture lui doit donc d'avoir été complètement transformé et d'avoir été, par elle, élevé très haut dans le domaine de l'art.

CHAPITRE XLIII

QUELQUES MOTS D'HOMMAGE A NOTRE MARINE MILITAIRE

Ce chapitre additionnel, si court que nous le voulions faire, paraîtra, craignons-nous, inutile, parce que l'on oublie vite dans notre cher pays, et la critique y fait, en général, un chemin plus rapide que la louange.

Ce n'est pas une raison suffisante pour nous empêcher de dire notre pensée.

Très librement, nous avons exprimé les vœux que nous formons au sujet de la situation de notre marine marchande et de notre population côtière.

Avec la même franchise, nous demandons pour notre marine militaire un redoublement de sollicitude. Les services qu'elle est appelée à rendre sont incalculables, ceux qu'elle a rendus sont immenses.

Nous n'avons pas la prétention de chercher à les énumérer tous : les bornes de notre cadre seraient d'ailleurs trop limitées.

Nous ne voulons pas davantage raviver de cruels souvenirs et retracer le rôle de nos marins ainsi que de leurs officiers pendant la période de la guerre franco-allemande.

Si le courage, le dévouement absolu avaient pu nous sauver, la marine militaire eût eu droit à des honneurs exceptionnels.

Cela, personne ne le conteste; une chose dont on se préoccupe moins, c'est du rôle de nos marins dans la conservation et l'extension des colonies françaises.

Combien de fois avons-nous entendu critiquer ce rôle! Alors, nous redisions avec reconnaissance les noms de tous ceux qui, sans se lasser jamais, travaillent à consolider, à étendre notre prospérité coloniale. Après la liste des explorateurs, il n'en est pas de plus longue et nous voudrions pouvoir la dresser complète. Elle serait instructive.

Mais cette joie nous étant refusée, nous ne prendrons que trois faits parmi ceux dont ces dernières années ont retenti :

A M. le contre-amiral Serres, l'honneur de nous avoir gardé Taïti, malgré des obstacles nombreux.

A M. le commandant Rivière(1), la gloire de n'avoir pas désespéré de la mère-patrie et d'avoir tenu hautement, fermement, son drapeau menacé.

A M. le lieutenant Savorgnan de Brazza, la gloire aussi, gloire incontestable, d'accomplir des conquêtes pacifiques, de faire aimer le nom français, de faire désirer la protection de la France.

Ainsi, partout, l'action de notre marine militaire se montre bienfaisante à nos intérêts mieux compris.

Ayons pour elle la sollicitude dont, ailleurs, on entoure ses rivales, nous verrons bientôt les meilleurs résultats se produire.

Non pas, établissons-le clairement, que nous poussions quand même aux immenses dépenses nécessitées par l'entretien et l'accroissement de notre flotte de guerre.

Il est toujours triste de voir les forces d'un pays mises au service de la plus effrayante des calamités : la guerre.

Notre désir ardent serait de penser qu'un moment viendra où les peuples apprécieront les seuls bienfaits de la paix.

En attendant, il faut protéger la sécurité, la dignité de la patrie. Car elle est bien éloignée (nous ne pouvons nous résigner à dire *chimérique*) l'ère de la paix universelle !

Vienne un choc nouveau, nous retrouverons intrépides, prêts à affronter tous les dangers, nos vaillants marins.

Malheureusement, l'expérience du passé nous le rappelle, la bravoure n'est pas tout, il lui faut les moyens de résister à l'écrasement par la force brutale.

(1) Au moment où allait paraître la première édition de ce livre, arrivait la cruelle nouvelle de la mort du commandant Rivière, l'intrépide défenseur d'Hanoï (Tonkin). La Société des Gens de lettres, dont il faisait partie, s'est honorée en ouvrant une souscription pour élever un monument au littérateur distingué, à l'héroïque marin.

Voilà pourquoi, sans autrement admirer les dernières conceptions du génie naval, nous applaudissons à leur mise sur chantier.

Il est loin le temps où le sort d'une journée pouvait dépendre du courage des combattants. S'il en était encore ainsi, nous serions pleinement rassuré.

Les preuves du contraire abondant, la prudence exige que nous nous mettions à l'abri des surprises, car il ne suffit pas de construire des forteresses flottantes, nos ports doivent suivre une pareille progression.

Souvenons-nous de l'étonnement provoqué par l'échouage de la *Dévastation*, à l'instant où elle sortait des passes de Lorient...

L'accident fut relativement peu de chose ; mais admettons qu'il eût eu lieu à la suite d'un combat, c'est-à-dire que la *Dévastation*, obligée au repos, se soit hâtée de venir à Lorient chercher un refuge : L'ennemi ne pouvait-il profiter de sa fâcheuse situation pour la détruire ?....

Supposition gratuite, nous le reconnaissons ; toutefois ne donne-t-elle pas lieu de réfléchir à sa possibilité ?

Les anciens ports, malgré des travaux considérables, réclament impérieusement une amélioration prompte, généreuse.

Il ne s'agit pas, dans un cas aussi grave, d'invoquer l'éloignement relatif du danger ; il faut y parer, l'amoindrir jusqu'aux dernières limites.

Nous avons tout pour nous : officiers instruits, marins solides, bonne situation côtière ; sachons tirer parti de nos richesses.

Voulons, répèterons-nous à satiété....

Les obstacles ne sont pas plus formidables pour nous qu'ils ne l'ont été pour nos rivaux, bien au contraire.

Voulons, oui, voulons, ne marchandons pas à l'une de nos égides les moyens de se rendre invincible....

Le patriotisme, l'abnégation, la vaillance de nos marins fera le reste.

Jamais ils n'ont manqué à leur noble tâche (1)...!

---

(1) Nous venons de les voir encore à l'œuvre sous le commandement de l'amiral Courbet qui, à Son-Tay (Tonkin), a vengé le commandant Rivière et s'apprêtait à poursuivre une vigoureuse campagne, continuée par la prise de Bac-Ninh.

CHAPITRE XLIV

LA COTE. — DE CHERBOURG A COUTANCES

De même que les moindres replis de la côte, la campagne entière serait à explorer. Très accidentée, elle forme une suite de collines, de vallons parsemés de superbes ruines, de monuments druidiques, de splendides châteaux anciens et modernes.

Parmi ces derniers, le château de MARTINVAST tient une belle place. Il se présente entouré d'un parc remarquable, rempli de vieux arbres, de plantes exotiques et coupé de vastes pelouses, au milieu desquelles se tient encore debout un donjon, seul débris d'une antique forteresse.

L'église du village date du onzième siècle, elle est de style roman.

Non loin, on trouve un dolmen classé parmi les monuments historiques. Le bloc formant *table*, selon l'étymologie du mot (1), n'a pas moins de 4 mètres de longueur sur $2^m.50$ de largeur et $1^m.50$ d'épaisseur. Les trois blocs qui le soutiennent ont $1^m.50$ d'épaisseur et $1^m.35$ d'élévation.

Certes, ce dolmen est remarquable, mais combien il perd de sa majesté lorsqu'on se souvient des géants celtiques, disséminés à la surface entière de la vieille péninsule bretonne, et que l'on a pu contempler l'extraordinaire dolmen placé sur la rive droite de l'embouchure de l'Aven. Celui-là se compose d'une plate-forme de *quinze mètres* de longueur sur *neuf* de largeur !

Le reste du monument est dans les mêmes proportions.

---

(1) *Dol*, table ; *men*, pierre. — *Men*, pierre ; *hir*, longue.

Néanmoins, telles que sont les pierres druidiques de la Manche, elles excitent la curiosité et l'intérêt. Les travaux nécessités par l'établissement de la voie ferrée sont un autre sujet d'admiration.

L'*allée* couverte de Tourlaville, appelée les *Roches Pouquelées*, corruption probable du mot breton : *Poull-piket* (1), mériterait bien que l'on se dérangeât pour la parcourir, même si le beau château du seizième siècle, son voisin, n'était intelligemment réparé.

Les seigneurs de ce château et de la très vieille tour, seule ruine d'un donjon, ont joué autrefois un grand rôle dans les chroniques du pays, mais un rôle, en général, sanglant et souvent criminel.

Le fort de Querqueville défend Cherbourg et son phare éclaire la rade. Une tradition veut que l'église soit bâtie sur les ruines d'un temple romain.

Ce qui reste hors de doute, c'est l'ancienneté d'une grande partie des constructions, maintenant protégées par la commission des monuments historiques.

Le château de Nacqueville est encore très curieux ; mais nous devons reprendre le bord de la côte pour ne le guère quitter. Il a tout ce qu'il faut pour nous dédommager des jolies excursions sacrifiées.

Les falaises, schisteuses ou granitiques, se présentent extrêmement découpées. Les caresses et les colères du flot y sont, en quelque sorte, écrites sur chaque pierre.

Une baie succède à une anse, un écueil abrupt à une croupe arrondie.

L'extrémité nord-ouest du département se termine en un cap, dit de la Hague, séparé de l'île anglaise d'Aurigny par le *Raz* ou canal de Blanchart qui, selon la belle expression de M. Élisée Reclus, « est le premier de ces terribles défilés marins (2), où le flot de marée et le jusant, resserrés entre des chaînes d'écueils et de bas-fonds, coulent comme des fleuves avec une effrayante rapidité. »

---

(1) Les *poulpikets* et les *korigans*, nains gardiens de trésors cachés, héros de milliers de légendes bretonnes.
(2) Du golfe des îles Normandes.

Entre les falaises de ce point du littoral, le *Nez de Jobourg* est célèbre.

Son aspect ne dément pas le nom humoristique sous lequel il est connu. Le village possède encore, sur son territoire, l'enceinte apparente d'un camp romain, et surtout des grottes réellement belles, ce qui leur a valu l'honneur de devenir le théâtre des contes légendaires répétés aux veillées.

Les sables se montrent plus abondants lorsque l'on approche

Nez de Jobourg.

de Vauville, commune riche en pierres druidiques, classées parmi les monuments historiques.

La baie qui s'étend de Beaumont-Hague à Heauville garde le nom de Vauville. La terminaison de la plupart de ces appellations est bien faite pour jeter un peu de confusion dans les souvenirs des voyageurs.

Guernesey, possession anglaise, fait presque face à la baie.

Nous entrons à Diélette, bourg bâti sur le tout petit fleuve du même nom, ce qui assure à son port, creusé depuis un siècle, le trafic du canton voisin. Le granit, les produits agricoles, d'excellent minerai de fer, la pêche des huîtres y entretiennent l'activité maritime.

Deux phares à feu fixe, l'un blanc, l'autre rouge, éclairent le chenal et le port.

Diélette est une dépendance de FLAMANVILLE, commune très intéressante à explorer. Elle possède un magnifique château, bâti au dix-septième siècle, dont on vante, avec raison, la cour d'honneur et les escaliers. Le beau granit du pays a été seul employé dans la construction.

Le granit, encore, forme les parois du TROU-BALIGAN, caverne immense, digne d'abriter toutes les fées et tous les nains, héros des contes populaires.

Le dolmen de la PIERRE-AU-ROY touche un mât à signaux : l'emblème du passé côtoie l'emblème civilisateur du présent...

Nous passons rapidement d'une anse à une autre. Presque toutes sont défendues par des écueils et restent absolument à sec au moment du reflux.

Beaucoup n'en sont pas moins devenues de laborieux petits ports dont la prospérité augmente chaque année.

CARTERET en fait foi. Ne se souciât-on pas de son commerce, que l'on s'y arrêterait bien volontiers pour parcourir ses falaises aux aspects imprévus et son château.

Une famille seigneuriale porta le nom de Carteret et posséda des fiefs dans l'île de Jersey. Une branche de cette famille adopta la nationalité anglaise et l'un de ses membres, Georges de Carteret, avait, en 1651, le gouvernement du château Élisabeth, la dernière des forteresses de l'île qui se soumit à Cromwell. Deux fois, le gouverneur y donna asile à Charles II, fugitif.

En reconnaissance de l'hospitalité reçue, la monarque offrit au Bailli et aux Jurés de Jersey une superbe *Masse* en argent, portant, gravée, l'attestation de son séjour. La *Masse* paraît dans toutes les cérémonies de la Cour de Justice.

On retrouve ainsi une foule de traits qui témoignent de l'antique union de l'île avec la France, et des relations constantes qu'elle y entretient.

PORT-BAIL, comme Carteret, fait partie du canton de Barneville, mais il est en train de devenir plus important que son chef-lieu. Ses industrieux pêcheurs et ses hardis caboteurs ne se laissent rebuter par aucune difficulté. Leur énergie se traduit en prospérité pour le pays, prospérité qui ne saurait manquer de suivre une période ascendante.

Iles Chausey.

Tout en continuant de nous plier aux dentelures du rivage, nous ne pouvons nous empêcher de faire un retour vers une époque lointaine de notre histoire nationale. Philippe-Auguste venait de reconquérir la Normandie sur Jean Sans Terre... Il n'avait qu'à étendre la main pour réunir à sa couronne les îles voisines : AURIGNY, GUERNESEY, JERSEY, SERK, HERM, en un mot l'archipel normand : cela n'eut pas lieu.

Oubli, négligence ou hésitation, le résultat n'en fut pas moins malheureux. Ces îles, évidemment, sont des parties détachées du Cotentin...

De plus, les mœurs, les coutumes, le langage y étaient identiques aux mœurs, aux coutumes, au langage du reste de la province normande...

Mais les regrets sont superflus. Nous devons nous résigner à voir, sans les posséder, dans les eaux françaises, ces charmants joyaux maritimes.

Il nous faut nous contenter des ILES CHAUSEY, immenses bancs de granit, au nombre d'une cinquantaine, exploités en carrières de pierres à bâtir.

Leur gisement s'étend sur plus de *douze* kilomètres. Un beau phare à feu fixe, avec éclats rouges, est situé sur le plus grand de ces îlots.

A peu de distance de l'embouchure de l'*Ay*, petit cours d'eau qui vient tomber dans la Manche, en face de Jersey, on trouve les restes de la riche abbaye bénédictine de LESSAY. L'église date du onzième siècle; son magnifique portail, sa belle tour, ainsi que ses cloîtres, subsistent assez bien conservés.

Pour nous rendre à Coutances, nous traverserons le canal du même nom formé par la *Soulle*, rivière qui, au pont de *la Roque*, se jette dans le petit fleuve appelé la *Sienne*.

CHAPITRE XLV

COUTANCES. — LE COMTE DE TOURVILLE. — LES HAUTEVILLE

Une énorme tour, accostée de flèches pyramidales, se découpe sur le bleu du ciel. C'est le couronnement de la cathédrale de Coutances qui, par sa situation, domine tous les environs et sert de point de reconnaissance aux navigateurs.

L'origine de la ville est controversée, mais les historiens s'accordent pour la faire remonter aux premiers siècles de notre histoire nationale.

Elle aurait été l'une des principales villes des *Unelli* et, plus tard, aurait pris le nom de l'empereur Constance Chlore, qui se serait beaucoup occupé d'elle.

Une chose est très certaine : on la trouve nettement désignée vers la fin du quatrième siècle, et, peu de temps après, son église avait le rang d'évêché. La suprématie épiscopale lui a été conservée, mais l'autorité administrative est échue à Saint-Lô, placé plus au centre du département.

On ne voit pas que Coutances ait joué un grand rôle jusqu'à ce que la guerre de Cent ans éclatât. Cela dut tenir aux ravages exercés par les Normands dans la pauvre cité. Plus tard Talbot, ce même Talbot que plusieurs historiens français (!!) appellent « grand », terrorisa Coutances par tous les horribles excès déjà commis à Harfleur, à Honfleur et dans un grand nombre de villes normandes.

Le mal en arriva à un point si insupportable que la population entière se souleva enfin et chassa honteusement l'étranger.

Toutefois, le joug anglais ne fut entièrement brisé que par le connétable de Richemont, en 1449; mais les vicissitudes de Coutances ne furent point, pour cela, terminées.

Louis XI punit d'une manière cruelle sa participation à la *Ligue du Bien Public*, et les guerres de religion devinrent le signal de scènes affreuses.

A peine commençait-elle à oublier ces tristes souvenirs que la révolte des *Nu-pieds* éclata.

Louis XIII avait établi une taxe excessive sur les cuirs. Les cordonniers de Bayeux, en grand nombre dans cette ville, jugèrent qu'il leur était impossible de subir un semblable impôt.

Ils se rebellèrent et prirent le surnom de *Nu-pieds*. On crut vaincre sûrement les meneurs en pendant, rouant et jetant leurs chefs aux galères. On se trompa.

Loin de rester circonscrite dans le pays Bessin, la ligue populaire devint traînée de poudre. Elle se ramifia un peu partout en Normandie, mais le Cotentin et l'Avranchin devinrent ses principaux foyers de résistance.

Les maux qui en furent la suite sont incalculables, et tous les historiens s'accordent à dire que la répression coûta autant, sinon davantage, à la province, que lui avait coûté la révolte.

Enfin Coutances subit le contre-coup de la révocation de l'Édit de Nantes; mais depuis lors, le calme de son existence n'a guère été troublé.

Un moment, pourtant, elle put prétendre à un surcroît d'activité. L'Assemblée Constituante la désigna pour chef-lieu du département nouveau.

Napoléon rapporta le décret et Coutances ne garda que la juridiction criminelle. Seulement, quand eut lieu la revision des sièges épiscopaux, l'ancienneté de son église plaida en sa faveur et elle bénéficia de la suppression de l'évêché d'Avranches.

Si blasés que soient nos yeux par les singuliers mélanges architectoniques dont nous sommes accablés depuis une trentaine d'années, les plus indifférents ne peuvent, sans admiration, contempler la cathédrale, imposante par la masse de ses bâtiments, élégante et simple, quoique riche, par les détails dont le plus pur style ogival a relevé son ensemble.

Sa fondation remonte au treizième siècle; elle domine non

seulement la ville, mais les environs, sur un horizon très étendu, car sa hauteur totale n'est pas moindre de cent trente-quatre mètres, et le monticule qui la soutient est lui-même fort élevé.

Deux beaux portails latéraux complètent l'effet produit par la grosse tour, les tourelles et les flèches purement dentelées.

A l'intérieur, des verrières bien conservées s'harmonisent avec des autels portant le cachet d'une ancienneté vénérable. La plus belle des chapelles est sous le vocable de Notre-Dame, patronne de la cathédrale.

Après ce magnifique monument, on a encore à voir Saint-Pierre et l'aqueduc dit *des Piliers*, ouvrage attribué aux Romains, mais qui fut presque entièrement reconstruit au douzième ou treizième siècle. Des seize arches qui le composaient, cinq seulement ont pu résister au temps.

Malgré son aspect un peu morne, Coutances fait un assez profitable commerce des produits agricoles et manufacturiers de l'arrondissement. Les transactions sont grandement aidées par le canal de la Soulle, qui la met en communication avec le havre de RÉGNEVILLE et le petit port du même nom, de plus en plus fréquenté. Un château-fort protégeait autrefois Régneville. Maintenant la population s'adonne à peu près tout entière à la pêche du littoral, à l'élevage fructueux des huîtres et au cabotage, qui tend à prendre une sérieuse importance.

Riche en souvenirs historiques, l'arrondissement de Coutances compte, parmi ses enfants, un grand nombre d'hommes célèbres à divers titres.

Le très ancien petit bourg de HAMBYE, capitale, au temps de liberté de la Gaule, d'une peuplade, se retrouve intimement lié aux légendes jersiaises.

Il conserve avec soin les restes imposants de sa forteresse et les belles ruines d'une abbaye datant du douzième siècle.

Sous les voûtes croulantes de l'église repose le cercueil de LOUIS D'ESTOUTEVILLE, l'héroïque capitaine dont les annales du Mont Saint-Michel ont gardé la glorieuse mémoire.

Le château féodal de SAINT-DENIS-LE-GAST vit naître SAINT-ÉVREMOND.

TOURVILLE, le vaillant vaincu du combat de la Hougue,

naquit, en 1642, au château portant le nom de sa famille, fort ancienne et puissante.

M. Léon Guérin, un de ses biographes, a écrit de lui :

« Il y a en quelque sorte deux marins dans Tourville : L'un, tout de premier mouvement, tout d'inspiration, tout de feu, qui s'élance et triomphe à l'abordage, comme Jean Bart; l'autre méditatif, prudent, calculateur, rangeant le plus de chances possibles de son côté avant de rien hasarder, comme Duquesne.

« Aussi sa vie militaire se divise-t-elle en deux parts qui offrent, sous deux aspects différents, chacune leur genre de beauté, chacune leurs enseignements. Dans la première, c'est la fougue de la plus valeureuse jeunesse; dans la seconde, c'est la sagesse et l'expérience de l'âge mûr, acquises avant le temps. »

On ne pouvait mieux définir le génie de Tourville, qui parut toujours aussi grand, soit que le succès répondit à son courage, soit que le hasard le trahît.

Il avait dix-sept ans lors de sa première campagne contre les pirates barbaresques et il y accomplit de tels prodiges de hardiesse, d'intrépidité, de vivacité d'esprit que sa renommée fut aussitôt établie. Six années entières, passées en croisières brillantes sur la Méditerranée, entourèrent son nom d'un si grand éclat, que Louis XIV n'hésita pas à donner au jeune comte le grade de capitaine de vaisseau.

Sous les ordres du vice-amiral d'Estrées, il se trouva, en 1672, face à face avec le redoutable amiral hollandais Ruyter, et sut l'empêcher de capturer son vaisseau le *Sans-Pareil* (1).

Partout il se signale à l'attention. Duquesne le regardait comme l'un des plus habiles, des plus vaillants marins qu'il connût. Tourville méritait l'éloge; sa vie entière est remplie de faits éclatants. Il ose, en 1685, alors que de nouveau son vaisseau était sous les ordres de d'Estrées, proposer et exécuter la périlleuse aventure d'aller, avec une seule chaloupe, explorer

---

(1) Le *Musée de Marine* conserve un modèle du *Sans-Pareil*, mais postérieur au temps de Tourville. Il a également un modèle du *Royal-Louis* ou *Soleil-Royal* (modèle du temps de Louis XIV), vaisseau monté par Tourville à la Hougue. On en a rétabli les plans d'après des données manuscrites trouvées au Musée.

le port de Tripoli. Pendant toute une nuit, il sonde la rade, trouve la place favorable pour que la flotte française vienne s'y embosser, et, par cet excès d'audace, provoque la soumission des pirates tripolitains.

Sa lutte contre le vice-amiral espagnol Papachin, dont nous avons dit un mot à propos du *Salut* entre bâtiments, fut homérique.

Papachin se croyant de beaucoup plus fort que Tourville, refusait de saluer le pavillon français. Mais, à la fin, vaincu, désemparé, près de couler bas, il s'estima trop heureux d'obéir.

Nous n'avons pas à suivre Tourville dans chacun des combats où sa valeur sembla dompter les chances les plus contraires. Si une seule fois la victoire lui échappe, ce n'est pas sa prévoyance qu'il faut accuser.

M. Léon Guérin donne, avec une concision plus frappante que n'importe quelle longue explication, les causes du funeste combat de la Hougue.

« Tourville, dit-il, voulait attendre d'avoir les forces nécessaires pour lutter contre les *quatre-vingt-seize vaisseaux et les vingt-trois frégates,* ainsi que les brûlots de la flotte anglo-hollandaise.

« Mais le ministre Pontchartrain (le père), triste successeur de Colbert et de Seignelay, eut la témérité de lui écrire :

« Ce n'est point à vous à discuter les ordres du roi, c'est
« à vous de les exécuter et d'entrer dans la Manche (1).
« Mandez-moi si vous le voulez faire, sinon le roi commettra à
« votre place quelqu'un plus obéissant et moins circonspect
« que vous ».

« Tourville, l'indignation et le désespoir au cœur, assembla aussitôt ses capitaines, et leur fit la lecture de cette insolente épître.

« Il ne s'agit pas de délibérer, leur dit-il ensuite, mais
« d'agir. Si on nous accuse de circonspection, du moins que l'on
« ne nous taxe pas de lâcheté. » Et il les renvoya de suite en leur donnant l'ordre d'appareiller, quoiqu'il n'eut que *trente-neuf vaisseaux et sept brûlots* à sa disposition ».

(1) Tourville était alors à Brest.

Comme si ce n'eût pas été assez de la lettre de Pontchartrain, Louis XIV avait envoyé, signées de sa main, des instructions pour chercher les ennemis « et les combattre, forts ou faibles, partout où on les rencontrerait. » Le roi ajoutait s'en remettre à Tourville pour, « s'il y avait du désavantage, sauver l'armée le mieux qu'il pourrait!!! »

Le désastre de la Hougue répondit à ces incroyables paroles (1).

Et pourtant Tourville ne fut pas vaincu au vrai sens du mot.

Pas un de ses lieutenants n'amena pavillon, mais l'état de la mer donna à l'ennemi, le lendemain, la supériorité contre des vaisseaux désemparés (2)...

Nous savons ce qu'il advint de treize de nos bâtiments, mais si, à cette époque, Cherbourg n'avait été un port sans défense, sans profondeur, sans étendue, notre flotte y eût trouvé le salut.

Au sujet de ce triste lendemain, M. Léon Guérin rectifie encore une erreur trop accréditée. Certes, la perte de treize bâtiments était grande, mais elle affaiblit les cadres de notre marine sans l'anéantir, à loin près, ainsi que souvent on l'a répété. Et la meilleure preuve en est que, quelques mois après, Tourville recevait le commandement d'une escadre de *quatre-vingt-dix-huit* vaisseaux de ligne.

Louis XIV avait déjà reconnu la faute où son ministre et lui étaient tombés. Le 27 mars 1693, il élevait Tourville à la dignité de maréchal de France.

Le 28 juin de la même année, le nouveau maréchal vengeait avec usure son chagrin, et faisait éprouver aux vice-amiraux anglo-hollandais une défaite si épouvantable que le commerce des alliés en fut, pour longtemps, ébranlé.

Pendant huit ans encore, l'illustre marin servit brillamment

---

(1) Pour ne rien laisser dans l'ombre, nous devons ajouter que Louis XIV, ayant eu avis de la réunion des Anglais et des Hollandais, envoya un contre-ordre à Tourville. Par suite de plusieurs malheureuses circonstances, ce contre-ordre, sauveur de notre flotte, n'arriva pas.

(2) M. l'amiral Pâris a calculé le poids des boulets des deux flottes. Les ennemis lançaient le *double* de fer, et leurs brûlots avaient beau jeu sur des navires désemparés.

son pays. Quand il mourut, le 28 mai 1701, la flotte entière le pleura, car les matelots l'aimaient autant qu'ils l'admiraient (1).

Son fils unique ne lui survécut que peu de temps, mais le nom de Tourville restait gravé au livre immortel des gloires incontestées de la France.

Un autre nom surgit, entouré, celui-ci, du nimbe à demi-fabuleux de l'épopée. Elle semble empruntée aux romans de chevalerie, l'histoire de ces HAUTEVILLE, petits hobereaux normands qui, se souvenant des exploits des Harold et des Rollon, partent, suivis de *trois cents* soldats, à la délivrance des empires, à la conquête des royaumes.

Tancrède.

Le père de ces hardis guerriers, Tancrède de Hauteville, avait glorieusement servi le duc normand, Richard II. Vieux et fatigué, il se retire dans son fief de Hauteville, près Coutances, ou l'attendent douze fils courageux, intrépides, hardis comme lui.

Ils ne resteront pas longtemps au manoir paternel, les aventureux jeunes hommes, car ils connaissent l'histoire de la délivrance du prince de Salerne par quarante pèlerins normands, et ils viennent d'apprendre que cinq autres patriotes, cinq frères, ont su se faire une belle place dans l'Italie méridionale.

Pourquoi ne partiraient-ils pas à leur tour? Ils ont l'audace et la force, en la personne de Guillaume *Bras-de-fer*, de Drogon,

---

(1) L'art des évolutions était arrivé à un degré de perfection admirable; on en possède une trace dans l'œuvre du P. Hoste qui fut aumônier, pendant quinze ans, sous Duquesne et Tourville. (Amiral Pâris.)

d'Onfroi, de Geofroy, de Mauger, d'un autre Guillaume, d'Alverède, de Humbert et de Tancrède. Ils ont l'habileté et la finesse en la personne de Robert, que ses talents ont fait surnommer *Guiscard* ou *l'Avisé* : ils ont la prudence et la fermeté en Roger, le plus jeune de la famille.

Oui, il faut partir, après avoir toutefois assuré le sort du nom du père dans la patrie commune. Serlon, un des fils aînés, restera au manoir.

Loin de s'opposer à ces projets, le vieux Tancrède les fortifiait. Pressentait-il la gloire future de sa maison ?

La fortune, une fortune inouïe couronne les entreprises des frères alliés. Guillaume Bras-de-fer parti, d'abord, avec Drogon et Humfroi, se signale par la conquête de la Calabre et de la Pouille ; mais il était réservé à Robert de fonder sûrement la principauté nouvelle. D'une bravoure indomptable, ce dernier décide du sort de plusieurs batailles et sa prudence sait en assurer les fruits.

Comte de Pouille, puis *duc de Calabre*, il traite avec les papes, maintient ses droits et repousse successivement l'empereur d'Allemagne et l'empereur grec, qui sont obligés de le reconnaître comme légitime souverain.

La vie de Roger, le dernier des fils de Tancrède de Hauteville, est plus accidentée encore. Après avoir servi fidèlement Robert pendant la soumission de la Calabre, il entreprend d'enlever la Sicile aux Sarrasins.

Vingt-huit ans de luttes acharnées, traversées par des revers terribles, n'abattent pas sa volonté. L'île devient sienne et le titre de *Grand Comte* lui est décerné, non pas seulement par lui-même, mais par l'histoire.

Son fils aîné, Roger II, achève l'œuvre si bien commencée. Il réunit Naples et Palerme sous son sceptre... L'union devait durer jusqu'à nos jours, comme se conserva le titre de *Roi des Deux-Siciles*.

Une dernière gloire était réservée aux Hauteville. Un neveu de Robert Guiscard, un petit-fils du vieux chevalier mort près de Coutances, et portant également le nom de Tancrède, se met, en 1095, à la tête des Normands de Sicile qui vont prendre part à la première croisade. Il sait se distinguer parmi tant de valeureux chevaliers, conquiert le pays de Galilée, et prend le titre de *prince de Tibériade* ! Plus tard on lui confie le gouvernement d'Antioche et d'Édesse...

Enthousiasmé, Raoul (de Caen), qui a suivi en Palestine le prince normand, se donne la tâche d'écrire la relation de ses exploits, et, cinq cents ans après l'achèvement de ce curieux travail, Torquato Tasso, subissant l'enthousiasme de Raoul, fera de Tancrède l'un des principaux héros de sa *Jérusalem délivrée*, et placera le nom de Hauteville dans les régions merveilleuses où jamais l'oubli ne saurait l'atteindre ni l'obscurcir.

Ainsi se réalise, en sa naïve simplicité, la définition donnée par les vieux chroniqueurs de l'appellation du fief appartenant au serviteur de Richard II de Normandie.

« Le château de Hauteville, près Coutances, fut ainsi nommé, moins à cause de la hauteur du lieu qu'il occupe, que de celle qui attendait la postérité de son noble maître. »

On aimerait à parcourir au moins les ruines du donjon natal de ces fiers conquérants, mais Hauteville ou Hauteville-la-Guichard n'en a rien conservé. Peut-être, toutefois, une trace de la gloire de ses anciens seigneurs se ravive-t-elle dans son nom : Guichard ne serait-il pas la corruption du surnom de Robert, duc de Pouille et de Calabre : *Guiscard* ou *l'Avisé ?*

Coutances peut se replier dans son calme heureux et prospère.

Si l'histoire ne garde pas grand souvenir de son existence comme cité, elle peut s'estimer suffisamment ennoblie, quand elle unit son blason au blason des Tourville et des Hauteville.

Robert Guiscard.

CHAPITRE XLVI

GRANVILLE. — AVRANCHES. — PONTORSON

De nouveau les sables recommencent à envahir le rivage. Ils vont ainsi, augmentant toujours en étendue, jusqu'à l'immense estuaire de 250 kilomètres carrés, désigné sous le nom de baie du Mont Saint-Michel.

Des pointes granitiques percent cette lourde enveloppe. L'une d'elles, située à l'embouchure d'un petit cours d'eau : le *Boscq*, s'avance vers le nord de la baie.

Sous l'action incessante du flot, la base de cette presqu'île a fini par se creuser en grottes dont les parois, revêtues de mousse marine, semblent laisser ruisseler une pluie de sang.

Le promontoire lui-même a dû subir de nombreux chocs et, sans doute, sa forme actuelle est l'œuvre de la mer. Il se développe en croissant, dont l'extrémité nord se hérisse des crêtes aiguës du *Rocher-Fourchu*, et l'extrémité sud des roches dites le *Corps-de-Garde*.

Ce fut sur ce cap, fortifié naturellement, que *Grannon*, seigneur normand, bâtit une chapelle, origine d'un hameau de pêcheurs plus tard devenu cité.

Au treizième siècle, un seigneur de Granville est mentionné; mais l'importance de la ville ne date que du milieu du quinzième siècle, où elle devint une place forte ardemment disputée pendant les guerres sans cesse renaissantes entre les Français et les Anglais.

Les fortifications ont été reconstruites au dix-huitième siècle et améliorées encore depuis. Mais ce qui nous intéressera beaucoup plus, c'est la prospérité continuellement ascendante du commerce granvillais.

Prospérité due à la pêche et aux transactions maritimes, renaissance de la florissante époque (1786) où l'on comptait à Granville plus de *six mille marins*, soumis aux devoirs de l'inscription.

La guerre civile d'abord, puis les campagnes sans fin de Napoléon Ier portèrent un terrible coup à la laborieuse ville. Mais elle a su vite reprendre son essor.

Depuis longtemps classée comme le septième port de France pour le mouvement commercial, Granville ne cesse de concentrer tous ses efforts sur une question aussi vitale et de faire que la navigation trouve chez elle toutes les facilités possibles.

L'entrée du chenal a été rendue plus commode, le bassin à flot peut contenir plus de cent navires, n'importe quel en soit le tonnage : de grandes frégates y recevraient asile. Un nouveau *môle*, c'est-à-dire une jetée disposée de manière à assurer la sécurité de la rade, a été construit tout en granit; les quais ont été prolongés. En un mot, Granville estime, avec raison, qu'elle ne saurait trop faire pour assurer sa prospérité maritime.

On se trouve ici en plein pays de pêche. Les armements pour les bancs de morue de Terre-Neuve et d'Islande sont toujours très actifs, ainsi que les industries, conséquences, non seulement de cette pêche, mais de toutes les autres.

C'est un bien charmant tableau que celui dont on peut jouir de la pointe du promontoire. Les navires entrent et sortent pressés, les bateaux pêcheurs forment de petites flottilles; les paquebots, en relations quotidiennes avec Jersey et Guernesey, portent presque toujours de nombreux voyageurs; les canots de plaisance bercent doucement sur les vagues des passagers souvent intimidés de leur propre audace, — et, formant cadre au panorama, — l'imposante baie du Mont Saint-Michel se déploie, large, sereine, fière du splendide édifice qui lui a donné son nom.

Les heures semblent trop courtes; on revient avec un empressement toujours nouveau à cette place où l'œil se repose, enchanté, sur mille objets pleins d'intérêt.

Après une promenade, l'intérieur de la cité, divisée en ville

GRANVILLE

haute, close de murailles, et en ville basse, blottie autour du port, semble triste.

Les vieilles maisons en granit noirci par l'air et le vent chargés d'exhalaisons marines, présentent leurs façades sombres, comme rébarbatives. Mais à travers les rues tortueuses et rocailleuses, circule une aimable population. Les femmes, surtout, se distinguent par leur beauté au type méridional. Quelques savants, M. de Quatrefages en tête, les regardent comme filles d'une colonie basque, établie à Granville au moyen âge.

M. Baude, d'accord en cela avec les traditions, les fait descendre de Siciliennes, devenues compagnes des soldats des sires de Hauteville.

N'importe leur origine, elles contribuent à donner un cachet à part aux promenades dans Granville qui, sans cette diversion, sembleraient singulièrement fatigantes.

Les ILES CHAUSEY gisent en face du port, à environ douze kilomètres. Elles ne donnent que du granit, très beau à la vérité, et de prodigieuses quantités de lapins. C'est à se demander comment la gent rongeuse peut pulluler ainsi au milieu d'entassements énormes de rochers nus, arides...... la mer, sans doute, pourvoit à la difficulté.

En continuant à suivre le rivage, on trouve un petit cours d'eau, *la Sée*, qui, en compagnie de la *Célune*, vient former un golfe minuscule dans le grand golfe renfermé entre la pointe de Cancale et celle de Granville.

La Sée serpente à travers des marais et des grèves constamment fouillées par les infiltrations d'eaux douces et salées. Les plages mouvantes commencent ; il devient nécessaire de ne point courir la côte sans guide exercé.

Mais on ne ferait guère attention à l'humble fleuve, s'il n'avait l'honneur de porter sur sa rive gauche l'une des plus charmantes petites villes que l'on puisse désirer visiter.

AVRANCHES s'étage en amphithéâtre sur une colline élevée, qui la place comme en sentinelle au centre d'un vaste horizon.

Elle fut la capitale des *Abrincatui*, vaillante peuplade gauloise qui voulut résister à César, mais dut subir la vengeance du conquérant. En raison de sa situation, excellente pour une place de guerre, un préfet de légion y résida.

Avranches fut érigée en évêché dès les premières années du sixième siècle, en faveur de saint Léonicien. Plusieurs de ses prélats ont eu un rôle historique : saint Nepos, saint Sever, saint Aubert, ce dernier a fondé l'abbaye du Mont Saint-Michel.

Charlemagne résolut de préserver la ville des incursions des Normands ; mais ses successeurs négligèrent d'imiter un si utile exemple et Avranches fut ravagée plusieurs fois.

Avec le reste de la Neustrie, elle passa sous la domination du duc Guillaume Longue-Epée, qui lui donna le rang de Comté.

Les chroniques attribuent à l'un de ses comtes, Hugues dit *le Loup*, la véritable fondation des sociétés littéraires et scientifiques, gloire future d'Avranches.

Ainsi que les autres cités normandes, elle fut tour à tour prise, reprise, détruite et relevée de ses ruines. Enlevée, en 1203, à Jean Sans Terre, roi d'Angleterre, elle fut rasée. Saint Louis la rebâtit et entreprit de la fortifier de nouveau. Enfin, en 1450, elle fut réunie à la patrie française.

Ces diverses péripéties ont enlevé à Avranches les monuments qui l'enrichissaient. De sa vieille cathédrale, il ne reste qu'une pierre, mais la valeur historique de ce débris est grande. Henri II, roi d'Angleterre, y appuya ses genoux, quand, en 1172, il se prosterna devant les légats du pape, tout prêt à subir la fustigation, en réparation du meurtre de Thomas Becket, archevêque de Cantorbéry. Il faut lire dans Augustin Thierry le récit de cette scène entière. Une inscription en rappelle le souvenir.

Mais si Avranches n'a plus de monuments, elle a gardé son admirable position, son aspect souriant, gai, heureux.

Quelques débris de ses vieux remparts apparaissent, çà et là, sans parvenir à l'assombrir. Ils deviennent, au contraire, un attrait de plus.

On ne se lasse pas de parcourir la ville. Presque toutes ses places sont remarquables. Sur celle dite : *de Baudelange*, on trouve les ruines intéressantes d'un antique château-fort. De la place *Daniel-Huet*, ainsi nommée en l'honneur du savant évêque qui, pendant dix ans, fut la gloire d'Avranches, on contemple la baie du Mont Saint-Michel tout entière.

Par un beau jour de soleil, c'est un spectacle éblouissant.

Par un jour de tempête, le tableau devient plus saisissant encore ; les nuages plombés, la mer bondissante, les sables bouleversés, semblent vouloir s'acharner sur le roc qui, depuis onze siècles, porte la merveilleuse abbaye fondée par saint Aubert, et la portera, il faut l'espérer, pendant de long siècles encore.

Difficilement on s'arrache à cette vue ; mais, chose qu'il serait injuste d'oublier, on prend intérêt à parcourir les jolis boulevards plantés de tilleuls, entourant Avranches d'une verte et agréable couronne. On reste longtemps, bien longtemps dans les allées du Jardin botanique, admirable site plein de poésie.

La Bibliothèque et ses manuscrits, précieuses épaves, pour la plupart, de l'abbaye du Mont Saint-Michel, exigerait des stations répétées si l'on voulait feuilleter ses principaux trésors.

Enfin, on va plus d'une fois revoir la *Nafrée*, promenade dont beaucoup de grandes villes s'enorgueilliraient avec raison.

Et, pour enrichir par un souvenir sans rival possible le long voyage qui nous a amenés ici, nous prenons la route de la grève fertile en naufrages : la grève du *Mont Saint-Michel au péril de la mer*.

Cependant nous n'y arriverons pas sans faire un détour, car notre itinéraire s'arrête à la frontière Bretonne et PONTORSON est encore ville normande.

Mais le moyen, en quittant l'abbaye du Mont, de prendre intérêt à la petite cité ? Elle mérite néanmoins de ne pas être oubliée, c'est pourquoi nous nous y rendrons d'abord.

PONTORSON a une origine très ancienne et joua longtemps, au moyen âge, un rôle important.

Cette petite ville est bâtie à l'embouchure du Couesnon, fleuve insignifiant quant à l'étendue de son cours, atteignant environ soixante kilomètres ; mais ce mince cours d'eau a vu, plus d'une fois, la fortune d'un pays se décider sur ses bords.

Il limite ici la frontière bretonne, et un vieux proverbe accuse le Couësnon d'avoir fait trop belle la part de la Normandie :

> Un jour Coësnon,
> En sa folie,
> A mis le Mont
> En Normandie.

Peut-être ce proverbe a-t-il raison. Le petit fleuve qui vient se perdre dans les sables de la baie du Mont Saint-Michel, a eu, jusque de nos jours, une renommée bien justifiée de caprice. Tantôt il était un faible ruisseau, tantôt un torrent coulant entre des rives mobiles qu'il refoulait ou acceptait, parfois, d'un jour à l'autre. Les vieilles chroniques sont remplies de détails à ce sujet, et, maintes fois, ce fut le prétexte de querelles entre les ducs normands et les ducs bretons.

Aujourd'hui le Couësnon a été endigué et son cours régularisé, il ne pourrait plus favoriser un département au grand dommage de l'autre... en admettant qu'il l'ait jamais fait.

Le premier château-fort construit à Pontorson date du règne de Robert, père de Guillaume le Conquérant; le duc voulait se garder du côté de la Bretagne.

Cette forteresse fut rebâtie en 1135 et en 1171; elle passa plus tard sous le commandement de DU GUESCLIN, que Charles V avait voulu récompenser de ses services. Le roi opposait ainsi un fort boulevard aux incursions anglaises.

Quatre faits historiques se dégagent des annales de la ville.

Bertrand du Guesclin et Olivier de Clisson se donnèrent, un jour, rendez-vous sur le pont de la petite cité. Ils voulaient se jurer solennellement une confraternité d'armes que tous deux désiraient et qu'ils tinrent fidèlement. On sait qu'après la mort du connétable, ce fut son ami Clisson que le roi appela à le remplacer.

Le second fait garde la mémoire de l'héroïsme de Julienne du Guesclin, sœur de l'immortel guerrier.

Une nuit, les Anglais, sachant que leur ennemi était absent de Pontorson, vinrent assiéger le château, s'en fiant pour réussir, à des intelligences qu'ils avaient su se ménager dans la place.

Par bonheur Julienne veillait. Intrépide, elle ne se contenta pas de donner l'alarme, mais renversa, de ses propres mains, les échelles des assaillants, qui furent repoussés.

Plus tard Pontorson devint une des places fortes du calvinisme; le fameux Montgommery la gouverna.

Puis, en 1636, les bandes populaires, dites *Nu-Pieds*, l'envahirent. La révolte qui, de Bayeux, avait gagné le Cotentin et l'Avranchin entiers, expira ici, mais non avant de s'être livrée à des excès qui amenèrent d'affreuses représailles.

Un siècle après, un violent incendie détruisait Pontorson presque en entier.

De nos jours, la petite cité s'occupe de tirer le meilleur parti possible de sa situation et s'enorgueillit, à juste titre, de son église, la plus intéressante peut-être de tout le pays d'Avranches. Elle possède, entre autres choses curieuses, des sculptures sur pierre d'une exécution à la fois très naïve et très gracieuse.

Voisine de Pontorson, se trouve une vieille châtellenie dont le titre, francisé, est devenu l'un des noms les plus illustres de notre histoire, car de *Guarplic, Glcsquin, Glaquin,* ainsi que de plusieurs autres variantes, a été formé le nom de Du Guesclin!..

CHAPITRE XLVII

LE MONT SAINT-MICHEL

Après les grands aspects des côtes rocheuses, rien n'est comparable aux lignes fuyantes et désolées des sables de la baie du Mont Saint-Michel ; rien n'est mieux fait pour pénétrer l'esprit de la vérité des révolutions physiques, si souvent démontrées par la science, et qu'un désir inassouvi de calme paisible porte à mettre en doute.

Chaque pas, ici, produit une surprise nouvelle.

Le reflux vient d'emporter aux bornes d'un horizon lointain les vagues menaçantes.

La grève s'abaisse, toute fatiguée encore de la pression de la mer ; mais le Mont, mais Tombelaine, mais les promontoires de Cancale, de Granville et la colline d'Avranches savent résister aux secousses des lames obstinées.

Sur toute l'étendue de l'estuaire, une couleur blanche, cendrée répand sa note attristante ; mais les contours des rivages s'accusent par les nuances vivaces de leur riche verdure.

Une sensation d'impuissance absolue contre la force fougueuse qui a frayé ce lit démesuré pénètre le cœur et l'esprit ; mais la radieuse symphonie des flèches de l'abbaye couronnant le Mont prouve à l'âme qu'elle n'a pas perdu tout ascendant sur la matière, que, partout, elle vaincra encore, si elle s'appuie sur une volonté vraie, sur un labeur incessant.

La toile animée change son décor.

Le flux, impatient, arrive par bonds emportés. Il refoule devant lui les pauvres petits ruisseaux qui, à marée basse, se jouent sur le sable. Il arrive, non point brillant et clair, mais saturé des débris du sol mobile que son approche a bouleversé. Un bruit menaçant le précède...

Involontairement, on se souvient des vers écrits par Brizeux, pendant son voyage à cette pointe extrême de la Cornouaille qui regarde l'île de Sein :

« ... L'effroi de l'Armorique, »

et en vue de la *Baie des Trépassés* dont le

« ... Sable pâle est fait des ossements broyés,
« Et le bruit de ses bords est le cri des noyés ! »

Ce souvenir se présente d'autant plus net à la pensée que, malgré le scepticisme de certains savants, peut-être bien prompts dans leurs affirmations, les traditions locales sont unanimes à garder la mémoire de drames effrayants accomplis au milieu des grèves.

Le sable, presque blanc ou gris, est fin, doux, onctueux au toucher. Le voyageur imprudent ne s'aperçoit pas de la facilité avec laquelle il cède sous son pied et se désagrège au contact de l'eau.

Seulement, peu à peu, la marche devient fatigante, et quand on veut reculer, il n'est plus temps !...

On appelle *enlisement* ce genre de mort trop souvent renouvelé parmi les *tangues* ou sables, qui cachent des gouffres insondables, puisque, disent les légendes, des navires y auraient disparu entièrement, de la carène à la pointe des mâts...

La baie du Mont Saint-Michel, c'est Protée variant sa physionomie sous l'empire de son caprice.

Parfois, l'action de la lumière se combinant avec l'action de l'humidité, le désert sablonneux, imprégné de sel, devient le théâtre des phénomènes les plus curieux de mirage.

Collines, arbres, rivières, barques paraissent se décupler; des monuments aériens font étinceler leurs coupoles dorées, puis, subitement, croulent au plus léger choc.

Parfois, encore, d'épais brouillards meuvent leurs flocons sombres dans un lent tourbillonnement où s'effacent rivages, sables, filets d'eau, flots écumeux... Ils ensevelissent tout, sauf le sommet du Mont qui, pareil à un majestueux navire, plonge sa base dans la masse livide et va, de sa cime la plus aiguë, chercher l'éclatant rayon de soleil voilé par la brume !...

Les marées, sur cette nappe friable, atteignent une amplitude démesurée. On y a constaté, dit M. Élisée Reclus, « une élévation verticale de 15 mètres. Cette hauteur du flot n'est dépassée, dans le monde entier, que par celle des courants de marée qui pénètrent dans la baie de la Severn, en Angleterre, et dans la baie de Fundy (Amérique) entre la Nouvelle-Écosse et le Nouveau-Brunswick. »

Cette élévation est due aux obstacles rencontrés par les vagues qui, successivement, depuis la pointe de la Hague jusqu'à la côte bretonne, se déchirent contre les pointes granitiques du rivage du Cotentin, des récifs de l'archipel anglais et, trouvant enfin un libre passage, s'y engouffrent avec furie.

Souvent on a comparé le mugissement de la marée montante au bruit des chariots d'une nombreuse artillerie défilant au galop. C'est moins et plus que cela, le bruit ne ressemble à aucun autre : Voix troublante, elle emplit l'espace, éveillant un écho là même où nul écho ne semblait pouvoir retentir !...

Ici, mieux encore que sur le littoral déjà parcouru, on comprend la portée des patientes observations tendant à prouver l'envahissement continu de la mer.

Certes, nous sommes loin de ceux qui, sans grand effort, acceptent les croyances populaires ; mais nous nous rangeons parmi ceux qui cherchent le grain de vérité enfoui sous les exagérations de l'ignorance.

Rien de facile comme d'appeler fabuleuses les traditions qui gardent le souvenir de villes nombreuses disparues ; rien de plus ardu que d'en démontrer la fausseté... Et voici des faits tout récents, venant prouver à quel point l'histoire de demain peut être la fidèle copie des légendes d'autrefois...

Après M. Chèvremont, un savant consciencieux, M. Quenault, pousse le cri d'alarme.

« Cette année, écrivait-il en 1882, deux grandes marées, celles de mars et d'août, poussées par une tempête, ont augmenté le domaine de la mer aux dépens de notre rivage (la côte voisine de Coutances) d'une largeur d'environ *dix mètres*. Depuis vingt ans, la mer n'avait pas été aussi haute ; les dunes sont coupées

Le Mont Saint-Michel.

à pic dans toutes les communes du littoral. La mer a été terrible dans la dernière marée ; elle a disloqué complètement une chaussée. »

Il y a donc plus de vingt ans que M. Quenault poursuit ses investigations, et chaque étude nouvelle lui donne raison.

Comment les parties friables d'un terrain pourraient-elles subir, sans se désagréger, la morsure acharnée des flots ? Le granit lui-même s'y effrite.

Passons à travers le dédale de l'archipel normand, voyons les courants se replier en serpents agiles autour de chaque îlot.

Recueillons les souvenirs des vieillards : plus d'un a vu le temps où la mer était moins proche du rivage.

Franchissons le canal si justement appelé, à cause de ses dangers, *Passage de la Déroute;* il sépare Guernesey de Jersey. Notons les noms, comparons l'histoire, les titres anglais, à l'histoire, aux titres français et rendons-nous à l'évidence.

Oui, sous les flots, des pays entiers ont disparu, et ce sont leurs débris qui rendent fertilisants les sables, pareils à des cendres deux fois brûlées, dont la surface occupe les 250 kilomètres carrés de la baie du Mont Saint-Michel (1).

---

(1) M. Pégot-Ogier, dans un travail extrêmement remarquable sur les îles de la Manche, écrit :

« Durant le septième siècle de notre ère, une succession anormale de violentes tempêtes avait élargi les détroits, rongé les côtes, creusé les golfes, délité les terres, lorsqu'en 709 les grandes marées d'équinoxe, accrues par des tempêtes d'ouest formidables, séparèrent Jersey du continent. Ainsi furent engloutis, avec leurs habitants, les villages, les couvents, les hameaux, une ville peut-être, et la forêt du Scissiacum. L'immense plaine disparut sous les flots de l'Océan, qui creusa la baie de Saint-Michel. Les Minquiers, les Ecrehous, les Beuftins, Pater-Noster et quelques rochers surnagèrent au milieu des bancs et des bas-fonds, comme pour constater le désastre; dès-lors, l'archipel des îles de la Manche était formé. »

Et un autre écrivain, M. Canivet, ajoute :

« Guernesey avait été détachée auparavant, probablement à l'époque du bouleversement qui avait isolé la Grande-Bretagne du continent, en même temps que Serk, Herm, les Casquets et Aurigny, quoique celle-ci soit, de beaucoup, la plus voisine de nos côtes. Voilà les faits aujourd'hui constatés avec une précision parfaite. Quant à Jersey, l'évêque saint Germain d'Auxerre s'y rendait à pied sec, au commencement du cinquième siècle, et réclamait tout au plus une planche pour franchir un ruisseau ou les passages peu sûrs de quelques marécages. »

Oui, dirons-nous, à notre tour, ces faits sont certains. L'archipel normand est formé de terres arrachées à la patrie française. La mer qui les sépara du Cotentin, les respectera-t-elle toujours ?

Nous ne pouvons donc compter, pour échapper aux catastrophes prévues par la science, que sur la solidité du granit formant la majeure partie de nos rivages du nord-ouest.

Mais il ne faut pas, non plus, oublier que les phénomènes naturels ont, tour à tour, des périodes de progression et d'arrêt. Si la mer envahit certaines plages, elle se retire de quelques autres.

A la science moderne de pénétrer les lois qui régissent ces oscillations, ces dépressions. Quand elles seront bien connues, le génie humain pourra leur poser des bornes... sauf à les voir renverser par la volonté devant qui tout s'incline : celle de Dieu.

Les difficultés qui, jadis, rendaient sérieux un voyage au Mont Saint-Michel ont disparu. Une digue a été construite, elle permet d'accéder en tout temps au pied de l'antique forteresse, et le village de Moidrey, point terminal de ce travail, en a acquis une certaine importance.

Mais des réclamations se sont élevées, on craint que la mer batte, maintenant, avec trop de violence les vieilles murailles d'enceinte. C'est peut-être une crainte vaine. En tout cas, que l'on se rassure : un semblable monument est un trésor inestimable sur lequel on veille sans cesse.

Le roc servant de base au vieux monastère émerge des sables sur une superficie de neuf cents mètres et s'élève à une hauteur de quarante-cinq mètres; son escarpement est considérable.

Malgré ces difficultés ou, plutôt, ces obstacles, en apparence insurmontables, un petit bourg a couvert les flancs du rocher et, depuis le tiers environ de sa hauteur jusqu'au sommet de magnifiques constructions se sont dressées nobles, imposantes, bravant l'action du temps et des éléments (1).

L'origine de l'abbaye remonte à l'année 709. Saint Aubert, évêque d'Avranches, en fut le fondateur.

Dom Jean Huynes, religieux du Mont, écrit, dans son *Histoire générale* du monastère, que saint Aubert, ayant reçu, en songe, de l'archange saint Michel, l'ordre de bâtir une chapelle sur le Mont de Tombe (2), il obéit et fit construire :

(1) *L'élévation totale du roc et de l'abbaye est de 122 mètres.*
(2) Ce mot, disent de savants auteurs, viendrait de *Tumba* ou plutôt de

« Non point superbement ou avec beaucoup d'artifice, mais simplement en forme de grotte, capable de contenir cent personnes, désirant qu'elle fût semblable à celle que le glorieux saint Michel avait lui-même creusée dans le roc du *mont Gargan* (1), et nous voulant montrer, par là, que ce n'est point tant aux temples extérieurs que Dieu requiert de la somptuosité et magnificence comme en nos cœurs... »

Douze clercs ou chanoines furent établis dans un couvent fondé en même temps que la chapelle.

La renommée ne tarda guère à s'emparer et du récit du songe mystérieux et de l'accomplissement des ordres reçus par l'évêque Aubert.

N'y avait-il pas un véritable sujet d'émerveillement dans la rapidité avec laquelle se développait la prospérité de la colonie établie sur un roc sauvage, dont la situation faisait appeler le monastère : *Saint-Michel-au-péril-de-la-Mer ?*

« Non, pourtant, écrit dom Jean Huynes, que la mer pérîsse autour ; mais d'autant que, par son flux et son reflux, effaçant, sur la grève, les chemins par lesquels on y arrive, elle les rend périlleux à ceux qui n'ont coutume d'y venir. »

Ainsi le savant religieux parle, en témoin oculaire, des dangers de la grève, dangers bien réels, puisqu'ils ont provoqué le surnom donné à l'abbaye.

Ce fut vers la fin du neuvième siècle que les pentes du Mont commencèrent à se couvrir d'habitations.

Tout l'Avranchin venait de subir une terrible invasion normande et des familles entières fuyaient devant les envahisseurs. Elles vinrent chercher un refuge sous les murs de l'abbaye. La petite ville, ou plutôt le bourg du Mont, se trouva fondé.

Il ne saurait entrer dans notre plan de refaire l'histoire de ce lieu célèbre. Trop de fois elle a été entreprise et brillamment conduite, nous ne voulons donc que rappeler les faits principaux ayant marqué au milieu des mille autres événements composant ses annales. Mais, après cette très rapide excursion à

Tumulus, signifiant *lieu élevé*... Le rocher voisin du Mont Saint-Michel a conservé ce nom, il s'appelle encore : *Tombelaine*.

(1) Mont situé dans la Pouille (royaume de Naples), célèbre par une semblable tradition.

travers le passé, nous prierons un guide nouveau de nous apprendre la vérité sur les dates conservées par les constructions de l'abbaye.

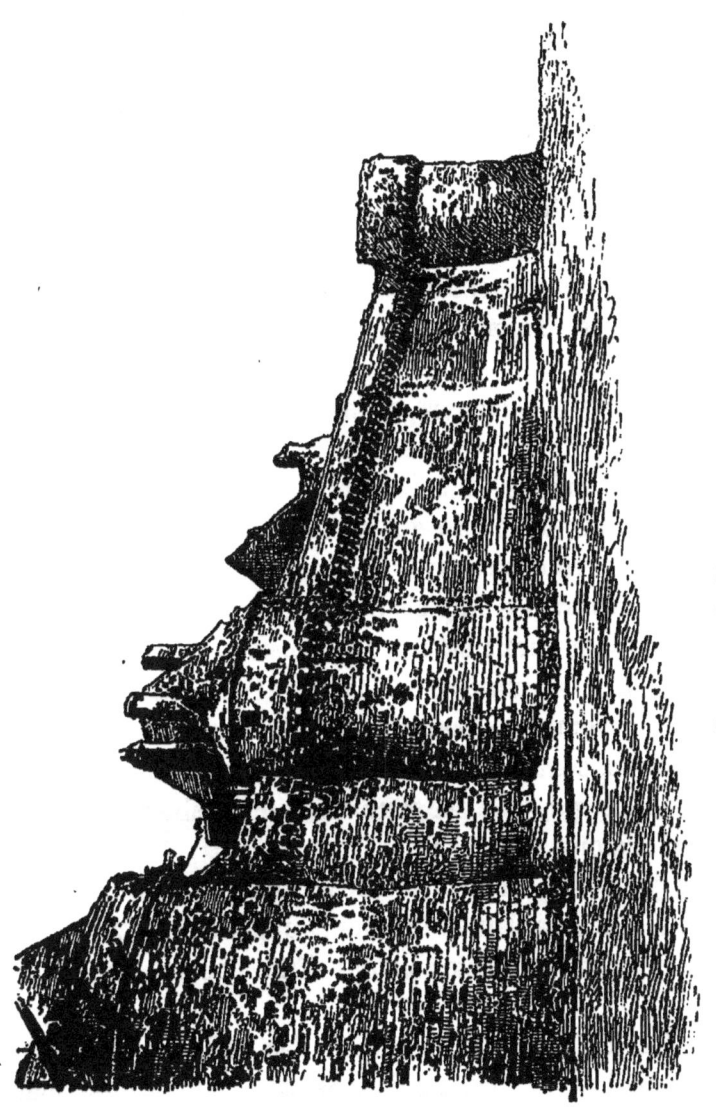

Remparts du Mont Saint-Michel.

L'Europe entière s'occupa presque tout de suite de l'œuvre d'Aubert et, bientôt, les ducs de Normandie, les rois d'Angleterre, les rois de France s'intéressèrent à sa prospérité. Le duc Richard II y voulut célébrer ses noces avec Judith, sœur de Geoffroy Ier, duc de Bretagne. Elle serait longue la liste des illustres bienfaiteurs et visiteurs du Mont Saint-Michel.

A diverses reprises, lors des guerres si fréquentes au moyen âge, l'abbaye fut menacée..... En 1138, le danger ne put être écarté. Les habitants d'Avranches incendièrent les bâtiments conventuels et la ville.

Par un bonheur extraordinaire, l'église, qui venait d'être achevée, ne fut pas atteinte.

Un autre incendie, allumé par Guy de Thouars, qui n'avait pu s'emparer du Mont, dévora tout, sauf encore l'église.

Philippe-Auguste releva l'abbaye de ses ruines et songea à lui donner une défense efficace en élevant un château-fort sur un rocher appelé : TOMBELAINE, situé à 3 kilomètres au nord du Mont.

Louis IX continua l'œuvre de son aïeul et étendit les fortifications.

De même, Philippe le Bel répara les ravages produits, en l'année 1300, par la foudre qui plus d'une fois, devait recommencer son œuvre destructive.

Après Azincourt, les Anglais essayèrent de s'emparer d'une situation qui leur aurait été fort avantageuse.

Pendant vingt-six années, de 1423 à 1449, le petit bourg du Mont subit de nombreux assauts. L'un des premiers eut lieu en 1423, et échoua contre la valeur du gouverneur militaire : LOUIS D'ESTOUTEVILLE qui, aidé par CENT VINGT gentilshommes, seulement, eut la gloire de repousser l'ennemi.

De nos jours, on peut voir encore deux des canons abandonnés par les assaillants. Ils furent appelés les *Michelettes*. L'un de ces canons reste chargé d'un énorme boulet en pierre.

Le roi Charles VII félicita vivement les vaillants défenseurs et voulut instituer un Ordre qui rappelât ce fait d'armes ; mais, pour une cause quelconque, ce projet ne put se réaliser : Louis XI le reprit.

Il est intéressant de lire le début des lettres patentes données par le roi à cette occasion.

« Nous, à la gloire et louange de Dieu, notre Créateur tout-puissant, et révérence de la glorieuse Vierge Marie et à l'honneur et révérence de Monseigneur Sainct Michel, premier Chevalier, qui, pour la querelle de Dieu, victorieusement batailla contre l'ancien ennemi de l'humain lignaige et le trébucha du ciel, et qui son lieu et oratoire appelé le Mont Sainct-Michel, a toujours seurement gardé, préservé, deffendu sans estre subjugué, ny mis ès mains des anciens ennemis de nostre royaume ; et en fin que tous bons, haults et nobles couraiges soient excitez et plus esmeus à toutes vertueuses œuvres, le premier jour d'aoust mil-quatre-cent-soixante-neuf, en nostre château d'Amboise, avons constitué, créé, ordonné et, par ces présentes, créons, constituons et ordonnons un ORDRE de fraternité ou amiable compagnie de certain nombre de chevaliers, jusqu'à trente-six, lequel nous voulons être nommé l'ORDRE DE SAINCT-MICHEL sous la forme ci-après descrite. »

Le politique Louis XI n'agissait jamais sans avoir mûrement pesé les conséquences de ses moindres actes. Il pouvait, certes, se sentir pressé d'une tendre dévotion envers le glorieux archange ; mais, également, il voyait tout le profit à tirer des statuts, en apparence inoffensifs, de l'Ordre nouveau, et il espérait bien y enchaîner quelques-uns des grands vassaux, trop puissants pour le libre exercice du pouvoir royal.

Le premier des chevaliers inscrits, par Louis, sur la liste, fut son frère Charles, l'infortuné duc de Guyenne.

La cérémonie d'installation eut lieu en grande pompe dans l'église de l'abbaye. Le collier de l'Ordre se composait d'un ruban d'or, chargé de coquilles, soutenant l'image de saint Michel et portant, brodée, la célèbre devise : *Immensi Tremor Oceani.*

« L'habit des chevaliers, relate Dom Huynes, estait un manteau de toile d'argent, et, à certaines circonstances, de damas blanc, long jusqu'à terre, bordé de coquilles semées en lacqs et la bordure fourrée d'ermines ; le chaperon de velours cramoisy à longues cornettes, et celui du chef de l'Ordre estait d'escarlatte brune morée. Leur serment estait de garder, soustenir et deffendre de tout leur pouvoir les hautesses et droicts de la Couronne et Majesté Royale et l'authorité du souverain de l'Ordre et de ses successeurs souverains..... »

C'était là que Louis attendait les nouveaux chevaliers ; mais peu de ceux qu'il aurait voulu circonvenir se laissèrent prendre au piège.

L'Ordre de Saint-Michel n'en brilla pas moins, d'abord, d'un assez vif éclat, particulièrement sous François Ier. En 1578, Henri III lui adjoignit l'Ordre du Saint-Esprit; mais les statuts ne tardèrent pas à être méconnus, quoique la disparition effective de l'Ordre n'ait eu lieu qu'en 1830, après une courte période de renouveau sous la Restauration.

En 1666, le gouverneur du Mont rasa les fortifications et le prieuré élevés sur le rocher voisin de l'abbaye.

Sous Louis XV, on fit de celle-ci une prison d'Etat! Dans les premières années, et jusque vers le milieu de notre siècle, on continua à donner à ce monument unique la triste destination de prison.

Mais, enfin, les choses changèrent heureusement de face et, maintenant, la Commission des monuments historiques s'occupe de rendre à la vieille abbaye le cachet superbe que des mutilations et une incurie déplorable avaient si gravement compromis.

De tous les ouvrages concernant le Mont Saint-Michel que nous avons consultés, le plus méthodique et l'un des plus savants, quoique l'intérêt de la narration reste entier, est celui de M. Edouard CORROYER, architecte du gouvernement.

Son livre appelé : *Description de l'abbaye du Mont Saint-Michel*, a été écrit sur un plan nouveau. La préface contient ces lignes très vraies et qui visent une foule d'erreurs commises dans nombre de travaux précédents :

« L'architecture a ici une importance considérable. L'histoire du Mont Saint-Michel est écrite sur les murs de son abbaye et de ses remparts ; toutes les grandes époques de son existence sont marquées par des édifices superbes, documents parlants, pour ainsi dire, qu'il suffit d'interroger pour qu'ils répondent péremptoirement et affirment leurs origines. »

La tâche si délicate une fois entreprise, M. Corroyer l'a menée à bien avec une grande sûreté de critique. Il serait impossible de trouver une meilleure autorité pour assigner une date à chaque partie de ces constructions dont l'ensemble domine de plus de cent mètres le niveau de la mer, suite de chefs-d'œuvre qui conduisent le visiteur d'émerveillement en émerveillement jusqu'à l'enthousiasme sans limites.

L'abbaye primitive n'était pas fortifiée. Non seulement le rocher qui la supportait est inaccessible au nord et à l'ouest, mais la mer présentait une défense assez redoutable pour un asile voué entièrement à la prière.

Cependant, les incursions normandes ayant provoqué l'établissement d'une petite population sur cet étroit espace, il fallut songer à lui donner une plus réelle sécurité, en même temps qu'il était nécessaire de mettre les trésors de l'église à l'abri d'un audacieux coup de main.

Les modestes clôtures primitives cédèrent la place à de solides remparts, qui enveloppèrent tous les endroits accessibles; ceinture protectrice opposée, à la fois, aux terribles marées d'équinoxe et aux bandes de partisans de toutes nationalités, pillards impitoyables, effroi du pays entier. Elle subsiste encore, mais aucune de ses parties ne remonte au delà de la seconde moitié du treizième siècle, et de grands travaux seront, pendant longtemps, indispensables pour assurer leur conservation.

La *Tour du Nord* est la plus ancienne de toutes et la *Tour de l'Arcade* est la seule qui soit arrivée jusqu'à nos jours dans sa forme primitive.

Il faut lire ce que dit M. Corroyer de l'état d'abandon où périssait le noble édifice tout entier, quand, enfin!! la Commission des monuments historiques a pu en entreprendre la restauration.

Partout, les traces ignominieuses de l'étrange destination qui lui avait été assignée prouvaient l'urgence du secours.

La petite ville du Mont est entièrement renfermée dans l'enceinte fortifiée. On y pénètre par une porte ouvrant sur l'unique rue qui la compose, rue suivant les courbes du flanc de la colline et venant aboutir, par des suites de degrés à paliers, devant l'entrée de l'abbaye.

Aucune des habitations, au nombre d'une soixantaine, ne présente un réel intérêt, quoique leur groupement et les différences de niveau du sol produisent des effets imprévus de pittoresque.

Mais on ne peut manquer d'aller voir les débris de la

demeure que fit construire Duguesclin pour sa première femme, Tiphaine Raguenel. Ils se réduisent à un portail à trois arcades et tirent leur importance de la mémoire glorieuse du grand guerrier.

Une seconde enceinte couvrait les approches de l'abbaye. Son entrée, placée à l'ouest, est appelée *Porte de la ville* ou du *Roi*. Robert Jolivet, abbé du Mont, l'éleva dans les premières années du quinzième siècle, en même temps que la majeure partie des défenses nouvelles de la ville.

Cette belle porte franchie, on éprouve un instant de perplexité. Tant de sujets sollicitent l'attention! Mais le choix ne saurait être douteux. Pèlerins, artistes ou simples voyageurs se dirigent vers l'église, le bâtiment le plus ancien du Mont et celui qui résume son histoire entière.

« Richard II, duc de Normandie, écrit M. Corroyer, chargea Hildebert II, quatrième abbé du Mont, du détail des travaux. C'est à Hildebert qu'il faut attribuer les vastes substructions de l'église romane, qui, principalement du côté occidental, ont des proportions gigantesques.

« Cette partie du Mont Saint-Michel est des plus intéressantes à étudier; elle démontre la grandeur et la hardiesse de l'œuvre de l'*architecte* Hildebert. Au lieu de saper la crête de la montagne, et, surtout, pour ne rien enlever à la majesté du piédestal, il forma un vaste plateau, dont le centre affleure l'extrémité du rocher, dont les côtés reposent sur des murs et des piles, reliés par des voûtes, et forment un soubassement d'une solidité parfaite.

« Cette immense construction est admirable de tous points; d'abord par la grandeur de la conception, et, ensuite, par les efforts qu'il a fallu faire pour la réaliser au milieu d'obstacles de toute nature, résultant de la situation même, de la difficulté d'approvisionnement des matériaux et des moyens restreints pour les mettre en œuvre. »

Commencée en 1020, l'église ne fut terminée qu'en 1135, sous le gouvernement de Bernard du Bec, treizième abbé du Mont. Trois siècles après, il devint nécessaire de reconstruire le chœur, attendu que « l'an mil quatre cent vingt et un, veille de la Saint-Martin, Jean Gonault (gouvernant le monastère pendant une absence de l'abbé) vit tout le haut de l'église, jusqu'aux chaires du chœur, tomber par terre, sans néanmoins, Dieu mercy, que personne fût blessé.» (Dom Jean Huynes.)

En 1450, Guillaume d'Estouteville commençait le chœur tel qu'il existe encore aujourd'hui.

Voilà pourquoi l'église ne présente pas une complète unité de style. La nef, plus ancienne, d'apparence plus robuste, s'il est possible d'employer une telle comparaison, rehausse encore la richesse, l'élégance, la grâce du chœur, où les maîtres ne peuvent reprendre qu'une tendance trop grande au raffinement.

Nous ne blâmerons pas la critique, mais nous ne croyons pas qu'il faille se montrer sévère pour une œuvre d'exécution exquise en ses moindres détails, et en face de laquelle le mot perfection vient si naturellement du cœur aux lèvres !...

Combien devait être imposant et beau, aux jours prospères de l'abbaye, cet édifice dont la vue, malgré des traces de graves blessures, émeut encore si profondément !

Alors que les verrières laissaient filtrer un jour harmonieusement coloré; que les sculptures en granit s'alliaient aux sculptures en chêne, les fresques des murs avec les ornementations des chapelles; quand les voix unies des religieux répondaient à la voix de la mer montante... quand une foule de chevaliers et de châtelaines, en riches costumes, s'agenouillaient sur les dalles... Jamais scène fut-elle mieux faite pour inonder l'âme de sensations poétiques?...

Nous espérons que la restauration entreprise sera, de tout point, intelligente, car, avec M. Corroyer, nous déplorerons que l'art moderne n'ait pas cherché, au moins pour la statue du patron de l'abbaye, une source d'inspiration dans l'imagerie et la statuaire du moyen âge.

On nous montre une image *chrétienne*, dit le savant architecte, et on l'affuble soit de vêtements grotesques, soit d'un costume théâtral, *imité des Romains*, costume païen par conséquent. Et il termine en ajoutant que si l'on n'a pas encore trouvé un vêtement approprié, on devrait restituer à la figure son véritable costume national : l'armure française au moyen âge.

L'observation n'est pas inutile devant la statue exposée.

Le grand nom de Raphaël (1) ne suffit pas à la faire trouver acceptable, et nous souhaiterions fort la voir remplacer par une copie de la belle miniature ornant l'Office de saint Michel dans le *Livre d'heures de Pierre II, duc de Bretagne* (2). Mais, c'est peut-être beaucoup demander... au nom de l'art !

Contentons-nous de parcourir les chapelles, d'admirer leurs nervures et leurs pendentifs ; de suivre la courbe, en forme de fer à cheval, des collatéraux, puis de nous rendre à la crypte.

La configuration du sol et les énormes fondations, nécessitées par les bâtiments extérieurs, ont permis de ménager cette église souterraine qui, sauf le nombre des chapelles, reproduit les dispositions du chœur.

On n'y pénètre pas sans admiration, les beaux piliers ronds gardant un reflet de grandeur, noblesse bien en harmonie avec le reste de l'édifice.

Les murs nord et sud de la crypte contiennent les citernes qui alimentaient l'abbaye.

Si, de l'église souterraine, on veut se rendre au logis abbatial, il faut franchir un *pont fortifié*, encore pourvu de ses mâchicoulis.

De même, on pourrait aussi passer, après une longue ascension, des ténèbres de cette église aux rayonnements du clocher le plus élevé : des degrés ayant été ménagés dans l'épaisseur de l'un des contreforts méridionaux, degrés qui, après avoir conduit dans l'église supérieure, se continuent au-dessus des chapelles et aboutissent à l'*escalier de dentelle*...

Nous retrouverons bientôt ce fragile escalier, car nous le suivrons pour aller embrasser du regard le panorama du Mont et de ses abords.

L'abbaye dut beaucoup à Robert de Torigni qui, dans son gouvernement de trente-deux années (1154 à 1186), s'occupa sans relâche d'entretenir les constructions, d'y en ajouter de nouvelles et d'augmenter la valeur de la bibliothèque, dernière

---

(1) Elle est une imitation du tableau de Raphaël.
(2) Manuscrit sur vélin conservé à la Bibliothèque nationale ; le frontispice en est des plus remarquables.

sollicitude souvent imitée, l'abbaye devant, plus tard, mériter le surnom glorieux de *Cité des Livres*.

Lorsque Philippe-Auguste voulut relever le monastère des ruines causées par Guy de Thouars, il trouva dans l'abbé Jourdain un zélé et ardent collaborateur. C'est de 1203 à 1228(1) que s'élevèrent les constructions du nord, si justement appelées la *Merveille*.

Salle des chevaliers.

Elles se composent de plusieurs étages : au rez-de-chaussée, ou étage inférieur, se trouvent l'*aumônerie*, ou salle des aumônes et le *cellier*, immense salle de 70 mètres de longueur, sur 12 de largeur, qui portent toutes deux le nom de *Montgommery* ou *Montgommeries*; ce nom rappelle la tentative malheureuse du fameux partisan huguenot qui, en 1501, espérait enlever la place par surprise.

Le récit donné par dom Jean Huynes de cette tentative est des plus dramatiques, et rappelle la hardie expédition de

---

(1) M. Corroyer établit très nettement cette date jusqu'à lui controversée.

Bois-Rosé à Fécamp. Mais Montgommery n'obtint pas le même succès.

Le soldat faisant partie de la garnison du Mont, qu'il croyait avoir gagné, avertit le gouverneur militaire. Une contre-embûche fut dressée. Quatre-vingt-dix-huit soldats furent successivement hissés jusque dans la salle, où ils trouvèrent la mort.

Au-dessus des Montgommery se trouve le *Réfectoire*. Moins célèbre que la *Salle des Chevaliers*, sa voisine, il n'est pas moins beau. Ses piliers ronds, se dressant sur une base octogonale, séparent la construction en une double nef, aux voûtes ogivales, de proportions très heureuses, éclairée par neuf grandes fenêtres. L'effet d'ensemble est imposant. Le réfectoire date de 1215.

La *Salle des Chevaliers*, terminée vers 1220, ne compte pas moins de quatre nefs, formées par deux rangs de huit belles colonnes à chapiteaux richement sculptés. L'ogive des voûtes est ornée de clefs délicates.

Deux vastes cheminées élèvent leurs manteaux jusqu'au plafond, où l'architecte a su fort heureusement dissimuler les larges conduits de fumée.

Cette admirable salle doit son nom à la cérémonie d'installation de l'Ordre royal de Saint-Michel. On a conjecturé qu'elle était, auparavant, la salle des assemblées générales ou celle du Chapitre de l'abbaye. M. Viollet-le-Duc croyait qu'elle avait servi, au treizième siècle, de dortoir à la garnison du Mont.

Le troisième étage date de 1225. Il formait le *Dortoir* des religieux. Une rangée de petites fenêtres, style mauresque, l'éclairent; deux autres fenêtres, ouvrant sur la baie, celles-ci larges, hautes, y font pénétrer l'air et la lumière.

Si intéressante que soit cette salle, on a hâte de passer dans le *Cloître* ou *Aire de Plomb*, « l'un des plus curieux et des plus complets parmi ceux que nous possédons en France (1) ».

Terminé en 1228, par Raoul de Villedieu, le cloître est entouré de galeries en arcades ogivales doubles, soutenues par de ravissantes colonnettes, qu'accompagnent de délicates

---

(1) Viollet-le-Duc.

sculptures remplissant l'intervalle des ogives, et une frise pour laquelle le mot *admirable* est trop faible.

Originairement, le cloître était peint, et ce devait être, pour les religieux, le plus enviable lieu de repos...

Chef-d'œuvre, il termine la série de chefs-d'œuvre si justement nommée la *Merveille*.

Mais comment, dans une description forcément trop som-

Le Cloître.

maire, espérer faire passer une ombre de la beauté dont est empreinte l'abbaye ?

Ce qu'il faut, c'est voir : puis, quand on a vu, quand on a réussi, ensuite, à fixer dans sa pensée ce démesuré souvenir, il faut recommencer le voyage...

Alors, seulement, une impérissable image apparaît toute radieuse de grandeur, de triomphante poésie que l'on ne saurait jamais oublier.

Nous nous contenterons donc de dire, qu'après la *Merveille*, on trouve la terrasse de *Beauregard* ou *Mirande*, bien nommée, elle aussi, la perspective sur laquelle on plane étant splendide. On y est, néanmoins, importuné, en songeant que, de là, un malheureux prisonnier se jeta trois fois sur les rochers avant de trouver la mort. L'appellation de *Saut-Gaultier* vient de cette circonstance.

Montons, montons toujours... pensons qu'il faut franchir plus de cent marches pour arriver à la lanterne du clocher actuel ! Passons par l'*Escalier de dentelle,* chemin aérien, dont la descente, comme l'ascension, peut donner le vertige aux plus aguerris.

Nous voici accoudés sur la balustrade supérieure entourant le chœur ; l'horizon a grandi. Il grandit encore à chaque nouvelle marche gravie... Bientôt, devant la baie entière, se dégagera une sensation de beauté, de génie, de splendeur qu'il serait impossible de dépasser.

Reprenons le même chemin ; il nous reste à parcourir les étages souterrains creusés dans le roc vif. Leurs noms disent assez ce que devaient être de telles prisons.

Le *Grand Exil,* le *Petit Exil,* le *cachot du Diable,* des caveaux où jamais un rayon de jour n'a paru...

On en sort au plus vite, en poussant des soupirs de soulagement, en respirant avec bonheur l'air frais envoyé par la mer.

De même, on ne peut pas partir sans voir la *Tour Perrine,* le *Châtelet,* la *Tour Claudine,* la *Tour Boucle,* le *Corps de garde,* la *Tour du Guet,* la *Tour Gabriel,* supportant les ruines d'un moulin à vent... Ou, pour parler plus exactement, rien ne laisse indifférent et, après avoir vu, on désirerait voir encore.

Nous sommes, de nouveau, dans la petite ville du *Mont.* C'est son importance militaire, au moyen âge, qui lui a valu une qualification dont, aujourd'hui, on sourit volontiers.

Sa population se compose tout entière d'hôteliers et de marins. On doit s'adresser à ces derniers si l'on veut clore le voyage par la contemplation d'un tableau magique : le tour du rocher fait au moment de la haute marée. Il n'a de comparable que le flux équinoxial pendant lequel la mer, d'abord retirée à *quatorze kilomètres* de distance, monte avec une furie, un déchaînement de vagues implacables.

Lors du *plein* d'une haute marée, l'ensemble est autre. Sans crainte, on peut se confier aux hardis pêcheurs, ils connaissent le moindre repli des grèves.

Enfants, n'ont-ils pas commencé leur rude apprentissage avec les *coquetiers* et *coquetières,* pauvres gens tout occupés à ramasser, dans le sable, le succulent petit mollusque bonnement appelé : *coque*. La *coque* ou un autre coquillage plus grand, assez abondant aux environs du Mont, a eu l'honneur de figurer sur le blason de l'abbaye, sur le collier de l'Ordre royal de Saint-Michel.

Sa réputation était grande, puisque les pèlerins de tous pays se croyaient obligés d'en orner leurs vêtements, et que la célèbre image de Saint-Jacques-de-Compostelle en porte sur son camail. Ce fait prouverait la rapidité de diffusion de la renommée de *Saint-Michel-au-péril-de-la-Mer*.

Il n'y a donc rien à craindre en se confiant aux pêcheurs montois. Leur premier travail les a familiarisés avec tous les dangers de la baie.

On a écrit, et cela est strictement vrai, que, vu de la mer, l'aspect de l'abbaye change à chaque coup d'aviron.

Les constructions se présentent faisant corps avec le roc, se recourbant autour de lui, le domptant ou empruntant de ses déchirures, de son escarpement, une magnificence nouvelle.

Les sables grisâtres ont disparu, car le Mont est éloigné de cinq kilomètres du rivage : Il domine tout.

L'îlot voisin, *Tombelaine*, ancien château-fort, ancien pèlerinage de *Notre-Dame-la-Gisante*, maintenant désert, semble prêt à s'abîmer dans les flots, écrasé par la puissance de son rival.

On comprend que les traditions affirment l'existence, sur le Mont, d'un temple dédié à Jupiter.

Les Romains ne pouvaient choisir un meilleur emplacement pour l'autel du Maître des dieux.

Que devait être le paysage, lorsque le rocher dominait une immense forêt bornée par la mer?

N'importe ce qu'il a été, le paysage actuel le surpasse. Nous n'en voulons pour preuve qu'une excursion en pleine eau pendant les sereines nuits de juin, où un clair crépuscule remplace le soleil.

L'abbaye, la ville, plongées dans la douce lumière, font

penser aux cités fantastiques, palais des enchanteurs de l'Orient.

Et si l'on ne redoute pas le froid d'une longue nuit d'hiver, le choc des flots turbulents, l'impression éprouvée sera plus durable encore.

Le Mont, chargé de ses vieux remparts, de son audacieuse église, ressemblera aux palais sombres, puissants, demeures préférées des enfants d'Odin...

Nous touchons, maintenant, à la terre bretonne. L'immense développement de son littoral mérite bien que nous lui consacrions un travail spécial.

Ce sera le texte de notre second volume, destiné, nous l'espérons, comme celui que nous achevons aujourd'hui, à faire mieux connaître, à faire mieux aimer la GRANDE PATRIE FRANÇAISE !...

V. VATTIER d'AMBROYSE
Officier de l'Instruction publique.

TABLE DES MATIÈRES

Chapitres.		Pages.
Introduction		1
I	La mer du Nord. — Ses rivages. — Dunkerque	1
II	La pêche de la morue en Islande	21
III	Mardyck. — Gravelines	26
IV	Les côtes du Pas-de-Calais. — La ville de Calais. — Sangatte. — Wissant	31
V	Boulogne-sur-mer	44
VI	La pêche du hareng. — La pêche côtière	51
VII	De Boulogne à l'embouchure de la Somme	57
VIII	Les ports de la Somme	61
IX	Abbeville	68
X	La pointe du Hourdel. — Cayeux. — Ault. — Mers. — La Bresle	77
XI	Le Tréport. — Eu. — La pêche côtière	79
XII	La côte jusqu'à Dieppe. — Puys. — La cité de Limes	86
XIII	Dieppe	89
XIV	De Dieppe à Saint-Valery-en-Caux	102
XV	Fécamp	113
XVI	De Fécamp au Havre par Étretat	120
XVII	Les phares de la Hève. — Le Pain de sucre. — Notre-Dame-des-Flots. — Les bouées	126
XVIII	Sur la jetée. — Les sémaphores	135
XIX	Le Havre	143
XX	Les bassins. — Un paquebot transatlantique	148
XXI	Promenade à travers Le Havre	162
XXII	La Société des sauveteurs. — La catastrophe du 26 mars 1882. — Durécu	173
XXIII	Les étrangers au Havre. — Les régates	180
XXIV	Les environs du Havre. — Harfleur. — Orcher	184
XXV	Rouen à travers l'histoire	191
XXVI	Rouen monumental	200
XXVII	Rouen moderne	209
XXVIII	Quelques gloires rouennaises	213
XXIX	La navigation de la Seine. — Paris port de mer	222
XXX	La navigation de plaisance à Paris	226
XXXI	Honfleur	229
XXXII	De Honfleur à Dives	233
XXXIII	De Dives à Ouistreham	241
XXXIV	Caen	250
XXXV	De Caen à Port-en-Bessin	264
XXXVI	Les fosses du Soucy. — Bayeux. — La tapisserie de la reine Mathilde	273
XXXVII	De Sainte-Honorine à la baie des Veys	282
XXXVIII	Carentan. — Saint-Vaast-de-la-Hougue. — Barfleur	287
XXXIX	Cherbourg	295
XL	Les chantiers. — Visite aux navires en construction. — Le Salut	303
LXI	Armement et lancement d'un vaisseau	315
XLII	Une date cherbourgeoise. — Les environs de la ville. — Notes biographiques	321
XLIII	Quelques mots d'hommage à notre marine militaire	323
XLIV	La côte de Cherbourg à Coutances	326
XLV	Coutances. — Le comte de Tourville. — Les Hauteville	332
XLVI	Granville. — Avranches. — Pontorson	341
XLVII	Le Mont Saint-Michel	350

Le Mans. — Typographie Ed. Monnoyer.

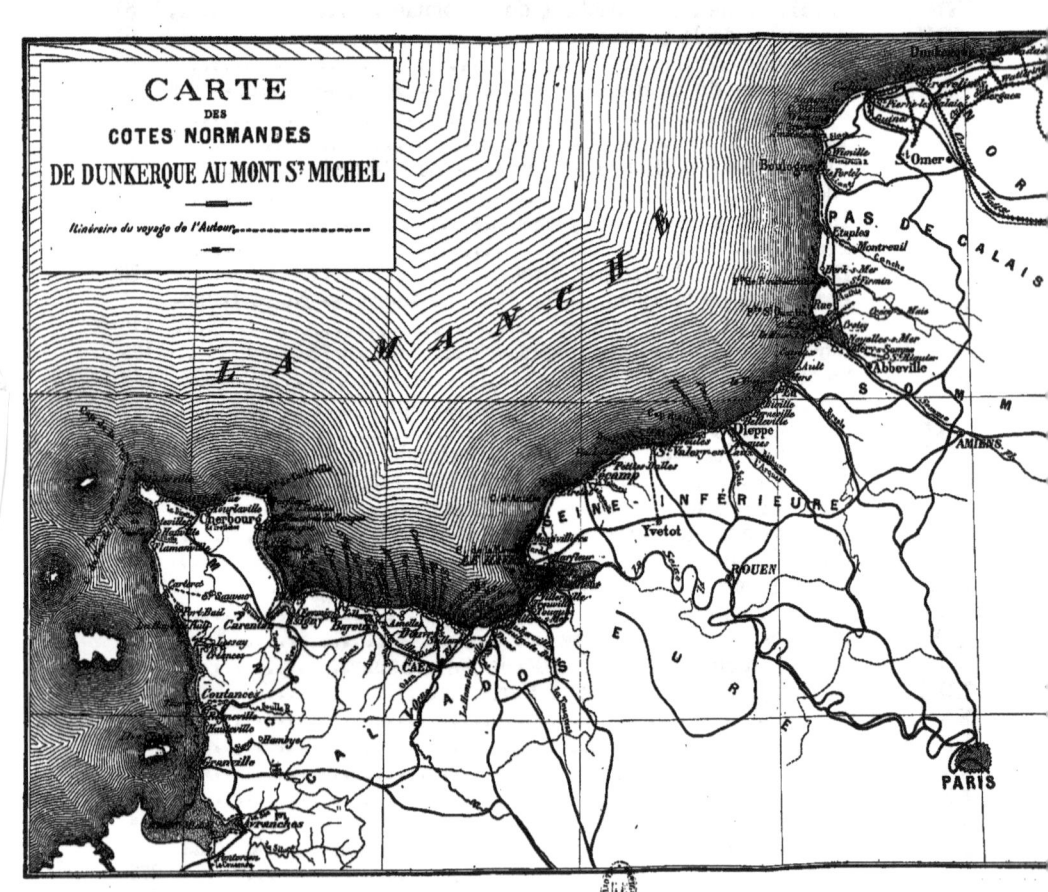